"一带一路"国家对外文化贸易国别研究系列报告之一

中国与波兰服务贸易与投资合作研究

Research on Trade and Investment Cooperation between China and Poland

秦淑娟　张佑林　张琳　著

上海人民出版社

目　录

前言 ……………………………………………………………………… 1

第一章　波兰服务贸易与投资合作现状概述 …………………… 1

第一节　波兰对外服务贸易发展及特点 ……………………… 1

第二节　波兰对外文化产品贸易发展及特点 ………………… 5

第三节　波兰对外直接投资发展及特点 ……………………… 9

第四节　波兰文化服务产业与贸易发展趋势 ………………… 15

第二章　波兰服务贸易与投资合作社会环境 …………………… 25

第一节　政治环境 ……………………………………………… 25

第二节　经济体系 ……………………………………………… 34

第三节　社会氛围 ……………………………………………… 55

第四节　服务消费习惯 ………………………………………… 66

第三章　波兰服务贸易与投资合作促进政策 …………………… 70

第一节　法律法规 ……………………………………………… 70

第二节　政策制度 ……………………………………………… 87

第三节　行业标准 ……………………………………………… 115

第四节　相关协议 ……………………………………………… 118

第四章　波兰服务贸易与投资合作主要领域和产业主体 ⋯⋯ 122

第一节　重点产业领域及类别 ⋯⋯⋯⋯⋯⋯⋯⋯⋯ 122

第二节　重要行业组织 ⋯⋯⋯⋯⋯⋯⋯⋯⋯ 161

第三节　重要标杆性服务企业 ⋯⋯⋯⋯⋯⋯⋯⋯⋯ 167

第五章　中国与波兰服务贸易与投资合作状况 ⋯⋯⋯⋯⋯⋯ 175

第一节　中国与波兰的政治、经济、文化交流 ⋯⋯⋯⋯⋯ 175

第二节　中国与波兰双边贸易发展总体情况 ⋯⋯⋯⋯⋯ 196

第三节　中国与波兰文化产品贸易发展 ⋯⋯⋯⋯⋯⋯ 207

第四节　中国与波兰服务贸易发展 ⋯⋯⋯⋯⋯⋯⋯ 210

第五节　中国与波兰投资合作情况 ⋯⋯⋯⋯⋯⋯⋯ 219

第六章　"一带一路"倡议与中波服务贸易与投资合作发展展望
⋯⋯⋯⋯⋯⋯⋯⋯⋯⋯⋯⋯⋯⋯⋯⋯⋯⋯⋯⋯⋯ 227

第一节　中波服务贸易发展与投资合作发展新契机 ⋯⋯⋯ 227

第二节　中波服务贸易发展与投资合作发展新态势 ⋯⋯⋯ 231

第三节　中波服务贸易发展与投资合作发展新问题 ⋯⋯⋯ 234

第四节　中波服务贸易发展与投资合作发展新思路 ⋯⋯⋯ 238

后记 ⋯⋯⋯⋯⋯⋯⋯⋯⋯⋯⋯⋯⋯⋯⋯⋯⋯⋯⋯ 247

前　言

2013 年，习近平主席提出"一带一路"倡议，在谋求自身发展的同时，为其他国家发展贡献了顺应历史潮流的中国智慧。五年来，"一带一路"建设逐渐从规划走向实践，从愿景转化为现实，朋友圈越来越大。截至 2019 年 4 月 30 日，中国已经与 131 个国家和 30 个国际组织签署了 187 份共建"一带一路"合作文件。中国和"一带一路"沿线国家的一系列务实合作已经取得了丰硕的成果。

中东欧 16 国是我国"一带一路"倡议向欧洲延伸的重要地带，是连接亚欧大洲的枢纽，是全球新兴市场的重要板块，其中波兰共和国是中欧最大的国家，是中国在中欧最大的贸易伙伴，深入研究波兰服务贸易与投资合作问题，对于加强中波两国经济文化交流，促进我国现代服务企业走出去，推动"一带一路"建设具有十分重要的理论与实践意义。

波兰共和国，是位于欧洲大陆中部，中欧东北部，由 16 个省组成的民主共和国。它的东部和东北部分别与立陶宛、白俄罗斯、乌克兰和俄罗斯的"飞地"加里宁格勒地区接壤，南部与捷克和斯洛伐克毗邻，西部与德国相连，北临波罗的海并与瑞典和丹麦遥遥相对。波兰南北长 649 公里，东西相距 689 公里；边界线总长 3 538 公里，其中海岸线长 528 公里。波兰位于欧洲中心，地处东西欧交汇处，其枢纽地位极其重要。

波兰自 1989 年经济转轨以来,是中东欧国家中最早实现经济增长的。1989 年剧变后,"休克疗法"导致经济一度下滑,1992 年经济止跌回升,并逐步成为中东欧地区发展最快的国家之一。加入欧盟后,经济更是突飞猛进,人均 GDP 呈现明显的增长态势,以当年价格计,2017 年波兰人均 GDP 达到 13 823 美元。波兰也是欧洲最为稳定和快速发展的经济体,是欧洲唯一连续 20 多年经济保持增长的国家。

随着经济的增长,波兰国际贸易呈现加速增长的趋势。据联合国商品贸易统计数据显示,2017 年波兰出口额为 2 213.1 亿美元,进口额为 2 179.8 亿美元,外贸易顺差为 33.3 亿美元;与 2016 年相比,2017 年的出口增长 8.3%,进口增长 10.4%。波兰的主要贸易伙伴为欧盟成员,波兰前十大出口市场中的七个是欧盟成员,前十大进口来源地中有六个是欧盟成员(英国除外)。

在国际服务贸易方面,根据联合国贸易和发展会议(UNCTAD,简称联合国贸发会议)数据库的相关数据统计,2009 年至 2018 年间,波兰服务贸易总额从 558.4 亿美元增加到 1 125.5 亿美元,年平均增长率为 9.18%。

在国际投资方面,波兰作为近 10 年来加入欧盟的最大经济体,被认为是欧盟最有吸引力的经济体。由于波兰自身不断增长的中产消费群体,熟练及低成本的劳动力,以及地处主要欧洲市场的中心位置的优势,吸引着全球投资者前来投资,被评为"外国直接投资最具吸引力国家"排名中列欧洲第五位、世界第十三位,2017 年波兰外资流入存量达到 2 344.4 亿美元。

波兰是中东欧 16 国首个与中国建立战略伙伴关系的国家。目前,波兰是中国在欧盟第九大贸易伙伴和中东欧国家最大贸易伙伴,中国则成为波兰第二大进口国。我国"一带一路"倡议提出后,波兰积极支持,成为中东欧国家中唯一亚投行创始成员国,波兰的《2030

国家长期发展战略》与中国的"一带一路"倡议十分契合,中波合作对接恰逢其时,中波双边贸易将向深入发展。

近几年来,由于中国和波兰都采取了积极有效的措施,推动了双边贸易发展,使双边贸易发展始终处于快速发展和上升趋势。在2009—2018年间,中国与波兰服务贸易总额从2.6亿美元增加到10.8亿美元,年均增长率为18.91%。根据波兰中央统计局的数据,2018年中波双边贸易额334.7亿美元,同比增加13.3%。其中,波兰对华出口25.1亿美元,增加8.7%;自中国进口309.7亿美元,增加13.7%。目前,中国已经成为波兰第二大贸易伙伴国和第二大进口来源国。

在国际投资方面,自波兰加入欧盟以来,我国在波兰投资规模逐渐增加。2005年时中国在波兰投资存量仅为0.12亿美元,经过10余年发展,到2017年时,中国在波兰投资存量已突破4亿美元大关,达到4.05亿美元。

本书立足"一带一路"大背景,以波兰为研究对象,重点研究了下述问题:波兰服务贸易与投资合作现状、特点及发展趋势;波兰服务贸易和投资合作的政治、经济、文化、消费等社会环境;波兰服务贸易和投资合作法律法规、政策制度、行业标准等政策;波兰服务贸易和投资合作主要领域及产业主体。在此基础上,探讨了中国与波兰服务贸易发展现状、特点和前景,提出在"一带一路"背景下,推进中国与波兰服务贸易与投资合作的对策建议。我们的研究旨在进一步为我国政府制定政策、为企业走向中东欧提供理论和实践方面的参考。

第一章
波兰服务贸易与投资合作现状概述

波兰共和国(简称波兰)是一个位于中东欧由 16 个省组成的民主共和国。自 1989 年经济转轨以来,波兰是中东欧国家中最早实现经济增长的。2011—2015 年,经济持续增长,2015 年波兰 GDP 约合4 518 亿美元,同比增长 3.6%,人均 GDP 为 11 890 美元,2017 年上半年,波兰 GDP 同比增长 4.0%。随着经济的增长,经济贸易尤其是服务贸易也在迅速增长。

第一节　波兰对外服务贸易发展及特点

国际服务贸易(International Service Trade)是指国际间服务的输入和输出的一种贸易方式。根据服务贸易联合国贸发会议进行的分类,服务分为十一类:运输服务,旅游,通讯服务,计算机和信息服务,建筑服务,保险服务,金融服务,版税和特许费,其他商业服务(other business services),个人、文化和娱乐服务,其他没有包括的政府服务。

联合国贸发会议于 2019 年 5 月发布的关于服务贸易数据是目前这一领域最为权威和完备的国际数据。因此,本书在分析中国与

1

波兰服务贸易发展状况时,除特殊说明外,均使用 UNCTAD 数据库提供的分类与数据进行相关分析。

一、 波兰对外服务出口快于进口,呈现贸易顺差

根据联合国贸易和发展会议数据库的相关数据统计,2009 年至 2018 年间,波兰服务贸易总额从 55 840.68 百万美元增加到 112 548.12 百万美元,年平均增长率为 9.18％。服务贸易发展呈现快速发展趋势。

从服务贸易的出口情况看,2009 年至 2018 年,波兰服务贸易出口额从 31 418.79 百万美元增加到 69 246.12 百万美元,年平均增长率为 8.108％。从服务贸易的进口情况看,2009 年至 2018 年,波兰服务贸易进口额从 24 421.89 百万美元增长到 43 302.00 百万美元,年平均增速为 6.57％,出口增长速度快于进口增长速度,出口高于进口 2.61 个百分点。

从服务贸易的平衡度来看,波兰文化服务贸易出口大于进口,呈现贸易顺差,且顺差额越来越大,从 2009 年的 6 996.90 百万美元增加到 2018 年的 25 944.12 百万美元,表明波兰文化服务在国际市场上有一定的竞争力。

表 1.1　2009—2018 年波兰服务贸易进出口贸易情况

(单位:百万美元)

年　份	2009	2010	2011	2012	2013	2014	2015	2016	2017	2018
出口额	31 418.79	35 441.19	40 903.26	41 031.25	44 622.01	48 740.18	45 129.12	49 721.52	58 401.25	69 246.12
进口额	24 421.89	31 072.89	33 790.80	33 308.96	34 475.20	36 717.89	33 028.81	34 264.90	38 190.11	43 302.00
总　额	55 840.68	66 514.08	74 694.06	74 340.21	79 097.21	85 458.07	78 157.93	83 986.42	96 591.36	112 548.12
差　额	6 996.90	4 368.30	7 112.46	7 722.29	10 146.81	12 022.29	12 100.31	15 456.62	20 211.14	25 944.12

资料来源:根据 UNCTADdatacenter 数据库整理。

中国与波兰服务贸易与投资合作研究

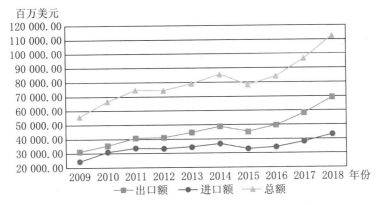

图 1.1　2009—2018 年波兰服务贸易进出口贸易情况

二、 服务贸易的进出口服务均以运输服务、旅游、计算机和信息服务为主

从 2017 年波兰服务贸易进出口情况看,运输服务、旅游、计算机和信息服务是波兰服务贸易进出口的主要项目。在 2017 年波兰对外服务贸易出口中,运输服务出口额占比最高,达 27.98%;其次是旅游,占比为 20.15%;计算机和信息服务占比为 11.34%。以上三类产品合计占比为 59.47%,其他八类合计占比为 40.53%。由此可以看出,波兰的运输服务、旅游、计算机和信息服务产品出口具有竞争力,而其他各类服务并不具备出口竞争力。

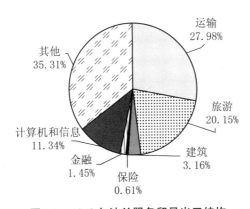

图 1.2　2018 年波兰服务贸易出口结构

3

在波兰的服务贸易进口中,运输服务、旅游、计算机和信息服务仍是重要的进口项目。其中,运输服务进口占比为 23.58％,旅游占比为 22.37％,运输服务和旅游占比基本相当,计算机和信息服务占比为 9.97％,其余的八项占比之和为 44.08％(见图 1.3)。这表明波兰对运输服务、旅游需求比较大,对计算机和信息服务的需求次之。

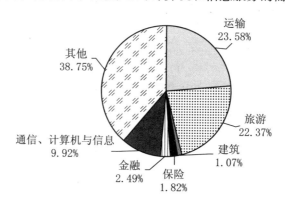

图 1.3　2018 年波兰服务贸易进口结构

三、 波兰服务贸易进出口最重要的伙伴是德国

波兰服务贸易出口的主要对象国,前十名是德国、瑞士、英国、荷兰、美国、法国、捷克、瑞典、比利时、爱尔兰。就 2017 年波兰文化产品出口而言,德国占比最高,达到近 20％,其他各国都在 10％以下。可见,在波兰服务贸易出口方面德国是最为重要的贸易伙伴。

表 1.2　2017 年波兰服务贸易出口排名

国　别	出口额(亿美元)	占比(％)	排名
德　国	115.98	19.86	1
瑞　士	42.83	7.33	2
英　国	35.56	6.09	3
荷　兰	29.07	4.98	4
美　国	28.65	4.91	5
法　国	21.39	3.67	6
捷　克	16.60	2.84	7
瑞　典	16.07	2.75	8
比利时	14.12	2.41	9
爱尔兰	12.450	2.13	10

资料来源:根据 Yearbook of Foreign Trade Statistics of Poland(2018 年)整理。

波兰服务贸易进口的主要对象国,前十名是德国、英国、法国、美国、瑞士、荷兰、捷克、意大利、爱尔兰、澳大利亚。就2017年波兰服务贸易进口而言,德国占比最高,19.62%,达到近20%,其他各国都在10%以下。可见,在波兰服务贸易进出口方面德国是最为重要的贸易伙伴。前十名的服务贸易出口国与前十名进口国基本一致,排名有所不同。

表1.3　2017年波兰服务贸易进口排名

国　别	进口额(亿美元)	占比(%)	排名
德　国	74.93	19.62	1
英　国	29.87	7.82	2
法　国	19.62	5.14	3
美　国	18.05	4.72	4
瑞　士	17.80	4.66	5
荷　兰	17.70	4.63	6
捷　克	17.45	4.57	7
意大利	14.47	3.78	8
爱尔兰	11.14	2.91	9
澳大利亚	10.02	2.62	10

资料来源:根据 Yearbook of Foreign Trade Statistics of Poland(2018 年)整理。

第二节　波兰对外文化产品贸易发展及特点

对外文化贸易是指国际间文化产品和文化服务的输入和输出。关于文化产品和文化服务联合国贸发会议进行了分类,文化产品包括工艺美术(art crafts)、视听产品(audio visuals)、设计(design)、新媒体(new media)、表演艺术(performing arts)、出版业(publishing)、视觉艺术(visual arts)七大类。

联合国贸发会议发布的 2003—2015 年关于文化产品贸易数据是目前这一领域最为权威和完备的国际数据。因此本书在分析中国与波兰文化产品贸易发展状况时,除特殊说明外,均使用UNCTAD数据库提供的分类以及2006—2015年文化产品贸易数据进行相关分析。

一、 对外文化贸易产品发展迅速,进出口基本平衡

根据联合国贸易和发展会议数据库的相关数据统计,2006年至2015年,波兰文化产品贸易总额从56.24亿美元增加到129.81亿美元,年平均增长率为9.74%。从文化产品贸易的出口情况看,2006年至2015年,波兰文化产品贸易出口额从35.11亿美元增加到74.34亿美元,年平均增长率为8.69%。

从文化产品贸易的进口情况看,2006年至2015年,波兰文化产品贸易进口额从21.13亿美元增长到55.46亿美元,年平均增速为11.32%,出口增长速度快于进口增长速度,出口高于进口近2.6个百分点(见图1.4)。

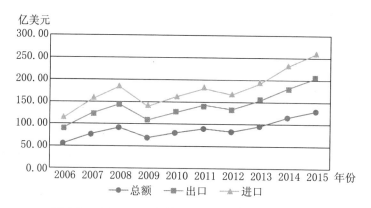

图1.4 2006—2015年波兰文化产品进出口贸易情况

从文化产品贸易的平衡度来看,2006年至2015年,文化产品贸易呈现顺差,2009年顺差额最低,差额为9.32亿美元,其余年份均在10亿美元以上,最高年份是2013年,差额为19.09美元,表明波兰文

中国与波兰服务贸易与投资合作研究

化产品在国际市场上有一定的地位。

二、 文化产品进出口均以设计类文化产品为主

从 2015 年波兰文化产品进出口情况看,设计类文化产品是波兰文化产品进出口的重要产品。在 2015 年波兰对外文化产品出口中,设计类文化产品的出口额占文化产品出口额的比重最高,达52.88％;其次是出版物、视听产品和新媒体,三类产品合计占比为42.14％,其他三类合计占比为 4.98％。由此可以看出,波兰的设计类文化产品出口具有竞争力,而表演艺术、视觉艺术以及工艺美术并不具备出口竞争力(见图 1.5)。

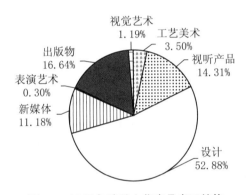

图 1.5 2015 年波兰文化产品出口结构

在波兰的文化产品进口中,设计类文化产品进口额在文化产品进口中占比仍是最大,占比为 44.29％,其次是新媒体,占比为21.54％,视听产品占比为 14.72％,出版物占比为 10.08％,其余的三项占比之和为 9.37％(见图 1.6)。这表明波兰对物质类的文化产品需求比较大,对新媒体的需求相对来说也比较大。也就是说在波兰文化市场上,物质类的文化产品和新媒体有一定的发展空间,国内有一定的市场需求。

7

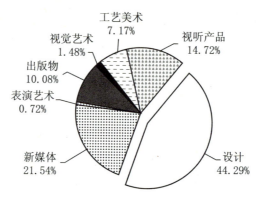

图 1.6　2015 年波兰文化产品进口结构

三、　文化贸易的进出口主要对象国略有不同

波兰的文化贸易出口的主要对象国,前五名是德国、英国、法国、美国、捷克。就 2015 年波兰创意产品出口而言,德国占比为 40.44%,英国占比为 7.74%,法国占比为 5.71%,美国占比为 5.14%,捷克占比为 4.48%(见表 1.4)。可见,在波兰文化贸易出口方面,德国是最为重要的贸易伙伴。

表 1.4　2006—2015 年波兰创意产品出口国占比情况分析

(单位:%)

年份 国别	2006	2007	2008	2009	2010	2011	2012	2013	2014	2015
德　国	25.57	23.67	23.53	26.69	26.95	26.64	28.04	29.46	31.73	40.44
英　国	9.92	9.35	7.84	7.41	9.15	8.54	8.81	7.99	7.80	7.74
法　国	6.11	7.51	7.78	7.07	6.32	6.92	5.88	5.83	6.09	5.71
美　国	7.34	7.24	7.04	5.97	6.40	6.46	5.50	5.55	5.54	5.14
捷　克	5.10	5.02	5.82	5.63	5.14	4.90	5.00	5.85	5.05	4.48
荷　兰	3.35	3.44	3.98	3.94	4.76	4.56	4.09	3.82	3.72	3.28
瑞　典	3.69	4.30	4.29	3.58	4.40	4.15	3.57	3.42	3.18	2.66
意大利	3.22	3.91	4.37	2.94	3.19	2.90	2.70	2.53	2.84	2.64
俄罗斯	6.13	5.39	5.69	5.04	4.96	5.36	6.59	6.73	5.05	2.30
匈牙利	3.68	3.43	3.65	3.17	2.33	2.37	2.14	2.68	2.47	2.09

资料来源:根据 UNCTADdatacenter 数据库整理。

波兰文化产品进口的主要对象国是中国、德国、英国、捷克、荷兰。就 2015 年波兰文化创意产品进口而言,中国占比为 32.06%,德国占比为 24.24%,英国占比为 4.42%,捷克占比为 3.65%;荷兰占比为 3.44%(见表 1.5)。可见,在波兰文化贸易进口方面,中国和德国是最为重要的贸易伙伴。

表 1.5   2006—2015 年波兰创意产品进口国占比情况分析

(单位:%)

年份 国别	2006	2007	2008	2009	2010	2011	2012	2013	2014	2015
中　国	29.73	30.73	31.43	32.14	35.04	34.05	35.24	33.27	35.92	32.06
德　国	18.28	14.06	14.54	14.07	16.13	14.07	13.63	13.11	14.7	24.24
英　国	4.12	3.45	3.51	4.59	5.21	4.6	4.47	3.55	3.65	4.42
捷　克	3.31	3.79	3.82	3.29	2.91	2.5	3.32	3.8	3.64	3.65
荷　兰	2.53	2.75	3.95	4.64	4.65	5.76	5.25	4.42	3.55	3.44
意大利	9.50	9.20	8.75	6.44	5.21	5.65	5.35	5.00	4.38	3.28
法　国	4.82	2.99	2.56	2.04	1.77	2.23	1.62	1.63	1.37	1.46
比利时	3.27	2.62	2.6	2.52	2.97	2.5	2	1.92	1.53	1.33
美　国	1.92	2.52	2.44	2.23	1.82	1.87	1.9	1.4	1.35	1.12
俄罗斯	0.38	0.46	0.53	0.66	0.46	0.53	0.41	0.21	0.16	0.14

资料来源:根据 UNCTADdatacenter 数据库整理。

第三节   波兰对外直接投资发展及特点

波兰作为近 10 年来加入欧盟的最大经济体,被认为是欧盟最有吸引力的经济体,被评为"外国直接投资最具吸引力国家"排名中列欧洲第五位、世界第十三位。波兰政府为了吸引外资,陆续出台了一系列激励外资直接投资的政策,例如,经济特区的所得税豁免、不动产税豁免,以及对购买新技术及研发中心的优惠的税务抵扣。从国家层面及欧盟层面为投资者提供现金补助,以支持新的投资和创造就业岗位,该补助最多可以达到投资总额的 50% 等等。波

9

兰政府和欧盟还通过不断的市场自由化、资产私有化、基础设施的改进以及提供投资促进项目,帮助外国投资者在波兰进行投资。同时,由于波兰自身不断增长的中产消费群体,熟练及低成本的劳动力,以及地处主要欧洲市场中心位置的优势,吸引着全球投资者前来投资。从 2008—2017 年间,虽然在个别年份波动较大,但总体数量很多。

一、外商直接投资流入情况

2008 年至 2017 年,波兰外资流入整体波动较大,在 2012 年至 2013 年间,2012 年外商直接投资量呈现断崖式下跌,较前一年同比下跌 61%,到了 2013 年,外商直接投资流入仅为 3 625 百万美元,是近 10 年来最少的一年。然而,到了 2014 年,外商直接投资额开始不断增长,2014 年较前一年增加了近两倍,增长 293.63%,2015 年更是创下 2012 年下跌以来的最高值,达到 15 271 百万美元。2016 年之后则又开始下跌,2017 年波兰实际吸引外资为 6 434 百万美元,占全球外商直接投资流入的 0.45%,2017 年流量整体不到 2016 年流量的一半。产生这一结果的主要原因是 2017 年 6 月意大利 UniCredit 将 Pekao SA 银行以 106 亿兹罗提(约 2 501 百万美元)的价格出售给波兰 PZU 和 PFR 公司,撤资额达 84 亿兹罗提(约 1 982 百万美元);荷兰公司出售 Allegro 公司股权,撤资额达 72 亿兹罗提(约 1 699 百万美元)。与此同时,其他国家在波兰投资额相对增加,如德国新增投资 128 亿兹罗提(约 3 020 百万美元)、卢森堡 124 亿兹罗提(约 2 926 百万美元)、塞浦路斯 55 亿兹罗提(约 1 298 百万美元)。2018 年,外国直接投资主要集中在工业加工业(156 亿兹罗提约 3 682 百万美元)和金融保险业(124 亿兹罗提约 2 926 百万美元)。

表 1.6　2008—2017 年波兰外商直接投资（FDI）流入情况

指标　　年份	2008	2009	2010	2011	2012
流入流量（百万美元）	13 862	11 889	12 796	18 258	7 120
同比增长率（%）	−35.95	−14.23	7.34	42.69	−61.00
全球占比（%）	0.93	1.00	0.96	1.17	0.51

指标　　年份	2013	2014	2015	2016	2017
流入流量（百万美元）	3 625	14 269	15 271	13 928	6 434
同比增长率（%）	−49.09	293.63	7.02	−8.79	−53.81
全球占比（%）	0.25	1.07	0.79	0.75	0.45

资料来源：根据 UNCTADdatacenter 数据库整理。

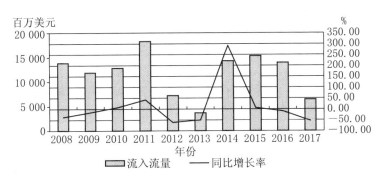

图 1.7　2008—2017 年波兰外商直接投资（FDI）流入情况

2008 年至 2017 年，波兰外资流入存量呈整体上升趋势。其中 2017 年波兰外资流入存量最高，达到 234 441 百万美元，同比增长 25.83%。

表 1.7　2008—2017 年波兰外商直接投资(FDI)流入存量情况

指标\年份	2008	2009	2010	2011	2012
流入存量 (百万美元)	157 173	176 923	195 409	174 661	203 333
同比增长率 (%)	−8.67	12.57	10.45	−10.62	16.42
全球占比 (%)	1.05	1.00	1.00	0.85	0.92
指标\年份	2013	2014	2015	2016	2017
流入存量 (百万美元)	229 167	211 484	185 986	186 310	234 441
同比增长率 (%)	12.71	−7.72	−12.06	0.17	25.83
全球占比 (%)	0.93	0.83	0.72	0.67	0.74

资料来源:根据 UNCTADdatacenter 数据库整理。

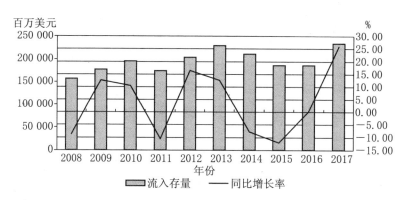

图 1.8　2008—2017 年波兰外商直接投资(FDI)流入存量情况

二、 外商直接投资流出情况

2008 年至 2017 年,波兰外资流出流量大幅波动。从 2011 年开始,连年负增长,直到 2014 年,恢复到下降之前的水平,为 2 898 百万美元,同比增长高达 742.57%。2014 年至 2016 年间,持续高增长,

2016 年高达 8 074 百万美元,同比增长 61.61%,占全球外资流出 0.55%,为近些年来最高水平。

表 1.8　2008—2017 年波兰外商直接投资(FDI)流出情况

指标 ＼ 年份	2008	2009	2010	2011	2012
流出流量 (百万美元)	3 438	3 656	6 147	3 671	−2 656
同比增长率 (%)	−1.41	−6.34	68.13	−40.28	—
全球占比 (%)	0.20	0.33	0.45	0.23	—

指标 ＼ 年份	2013	2014	2015	2016	2017
流出流量 (百万美元)	−451	2 898	4 996	8 074	3 591
同比增长率 (%)	—	742.57	72.39	61.61	−55.52
全球占比 (%)	—	0.23	0.31	0.55	0.25

资料来源:根据 UNCTADdatacenter 数据库整理。

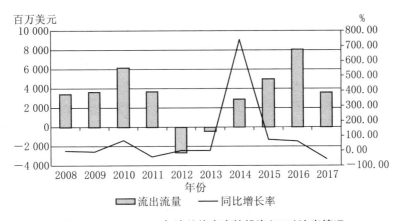

图 1.9　2008—2017 年波兰外商直接投资(FDI)流出情况

13

2008 年至 2013 年,波兰外资流出存量整体呈现下降趋势,2013
年更是呈现负增长。2013 年至 2017 年呈现上升趋势。2017 年外资
流出存量为 30 982 百万美元,为近几年最高水平,同比增长 5.79％,
占全球外资流出存量的 0.1％。

表 1.9　2008—2017 年波兰外商直接投资(FDI)流出存量情况

指标＼年份	2008	2009	2010	2011	2012
流出存量 (百万美元)	16 960	21 028	24 214	29 174	30 899
同比增长率 (％)	13.02	23.98	15.15	20.49	5.91
全球占比 (％)	0.11	0.11	0.12	0.14	0.14
指标＼年份	2013	2014	2015	2016	2017
流出存量 (百万美元)	27 725	27 757	27 492	29 287	30 982
同比增长率 (％)	−10.27	0.12	−0.95	6.53	5.79
全球占比 (％)	0.11	0.11	0.11	0.11	0.10

资料来源:根据 UNCTADdatacenter 数据库整理。

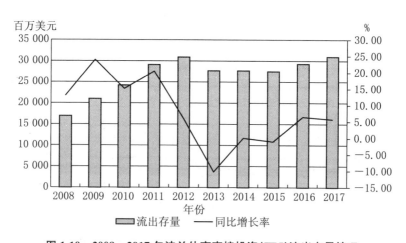

图 1.10　2008—2017 年波兰外商直接投资(FDI)流出存量情况

三、 外商直接投资净流入情况

2008 年至 2017 年,波兰外资净流入量大幅波动,2011 年波兰外资净流入量为 14 587 百万美元,为近十年来最高水平,2012 年至 2013 年外资流量骤跌,2014 年后有所恢复,但 2015 年后又陷入下降趋势,2017 年波兰实际外资流入量为 2 843 百万美元。

表 1.10　2008—2017 年波兰外商直接投资(FDI)净流入情况

(单位:百万美元)

年份 指标	2008	2009	2010	2011	2012
净流入量	10 424	8 233	6 649	14 587	9 776
年份 指标	2013	2014	2015	2016	2017
净流入量	4 076	11 371	10 275	5 854	2 843

资料来源:根据 UNCTADdatacenter 数据库整理。

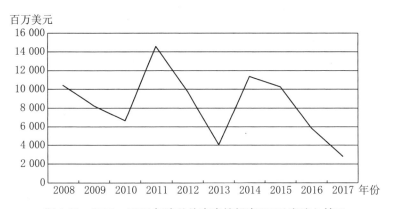

图 1.11　2008—2017 年波兰外商直接投资(FDI)净流入情况

第四节　波兰文化服务产业与贸易发展趋势

波兰的文化服务产业大体上处于增长阶段。以文化创意相关产业为例,虽然波兰经济发展水平还落后于西欧国家,创意部门的劳动

15

力所占份额大约只占 3％,但是波兰文化创意产业就业份额比其他发达国家增长要快。根据联合国贸易和发展会议相关数据统计显示,波兰创意产品出口额自 2009 年 39.39 亿美元增至 2012 年 50 亿美元,增长幅度为 27％,文化创意企业数量增长了 6.2％。综合 2012 年至 2016 年数据,波兰文化创意产业上市公司共有 321 家,无形资产均值 4.29 亿元,位列全球国家排名第 25 位。

一、 电子游戏产业

电子游戏产业是涉及电子游戏的开发、市场营销和销售的经济领域。波兰是东欧第二大游戏市场,仅次于其邻国兼传统竞争对手俄罗斯。Newzoo 此前的报道称波兰游戏市场规模在 2015 年达到了 4.08 亿美元,同比增长了 4.7％,从 20 世纪 90 年代苏联解体之后,该地区的游戏业从无到有,目前从业人数超过了 2 000 人。波兰游戏产业目前共有 200 多家企业在从事游戏的研发和发行工作。

波兰公司主要以游戏质量与全球同业大公司竞争。近几年来,波兰游戏越来越受行业专家和全球玩家的推崇,CD Projekt 研发的《巫师》(The Witcher)游戏系列以及 11 bit studios 研发的《这是我的战争》游戏已成为国宝级游戏。《巫师 3：狂猎》(The Witcher 3：Wild Hunt),在 2015 年 E3 游戏展上荣获 200 多项奖项,迄今为止该游戏已荣获 800 多项奖项,其中包括 250 多项年度奖项。美国前总统奥巴马去波兰访问时都提到《巫师》游戏系列的巨大成功,将其当作波兰发展为创意产业和高科技中心的例子。

在 2014 年,波兰几家最大而且最知名的游戏公司,比如 CD Projekt、Techland、CI Games、11 bit studios 一起成立了波兰游戏协商会,并在 2015 年组成了波兰游戏协会。该组织以帮助波兰本地游戏行业研发更高质量游戏、紧追世界主流游戏市场为宗旨,做了可行性调查,向波兰政府申请发起了一个支持游戏工作室的基金项目。

波兰政府对游戏产业十分支持。2011 年,波兰总理图斯克对到访的美国总统奥巴马赠送了波兰研发的游戏作品。2016 年 4 月底,波兰政府接受了波兰游戏协会的申请,推出了 1 800 万欧元(约合 1.34 亿元人民币)的项目用于游戏工作室的投资。申请该基金项目的资质包括:开发商必须有 50 万波兰兹罗提(约 13 万美元)到 2 000 万兹罗提(约 51.78 万美元)的预算;最高三年的项目时间规划;只能包括业内研究和实验研发或者实验开发;外包者最高可申请 60% 的成本费用;必须是波兰境内的工作室。该项目提供的是不可退还贷款,基于公司规模、研究类型以及运营可以给申请者发放 40%—80% 左右的成本以及额外的帮助,比如在会议或者杂志上分享知识等等。

根据 2016 年公布的《2015 年波兰电子游戏产业现状》数据,目前全波兰共有 200 多家游戏企业从事游戏研发和发行的工作,其中包括高预算游戏开发商、低预算游戏开发商、免费游戏(F2P)和休闲游戏开发商。

(一)高预算游戏开发商

研发高预算游戏需要很多资金或投资。高预算游戏研发的成本会往往达到数亿美元,同时营销和宣传也需巨额投入。高预算游戏能够产生最大的利润,但同时也存在高风险。

目前波兰从事高预算游戏研发的公司共三家,即 Techland、CI Games 和 CD Projekt。Techland 公司比较成功的游戏是 2015 年 1 月发行的《消逝的光芒》(Dying Light)游戏,该游戏的销售量在发行后一个星期内便已超过 120 万份,而更早推出的《死亡岛》以及其扩展包《死亡岛激流》的销售量到 2015 年末已经达到 750 万份。CI Games 销售量最大的游戏为《狙击手:幽灵战士》(Sniper:Ghost Warrior)系列游戏,已经推出的两款共售出 500 万份。由 CD Projekt 研发的《巫师 3:狂猎》(The Witcher 3:Wild Hunt)迄今为止已荣获 800 多项奖项,其中包括 250 多项游戏类的年度奖项,该游戏及其扩展包的销售量已超过 1 000 万份。

（二）低预算游戏开发商

低预算游戏的风险和高预算游戏相比要小了很多，不过随之带来的利益也非常有限。由于全球低成本游戏的研发商众多，也就意味着竞争的压力比高预算游戏要多很多。研发成本低并不意味游戏质量低于高预算游戏，从事研发低预算游戏的工作室由于一款低预算游戏的成功可吸引更多的投资者并扩大公司规模。

波兰在这一方面最为成功的是 11 bit studios 及其研发的《这是我的战争》(This War of Mine)。这家成立于 2009 年的波兰年轻公司，在 2014 年 11 月发行了反战主题游戏《这是我的战争》。作为一款生存游戏，游戏研发和发行成本为 50 万欧元，却在 6 个月内突破300 万欧元销售额，直接帮助该公司次年在华沙证券交易所上市。

《这是我的战争》成功吸引了中国方面的注意，促成了中波企业在游戏领域的合作。《这是我的战争》安卓版已于 2016 年 10 月在中国游戏分享平台 TapTap 上架，成功打入中国市场。TapTap 作为中国支持付费下载的游戏平台，花了很大力气说服 11 bit studios 相信，其十分重视知识产权并且会对海外开发者在中国市场的维权有所帮助。该平台通过分享此前付费用户的成功案例，终于拿到《这是我的战争》在中国的非独家代理协议。《这是我的战争》刚一登录TapTap，就成了行业爆款产品，使得 11 bit studios 在中国市场的知名度一夜之间得到提升。11 bit studios 在中国市场上取得的成功有目共睹，这让越来越多的波兰游戏公司对中国产生兴趣，渴望寻找中国合作伙伴。

（三）免费游戏(F2P)和休闲游戏开发商

休闲游戏主要面向休闲玩家，这些玩家一般感觉无聊的时候才玩游戏，而不是特意安排自己的时间去玩游戏。休闲玩家一般不愿意花钱购买游戏，而选择玩免费游戏。休闲玩家在体验玩游戏的快感中,随之也会愿意投入更多的时间和金钱在游戏之中,以此获得更多扩展功能所带来的更多的新奇体验。

iDreams 是位于波兰南部的格利维采的一家 F2P 游戏研发商。截至 2013 年,其公司研发的几款游戏总受众量达到 2 500 万人次。iDreams 同时也是进入中国市场的波兰游戏公司之一,他们研发的两款游戏《一起玩陶艺》(Let's Create! Pottery)和《傲气雄鹰》(Sky Force 2014)的中文版于 2016 年登录安卓平台,广受中国玩家的喜爱。《一起玩陶艺》是一款制作陶瓷的休闲创意游戏。游戏中玩家可以根据顾客订单定制陶艺,也可以充分发挥自己的创造力。2016 年 12 月 28 日,在珠海隆重举行的 2016 魅族 Flyme 年度颁奖典礼中,《一起玩陶艺》荣获 2016 年度"最具创新手游奖"。

二、 电影产业

在社会主义共和国时期,波兰电影曾以鲜明的思想性、艺术性以及人文情怀在世界电影史上占有重要地位。1989 年波兰政治剧变之后,随着从计划经济到市场经济、从国有体制到私有体制,波兰电影产业也迎来了一个明显的转折点。

突如其来的政治变革,曾经对波兰的电影产业造成了巨大冲击。波兰的电影产业很难像过去一样能够获得来自政府的大量补贴,导致从 1989—1998 年间,波兰电影故事片年产量下降明显,由 1988 年的 34 部,减少到 1993 年的 21 部,从此一直在低位徘徊,至 1998 年只有 14 部,相比政治剧变前产量下降超过一半。与电影故事片产量下降相呼应的,波兰电影院银幕数量也急剧下降,从 20 世纪 80 年代末的 1 830 块,锐减到 1993 年 755 块,短短几年间,银幕数量下降超过了一半。

政治剧变之后,为了挽救濒临崩溃的电影工业,波兰的电影委员会、欧洲影像基金、波兰各类电视台曾经在 20 世纪 90 年代给予波兰的电影产业以一定程度的资助,一定程度上帮助波兰电影产业渡过了剧变之后的强烈震荡期。进入 21 世纪以来,波兰的电影产业逐步走上了复苏的道路,各类私营的电影创作发行公司涌现,电影发行数量逐渐恢复到苏东剧变前的水平,票房收入也稳步提高。波兰电影产业发展中主要资助机构是波兰电影研究院,2014 年波兰国产电影中有 28 部获得波兰电影研究院的资助。当年最受欢迎的 10 部电影名单中,有 7 部获得了电影学院专家组的认可。奥斯卡最佳外语片奖获奖影片《修女艾达》的预算中,就包括波兰电影学院 300 万左右兹罗提的资金投入,几乎是总预算的一半。

表 1.11 2009—2017 年波兰国产电影数量统计

(单位:部)

年份	2009	2010	2011	2012	2013	2014	2015	2016	2017
产量	35	37	32	15	25	34	37	43	40

资料来源:刘子洋:《衰退与重建:转型后的波兰电影产业(1989—2015)》,《汉字文化》2019 年第 6 期。

从国产电影数量来看,波兰国产电影目前基本维持在年产 30 部上下,已经恢复到政治剧变前的水平,不过与总的上映电影数量(大体每年上映 270 部上下)相比,波兰国产电影的规模仍然较小,来自西欧北美特别是好莱坞的电影占据了大多数。波兰电影的市场规模,自 21 世纪以来也得到了恢复发展,目前波兰的电影市场规模维持在 1.7 亿欧元左右。

表 1.12 2010—2014 年波兰电影票房情况

(单位:百万欧元)

年 份	2010	2011	2012	2013	2014
年度票房	156.852	160.653	174.597	160.112	174.637

资料来源:刘子洋:《衰退与重建:转型后的波兰电影产业(1989—2015)》,《汉字文化》2019 年第 6 期。

随着波兰经济的持续增长、资金渠道的日益增多和电影产业结构的不断调整,波兰的电影类型、艺术风格和制作方式日益多元化,波兰的优秀电影重新受到世界关注。《修女艾达》是近几年波兰优秀电影的代表。这部电影以 20 世纪 60 年代为背景,讲述波兰在修道院长大的孤儿艾达和她姨妈共同寻亲的故事。2014 年在第 27 届欧洲电影奖上,这部电影赢得了包括最佳影片、最佳导演、最佳编剧、最佳摄影以及观众选择奖在内的五项大奖,在 2015 年又斩获了第 87 届奥斯卡最佳外语片奖。

伴随着"一带一路"倡议的推进,中国和波兰在电影方面的交流也日益增多。以 2018 年为例,4 月在北京国际电影节电影市场单元主办了"2018 波兰电影产业推介会",这次推介会内容丰富,特别是期待通过介绍促进双方电影产业的合作。此次推介会既介绍近年来波兰电影在世界顶级电影节上所取得的成就,又介绍波兰的合拍政策、外景地,还介绍波兰最优秀的摄影师以及合作方式,最后展示波兰最新影片及制作动态,探讨引进、合拍的各种可能。

同年 6 月,中国电影股份有限公司出访波兰时,受到波兰电影家协会的热情接待,波兰电影家协会特别举办了"中国现代电影周",其间放映了《狼图腾》《大唐玄奘》《我的战争》《飞跃老人院》等 10 部有代表性的中国影片,受到波兰观众热烈欢迎,中国电影股份有限公司出品的影片《伊阿索密码》在华沙荣获波兰电影家协会颁发的"最佳长片"奖。

同年 11 月,中国电影股份有限公司与波兰电影家协会经过长时间的积极磋商与策划,于 11 月 18 日至 25 日在北京等地举办"波兰电影周"展映活动。此次"波兰电影周"展映《浴血华沙》(Warsaw 1944)、《夜与日》(Nights and days)、《钢琴师》(The Pianist)、《沃伦》(Volhynia)、《灰烬与钻石》(Ashes and diamonds)、《大理石人》(Man of Marble)、《福地》(Ziemia obiecana)七部影片。

三、 艺术设计产业

目前当代艺术在波兰受到广泛的扶持,新的艺术机构可以不受阻碍地发展,国内外的新艺术潮流可以畅通无阻地宣传推广。波兰首都华沙一直是波兰当代艺术中心,华沙市为当代艺术发展推出奖学金计划,以鼓励来自波兰以及世界各地为波兰当代艺术发展作出贡献的艺术家。

艺术设计产业需要艺术人才的支撑。波兰的艺术教育已有两百余年的历史,目前波兰有931所艺术学校,包括550所公立的艺术学校和研究院及381所私立学校,华沙美术学院、玛丽亚·居里夫人大学艺术学院是波兰比较重要的艺术教育机构。本土的艺术教育机构已经成为波兰培养艺术设计产业人才的重要支撑。

波兰艺术设计产业十分注重开放交流,目前波兰有341个画廊和展览厅,2013年由艺术画廊和展览厅举办的本土展览数量是4 600场,共有450万人参加展会。此外,画廊和艺术沙龙举办了229场国外展览。华沙独立画廊光栅通过与英国伦敦萨奇画廊的合作,促进波兰艺术与国际社会的接轨。该画廊的一位成员威廉还通过电视"绘画"节目积极推动不同地区的画廊参与到这一开放的交流活动中来。

波兰琥珀在国际上享誉盛名,近年来以其新颖独特的设计和精湛的制作工艺,获得世界范围内消费者的青睐。为了更好地拓展海外市场,波兰财政部2012年拨款700万兹罗提专门用于在世界范围内,特别是在以中国为代表的亚洲国家开展波兰琥珀推介和销售工作。

波兰艺术作品日常销售价格相对较低,以2014年为例,84.3%的艺术品售价都不到5 000兹罗提,但是销售活跃,2014年总销售额达到8 689万兹罗提。而在波兰的艺术品拍卖市场,2014年总成交额达6 060万兹罗提。

四、 旅游服务产业

作为欧洲历史悠久的国家,波兰有着丰富的文化遗产和优美的自然风光,旅游资源十分丰富。目前,波兰共有 15 处被列入联合国教科文组织世界遗产名录的文化和自然遗产。2007 年波兰加入申根协定后,使得波兰跨境旅游更为便利,波兰主要旅游城市有华沙、克拉科夫和格但斯克等,2015 年入境波兰的外国游客达到了 1 589万人次。旅游业已经成为波兰重要产业。2013—2017 年,波兰的旅游业收入稳定在 110 亿美元以上,在 2017 年更是超过了 140 亿美元,创造了历史新高。

表 1.13 2013—2017 年波兰旅游业收入统计

(单位:亿美元)

年　份	2013	2014	2015	2016	2017
旅游业收入	124.32	129.24	113.55	120.52	140.83

资料来源:CEIC Data 全球经济数据库。

波兰政府十分重视旅游业的发展,近几年来,借"一带一路"倡议的契机,波兰越来越重视加强在中国的旅游推介。2015 年 11 月,波兰旅游局在北京设立了办事处,该办事处不遗余力地在中国市场进行推广。目前该办事处正推进翻译有关波兰著名旅游景点的资料,以供旅游运营商和服务于自由行游客的相关网站使用。波兰旅游局北京办事处十分重视与媒体合作及宣传力度,并根据中国互联网发展情况,加强在社交媒体上活跃度,目前已经在优酷和抖音建立账户,以便吸引更多的中国游客到访波兰。目前波兰已在中国的 15 个城市设立了波兰签证申请中心,以提高在华申请波兰签证程序的效率。此外,波航和国航都开通了北京到华沙的直航,为旅客出行提供更多方便的选择。

据统计,2018 年约有 14 万中国人到波兰旅游,中国游客在波兰

23

的人均消费达到 1 830 欧元,主要目的地集中在华沙、克拉科夫、维利奇卡盐矿和奥斯威辛集中营等地。除了这些经典旅游线路之外,波兰旅游局正试图大力推广新的线路,比如波兰南部的滑雪胜地扎科帕内、北部波罗的海海滨城市三连城、西部的多元化特色城市弗罗茨瓦夫以及有"东方苏黎世"之称的波兹南。

第二章
波兰服务贸易与投资合作社会环境

第一节　政治环境

二战后建立波兰人民共和国，由波兰统一工人党（共产党）执政40余年。1989年4月，议会通过了团结工会合法化和实行议会民主等决议。团结工会在当年6月提前举行的议会大选中获胜，成立了以其为主体的政府。12月29日，议会通过宪法修正案，改国名为波兰共和国。波兰实行三权分立的政治制度，立法权、司法权和行政权相互独立、互相制衡。

一、政治制度

（一）宪法

1997年4月2日，波兰议会通过《波兰共和国宪法》，该宪法为波兰共和国现行宪法。宪法规定，波兰是共和国，国家最高权力属于人民，人民直接行使权力或通过代表行使权力，国家保证公民的自由和权利。确立波兰施行三权分立的多党议会民主制度，议会行使立法权，总统和政府行使行政权，法院行使司法权。总统和政府拥有执法权，总统负责维护宪法和国家安全，由众议院和参议院组成的议会是国家最高立法机构,其主要职权是制定和颁布法律、批准国民社会经济计划、通过执行国家预算的决议等,同时履行行政监督职能。[1]新宪法规定以社会市场经济为主的经济体制,经济体制的基础为经济自由化、私有制等原则;波兰武装力量在国家政治事务中保持中立。根据新宪法,如总统否决了议会或政府提交的法案,议会可以五分之三的多数否决总统的决定。此外,波兰宪法明确规定:国家严禁纲领中带有纳粹主义、法西斯主义、共产主义和极权主张的政党和组织在波兰进行活动。

（二）总统

宪法规定,总统是国家的最高代表,也是国家权力连续性的保证,负责维护宪法和国家的安全,维护国家的主权以及领土的不可侵犯性和完整性。1990年9月,议会决定提前举行总统选举并颁布了总统选举法,改变了由国民大会(众参两院)间接选举总统的做法,实行全民直接选举总统。总统有权任命政府总理和政府,但政府必须通过议会的信任投票。如果总统任命的政府得不到议会的信任,总统可以解散议会或者在两周内任命为期半年的临时政府。总统有权否决议会通过的法案,但不得否决财政预算法。总统任期为5年,只能连任一届。现任总统安杰伊·杜达,为法律与公正党人,于2015年5月举行的总统选举中胜选,并任职至今。2015年11月,杜达总统访华,并出席第四次中国—中东欧国家领导人会晤。其间,杜达总统在演讲中表示,波兰的优势在政治与经济体系的稳定性,波兰希望在"一带一路"的框架下与中国在经贸、科技、文化、投资等领域的联系更密切,希望将波兰打造成"一带一路"运输物流中心。

（三）议会

议会,亦称国民大会,由众议院(Sejm)和参议院(Senate)组成,

---

[1] 商务部国际贸易经济合作研究院:《对外投资合作国别(地区)指南-波兰(2017)》。

是国家最高立法机构,任期4年。众议院议员460名,参议员100名,均通过直接选举产生。众议院和参议院组成国民大会,议员中选出议长1人,副议长若干人及各委员会。议长和副议长组成的主席团是议会的最高领导机构。议长召集众(参)议院会议,领导众(参)议院的工作,对外代表众(参)议院。众议院设有常务委员会,并有权设立专门委员会和调查委员会。议会的主要职权是:制定和颁布法律;通过关于规定国家活动基本方针的决定;对其他国家权力机关和管理机关的活动实行监督;任免部长会议或其个别成员;批准国民社会经济计划;批准年度国家预算;通过同意政府执行上年度预算结果和国民社会经济计划的决议;议会可组织特别委员会,对激起公众强烈反响的具体事件进行调查,并可通过不信任投票来体现对政府的不信任等。

议会在宪法框架内开展对外交往,以立法形式批准或废除波兰所签署的国际条约,以决议形式表达议会对国际问题的态度和看法。作为下院的众议院比作为上院的参议院拥有更大的权力,立法、监督、人事任免等权力主要归众议院,众议院代表国家对外宣战及实施战时状态。众议院和参议院在众议长和参议长、主席团、参议会议和委员会四个层次进行工作协调。本届议会于2015年10月成立,由5个党派组成,众议长马莱克·库赫钦斯基(Marek Kuchciński)和参议长斯坦尼斯瓦夫·卡尔切夫斯基(Stanisław Karczewski)均来自法律与公正党。截至2018年2月,众议院的席位分配情况为法律与公正党238席,公民纲领党136席,"库齐兹"运动30席,"现代波兰"协会25席,人民党15席,自由与团结党6席,欧洲民主联盟3席,德意志少数民族1席,无党派议员6席。参议院的席位分配情况为法律与公正党66席,公民纲领党31席,独立议员3席。

(四)政府

波兰共和国国家权力的最高执行机构是部长会议。在上届政府向新一届众议院辞职后两周之内,由在议会选举中获胜的政党提出总理人选并组成新政府;新总理被总统任命后两周内向众议院介绍政府的组成人选并提出施政纲领,要求众议院进行信任表决。新政府须获得众议院半数以上,即超过231票的支持。政府对议会负责并报告工作,议会有权监督政府施政。政府由总理和各部部长组成,总理由总统提名,议会任命。各部部长由总理提名,议会任命。2015年11月16日,波兰组成新一届政府,下设19个部,法律与公正党副主席希德沃出任总理。本届政府是波剧变以来首个凭一党之力单独组建的政府。2017年12月,因执政党内部人事调整,希德沃辞职,时任主管经济事务副总理马泰乌什·莫拉维茨基(Mateusz Morawiecki)出任新总理。2018年1月,莫拉维茨基政府完成改组,[1]现届政府主要成员参见表2.1。

表 2.1 波兰现届政府主要成员

第一副总理	贝阿塔·希德沃(Beata Szydło)
副总理兼文化与国家遗产部部长	彼得·格林斯基(Piotr Gliński)
副总理	雅采克·萨辛(Jacek Sasin)
副总理兼科学和高等教育部长	雅罗斯瓦夫·戈文(Jarosław Gowin)
基础设施与建设部长	安杰伊·阿达姆契克(Andrzej Adamczyk)
农业和农村发展部长	扬·克里斯托夫·阿尔丹诺夫斯基(Jan Krzysztof Ardanowski)
体育与旅游部长	维托尔德·班卡(Witold Bańka)
国防部部长	马柳什·布瓦什查克(Mariusz Błaszczak)
内务与行政部部长	尤希姆·布鲁津斯基(Joachim Brudziński)
外交部部长	雅采克·查普托维奇(Jacek Czaputowicz)
财政部部长	特蕾莎·切尔文斯卡(Teresa Czerwińska)
产业与技术部部长	雅德维加·埃米莱维奇(Jadwiga Emilewicz)
海洋经济与内河航运部部长	马莱克·格鲁巴尔契克(Marek Gróbarczyk)
环境部部长	亨雷克·科瓦尔赤克(Henryk Kowalczyk)

[1] 外交部网站:《波兰国家概况》,http://www.fmprc.gov.cn/web/gjhdq_676201/gj_676203/oz_678770/1206_679012/1206x0_679014/。

投资与经济发展部部长	耶日·克维钦斯基(Jerzy Kwieciński)
家庭、劳动与社会政策部部长	伊丽莎白·拉法尔斯卡(Elżbieta Rafalska)
卫生部部长	乌卡什·舒莫夫斯基(Łukasz Szumowski)
能源部部长	克日什托夫·特霍热夫斯基(Krzysztof Tchórzewski)
数字化部部长	马莱克·扎古尔斯基(Marek Zagórski)
国家教育部部长	安娜·扎莱夫斯卡(Anna Zalewska)
司法部部长	兹比格涅夫·焦布洛(Zbigniew Ziobro)

资料来源:https://www.premier.gov.pl/en.html.

二、 主要政党

(一)法律与公正党

法律与公正党(波兰语:Prawo i Sprawiedliwość,PiS;英文名称:Law and Justice),是波兰执政党,现今波兰议会最大的全国性政党。该党由曾担任总理、总统的卡钦斯基兄弟创立于2001年6月,截至2016年12月,党员约3万人。该党具有新保守主义、基督教民主主义和经济国家主义性质。政治上,主张实行政治家财产公开制度,建立强有力的反腐机构,严惩犯罪分子;实行向家庭倾斜的政策,特别是为不富裕的多子女家庭提供国家补助,鼓励生育。外交上,主张亲美近欧、睦邻周边,同时在欧盟内部强调自主权,坚定维护本国利益,重视拉近同其他中东欧国家关系,对俄强硬。由于取得了议会超过半数的席位,法律与公正党上台后便计划逐步扩大中央政府的权力,如修改宪法法院法,出台新的媒体法、堕胎法等政策措施。法律与公正党带有浓重的民粹主义色彩,主张民族利益、国家利益高于一切,为此不惜与传统友好国家公开冲突;它也因担心国家利益受损而对欧盟所出台的难民政策持强烈的抵制态度。[1]现任党主席雅罗斯瓦

---

〔1〕 参考消息:《波兰法律与公正党:实用主义的民粹政党》,http://www.cankaoxiaoxi.com/world/20161216/1525463.shtml。

夫·卡钦斯基(Jarosław Kaczyński)。

（二）公民纲领党

公民纲领党(波兰语：Platforma Obywatelska，PO；英文名称：Civic Platform)是波兰最大在野党。2001 年 1 月,由安杰伊·欧雷霍斯基(Andrzej Olechowski)与马切伊·普瓦金斯基(Maciej Płażyński)脱离"团结工联选举行动"(Solidarity Electoral Action),与"自由联盟"(Freedom Union)的唐纳德·图斯克(Donald Franciszek Tusk)共同发起创立。截至 2016 年 12 月,党员约 4.3 万人。该党兼具保守自由主义、新自由主义和基督教民主主义色彩。经济上,提倡实行自由市场经济,保障企业的市场主体地位,鼓励民众创业以及推动公共部门私有化;教育上,主张大力发展教育,推出教师绩效薪酬制度,引入理事会形式的监督机制加强学校管理;乡村发展方面,强调设置地方税收优惠,提升地方竞争力,通过创建开发区、发展乡镇企业等方式对农村进行结构改造;2008—2015 年曾为主要执政党,现任党主席格热格日·谢蒂纳(Grzegorz Schetyna)。总体来看,公民纲领党在经济方面采取自由主义,而在社会和道德议题上倾向自由保守主义立场,包括反对堕胎、同性婚姻、软性毒品合法化、安乐死等。

（三）人民党

人民党(波兰语：Polskie Stronnictwo Ludowe，PSL；英文名称：Polish People's Party),原称农民党。该党历史可追溯到 19 世纪。东欧剧变后,于 1990 年 5 月重新创立,党员约 12.3 万人(2016 年),是波兰人数最多的政党,也是波兰主要的在野党之一。该党在意识形态上具有中间主义、新平均地权主义、基督教民主主义和新凯恩斯主义的性质。主张国家扶持农业,提供免费教育和医疗,放缓私有化步伐,反对单一税制,支持欧洲一体化。现任党主席伏瓦迪斯瓦夫·科希尼亚克-卡梅什(Władysław Kosiniak-Kamysz)。

（四）"库奇兹"运动

"库奇兹"运动（Kukiz'15）为在野党。由波兰摇滚歌手保罗·库奇兹于 2015 年 7 月创立的反建制政治团体。"库奇兹"运动在 2015 年议会选举中获得 37 个议席，成为众议院第三大党派。政治主张偏右翼保守派，包括改革波兰现行选举体制、以单一选区制替代比例代表制、摧毁政党专制制度、主张经济自由等。现任党主席保罗·库奇兹（Paweł Kukiz）。

（五）现代波兰党

现代波兰党（波兰语：Nowoczesna Polska；英文名称：Modern）：在野党。由波兰经济学家协会主席雷沙德·佩特鲁（Ryszard Petru）于 2015 年 5 月创建，并在当年议会选举中赢得 7.6% 的选票，截至 2017 年 9 月，党员约 6 000 人，具有新自由主义色彩。政治上持中间立场，主张经济自由、简化税收、取消不同人群退休年龄特权、取消对工会活动的资金支持、取消政党活动的财政支持、对不同宗教和政见者一视同仁，以及对教育体制进行适应市场需求的改革。现任党主席卡塔日娜·卢布娜乌尔（Katarzyna Lubnauer）。

三、 转型进程

自 20 世纪 90 年代开始，波兰进行了一系列政治、经济、社会转型改革，并以建立市场经济、多元化所有制结构和民主政治体系为目标，实现由计划经济向市场经济的转变。欧洲复兴开发银行（EBRD）通过一组转型指标对转型国家的转型程度进行评价，2017 年，EBRD 对其原有评价转型指标进行更新，由转型国家市场经济的可持续发展程度来衡量各国的转型进展，具体的指标体系包括竞争程度、经济包容性、良好治理、环境友好、经济适应性（Resilience）与社会融合 6 项指标。

竞争程度由市场结构、企业创新能力和企业激励来衡量，经济包容性指经济机会的平等，即是否为不论年龄、性别、社会背景的人群提供平等的就业与创业机会,从而实现人力资源的有效配置;良好治理包括对制度质量、诚信标准、腐败控制及企业治理等方面的考察,环境友好指经济发展是否有利于环境可持续发展;经济适应性则是以金融稳定和宏观经济稳定为核心,同时涵盖经济多样性、食品安全和能源安全等多个方面,如通过提高经济多样性降低对单一行业(如自然资源)和进出口的依赖性;社会融合则不仅仅指国内外交通、能源和IT网络方面的物理融通,还包括发展完善制度和治理结构同更高的国际标准接轨。各指标取值范围从1到10,其中1表示转型国家市场经济的可持续发展程度最差。因波兰转型初期即同时进行政治民主化与经济自由化改革,虽然短期内民主政治可能会阻碍经济改革或给政策实施造成困难,但长期来看,民主政治可以有效纠正和制止错误的经济政策,因而成为市场经济制度运行的支撑。如表2.2所示,目前波兰经济适应性、经济包容性和环境友好程度较高,但竞争程度有待改善,如对中小企业发展的支持和强化企业融入全球价值链以创造更多附加值的激励。

表2.2　波兰转型进程

指标	竞争程度		良好治理		环境友好		经济包容性		经济适应性		社会融合	
年份	2018	2017	2018	2017	2018	2017	2018	2017	2018	2017	2018	2017
分值	6.6	6.5	6.9	7.1	6.9	6.9	7.1	7.0	8.0	7.9	6.8	6.8

资料来源:EBRD Transition Report 2018-19, https://www.ebrd.com/news/publications/transition-report/transition-report-201819.html.

四、政府治理

通过私有化改革,波兰政府治理效率近年来明显提高,公共支出效率也有所改进。世界银行给出的政府有效指数表明,[1]波兰的政

---

[1] 世界银行政府治理指数包括公民自由、政治稳定、政府有效性、政策质量、法律法规和腐败治理六个指标。

治稳定性较 2004 年明显提高,2015 年 11 月 16 日,法律与公正党政府宣誓就职,希德沃担任总理。此届新政府上台后,采取了一些限制宪法法院和普通法院独立性的措施,造成了法律制度的不确定性,由此也引发其与欧盟在法律制度方面的争执,导致近期政治稳定性指标出现恶化趋势。政府有效性、腐败监管等领域得到进一步改善,但危机后期暴力事件频发、腐败问题重现,暗示波兰在以上领域仍存在改进空间(参见图 2.1)。《全球竞争报告 2018》对 140 个国家公众对公共服务信任度、预算决策透明度、政府规制负担、政府未来决策导向和知识产权保护程度作了调查,波兰分别位于第 92、49、111、110、73 位,除政府预算透明度指标略高于全球均值外,其余指标均低于全球平均值。[1]

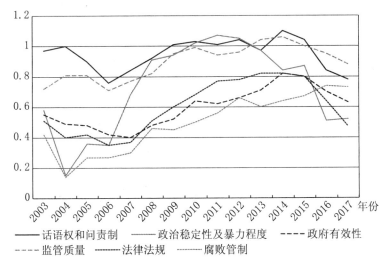

图 2.1　2003—2017 年波兰政府治理指数

资料来源:The Worldwide Governance Indicators 2018,www.govindicators.org.

法律与公正党通过立法限制宪法法院、最高法院、最高司法委员

〔1〕　Klaus Schwab,World Economic Forum:The Global Competitiveness Report 2018,2018.

会、普通法院等机构的独立性,加强对司法机构的政治控制。在野党以及欧盟认为法律与公正党取消制衡,动摇法治,违背了欧盟的基本价值观。与政治上的集权相适应,波兰的经济体制和经济政策也在发生变化,国家主义色彩增强,经济自由主义遭到鄙弃,增强了政治制度和经济政策的不确定性。

第二节 经济体系

一、经济概述

2011—2015 年,波兰经济持续增长,2015 年波兰 GDP 约合 4 518 亿美元,同比增长 3.6%,人均 GDP 为 11 890 美元,2017 年上半年,波兰 GDP 同比增长 4.0%。2017 年波兰国内生产总值(GDP)中,私有企业贡献达 85.5%,其中,波兰本土企业贡献接近 60%。[1] 波兰矿产资源较为丰富,煤、硫磺、铜、银的产量和出口量居世界前列,其中,铜产量居世界第九、欧洲第二,波兰还是欧洲第二大硬煤生产和出口国,也是褐煤的重要生产国。近年来,波兰政局稳定。2004 年加入欧盟后,欧盟结构基金推动了波兰经济持续发展,伴随资源的共享和产业的转移,波兰的经济增长水平逐步超过了欧盟平均水平,经济增长率于 2007 年达到峰值 7.2%。2008—2009 年国际金融危机中,波兰成为欧盟成员国中唯一经受住打击没有陷入负增长的国家。波兰经济的良好表现与其合理的三次产业布局关系密切。2017 年,波兰农业增加值占 GDP 的 3.4%,工业占 37.8%,服务业占 58.8%。其中,波兰的农业部门最具特色,农业产品类型多且产量较高,主要农作物有小麦、黑麦、马铃薯、甜菜和油菜籽等,是欧洲地区主要的农产品供应国。波兰工业以食品加工、金属制品和机械制造等劳动密

---

[1] Statistical Yearbook of the Republic of Poland 2018.

集型行业为主,服务业以机动车维修、运输仓储、科学技术、建筑和房地产等行业为主。其中,机动车维修行业产值占 GDP 的 12.8%,金融保险服务业发展相对滞后,其增加值仅占 GDP 的 3.4%。2017 年波兰国内生产总值为 6 008.8 亿美元(1.99 万亿兹罗提),经济增长率为 4.8%,消费物价指数上涨 2.0%。2017 年主要出口品为机械工业产品、车辆及其零附件、电气设备及其零件、家具及其寝具、塑料及其制品等,主要出口国为德国、英国、捷克、法国和意大利。2017 年主要进口产品为机械工业产品、电气设备及其零件、车辆及其零附件、塑料及其制品和矿物燃料等,主要进口国为德国、中国、俄罗斯、意大利和法国等。

(一)往年经济情况

从经济增长的拉动力来看,劳动密集型制造业的发展为波兰国内创造了大量的工作岗位,提高了居民的收入水平。收入增长叠加全球大宗商品价格下跌,促进了波兰国内消费支出增加,成为拉动经济增长的主要动力。1989 年剧变后,"休克疗法"导致经济一度下滑。1992 年起经济止跌回升,并逐步成为中东欧地区发展最快的国家之一。加入欧盟后,经济更是突飞猛进,2007 年人均 GDP 增幅达 7.1%。此外,人均 GDP 呈现明显的增长态势,以当年价格计,2017 年波兰人均 GDP 达到 13 823 美元。[1]

由于部门重组和吸收国外先进技术带来的效率提升使波兰的收入与经济合作与发展组织(OECD)国家呈现收敛趋势(见图 2.2)。由于其劳动生产率较经合组织平均水平低 40%,波兰急需加强技术吸收能力和自身的创新能力。目前,波兰研发(R&D)投资与创新活动一样薄弱,特别是中小型企业(SME)。基础设施也是阻碍经济发展的瓶颈之一,在其负责任发展战略中,政府计划提高针对研发活动

---

[1] 世界银行世界发展指数数据库,http://databank.worldbank.org/data/reports.aspx?source=world-development-indicators。

的税收激励,同时依赖欧盟结构性基金增加公众对中小企业创新、风险资本市场和改善基础设施的支持。

表 2.3 1995—2017 年波兰 GDP 情况

年份	GDP (亿美元)	人均 GDP 增长率(%)	最终消费支出 (亿美元)	最终消费支出 占 GDP 比重 (%)	外商投资净流入 (亿美元)
1990	2 266.3	—	—	—	0.89
1991	2 107.3	−7.34	—	—	2.91
1992	2 160.3	2.20	—	—	6.78
1993	2 241.1	3.47	—	—	17.15
1994	2 359.7	5.07	—	—	18.75
1995	2 523.7	6.81	2 080.5	78.1	36.59
1996	2 676.6	5.98	2 228.9	79.6	44.98
1997	2 849.5	6.39	2 369.4	80.1	49.08
1998	2 981.0	4.58	2 469.3	79.5	63.65
1999	3 119.4	4.65	2 592.9	80.3	72.7
2000	3 261.6	5.66	2 696.6	81.7	93.35
2001	3 302.3	1.28	2 761.6	83.1	56.77
2002	3 369.7	2.09	2 858.3	85.0	40.91
2003	3 489.8	3.63	2 915.5	83.8	53.71
2004	3 669.0	5.20	3 036.4	82.5	138.68
2005	3 797.2	3.54	3 101.7	81.2	110.41
2006	4 031.8	6.25	3 255.2	80.4	214.73
2007	4 315.5	7.09	3 419.0	78.3	250.31
2008	4 498.9	4.24	3 631.4	80.4	145.74
2009	4 625.7	2.75	3 760.7	80.3	140.25
2010	4 792.6	3.90	3 866.9	80.7	183.95
2011	5 033.0	4.96	3 943.2	79.5	184.85
2012	5 114.0	1.61	3 963.2	79.4	73.58
2013	5 185.1	1.45	3 995.9	79.1	7.95
2014	5 357.2	3.40	4 108.9	78.2	197.76
2015	5 562.9	3.91	4 225.7	76.5	150.65
2016	5 733.2	3.11	4 371.8	76.4	183.21
2017	6 008.8	4.79	4 570.6	76.3	106.73

资料来源:世界银行数据库,https://databank.worldbank.org/data/source/world-de-velopment-indicators# 。

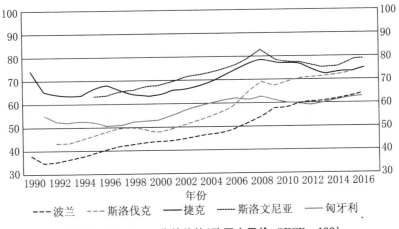

图 2.2　人均 GDP 收敛趋势(购买力平价,OECD＝100)

资料来源:OECD(2017),OECD Economic Outlook:Statistics and Projections(database).

（二）经济现状

2004 年加入欧盟后,欧盟结构基金推动了波兰经济持续发展,伴随资源的共享和产业的转移,波兰的经济增长水平逐步超过了欧盟平均水平,经济增长率于 2007 年达到峰值7.2%。此外,人均 GDP 呈现明显的增长态势,以当年价格计,2017 年波兰人均 GDP 超过 12 000 欧元(见表 2.4)。危机后时期,欧元区经济不景气直接导致波兰经济增长乏力,2013 年 GDP 增长率仅为 1.4%,而高达 13.4%的失业率则高于欧盟平均水平。近年来,波兰加大了对其陈旧基础设施的维护和更新力度,致力于简化政府办事流程,鼓励中小企业进行研发创新,恢复经济活力。据波兰统计局(GUS)统计,2018 年 GDP 为 2.12 万亿兹罗提,较 2017 年增长 6.4%,远高于欧盟 28 国 2.4%的平均增长率。[1]同年,预算赤字为 0.7%,政府债务占 GDP 的 48.5%,2018 年第三季度 GDP 增长率为 5.1%,高于欧盟平均水平。2018 年 9 月,国际信用评级机构对波兰长期外币信用评级保持为

---

[1] 波兰统计局,https://bdm.stat.gov.pl/。

"A2"前景稳定(穆迪),在三大评级机构中,穆迪对波兰的评级最高,"BBB+"前景乐观(标准普尔),"A-"前景稳定(惠誉)。

2018年11月,OECD发布《波兰经济发展展望报告》,报告称波兰近期强劲的经济增长将持续一段时间,但随着劳动力短缺和生产成本的上涨,经济增长将放缓,预计2019年经济增长率将小幅降至4%,2020年增长率将进一步降至3.3%。国内需求仍是经济增长的主要驱动力,而来自欧盟结构基金的投资和较低的实际利率则是国内消费的重要支撑,但与欧盟关系的恶化将对波兰中期的经济增长和政府融资带来负面影响。与此同时,伴随劳动力短缺的高工资将加剧通货膨胀的压力,预计中央银行将逐步提高利率以应对日益严重的通货膨胀。通过广泛宣传延迟退休的收益,并提供高质量婴童照护服务,消除老年人和女性就业障碍,激励雇主为雇员提供成人教育和职业教育机会,以提高劳动技能的利用效率,以上改革措施将有助于提高中期经济增长和人民生活水平,而加强学龄前儿童教育将有助于促进包容性增长的实现。

表2.4 2007—2017年波兰GDP及其增长率指标

年 份	2007	2008	2009	2010	2011	2012	2013	2014	2015	2016	2017
GDP (亿欧元)	3 138.7	3 661.8	3 170.8	3 618.0	3 802.4	3 893.8	3 947.3	4 111.6	4 302.5	4 265.5	4 671.7
人均GDP (欧元)	8 159	9 523	8 140	9 204	9 623	9 900	10 123	10 678	11 116	11 235	12 303
GDP增长率(%)	7.2	3.9	2.6	3.7	5	1.6	1.4	3.3	3.8	3.1	4.8
HICP	83.3	86.8	90.3	92.7	96.3	99.8	100.6	100.7	100	99.8	101.4

注:GDP增长率为不变价格统计所得,消费者价格调和指数(HICP)以2015年为基期。

资料来源:波兰中央统计局,http://stat.gov.pl/en/poland-macroeconomic-indicators/;Eurostat, http://epp.eurostat.ec.europa.eu/portal/page/portal/national_accounts/data/database。

中国与波兰服务贸易与投资合作研究

（三）财政情况

受私人消费和投资刺激,2017 年波兰 GDP 增长率达到 4.6%,经常账户自 20 世纪 90 年代中期以来首次出现顺差。良好的宏观经济环境为改善财政状况创造了条件,财政赤字降至近十年来的最低水平,赤字总额由 2016 年的 436 亿兹罗提降至 330 亿,财政赤字占GDP 的比重由 2016 年的 2.3% 降至 1.7%（参见图 2.3）。除 2014 年因养老金体系改革而减发国债外,2017 年公共债务首次出现下降。截至 2017 年底,公共债务达到 9 618 亿兹罗提,占 GDP 的 48.5%,较上年下降 3.4 个百分点;政府债务累计达到 10 034 亿兹罗提,占 GDP的 50.6%（参见图 2.4）,显著低于欧盟及欧元区的同一比例,二者分别达到 81.6% 和 86.7%。[1]

图 2.3　2007—2017 年波兰财政赤字

资料来源:波兰财政部,https://finanse-arch.mf.gov.pl/en/public-debt/basic-information。

2017 年,公共债务规模下降 34 亿兹罗提,降至 9 618 亿兹罗提,按照发行属地标准,国内外债务分别为 6 625 亿兹罗提和 2 293 亿兹罗提,占 GDP 比重分别为 33.4% 和 15.1%,较上年分别下降 0.5 和2.9 个百分点。公共债务中国库债务（State Treasury debt）占

---

〔1〕公共债务（public debt）为波兰国内统计口径,而政府债务（General government debt）则依据欧盟准则统计,二者统计口径略有不同。

92.6%,地方政府债务占比6.8%。具体来看,一方面,财政赤字主要来自中央政府,"家庭500+"(Family 500+)项目的实施及退休年龄改革[1],造成2017年中央政府社会福利支出大幅提高,加之2014—2020年欧盟投资基金项目要求,使政府投资规模迅速扩张,造成政府赤字达到751亿兹罗提,占GDP比重为3.8%;另一方面,2017年政府税收收入占GDP比重达到21%,较上年增长0.4个百分点,其中,来自生产和产品进口、收入的税收各增长0.2个百分点。此外,由于劳动力市场持续改善,就业及工资收入均提高,社会保障收入增长7.9%,使得社会保障基金账户盈余406亿兹罗提,一定程度上减少了财政赤字规模。总体上看,波兰政府债务水平适中,但政府净债务水平较低。波兰政府通过增加财政收入政策来控制财政赤字,但财政支出规模也有所扩大,财政赤字水平有所上升;政府债务负担不重且政府净债务水平较低,财政收入对政府债务的保障能力较强。

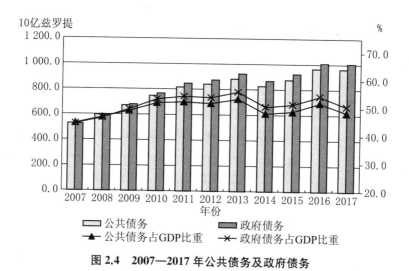

图2.4 2007—2017年公共债务及政府债务

资料来源:同图2.3。

---

〔1〕 2016年4月,波兰实施"Family 500+"项目,旨在改善人口结构,为每个家庭第二个及以上的孩子每月提供500兹罗提(约115欧元)补助,直到孩子年满18周岁;2017年10月1日,波兰男性和女性的退休年龄分别提前至65岁和60岁。

（四）对外贸易及国际收支

据联合国商品贸易统计数据显示，2017 年波兰出口额为 2 213.1 亿美元，而进口 2 179.8 亿美元。2017 年的外贸易顺差从 2016 年的约 43 亿美元，下降到约 33 亿美元，与 2016 年相比，2017 年的出口增长 8.3%，进口增长 10.4%。波兰的主要贸易伙伴为欧盟成员，波兰前十大出口市场中的七个是欧盟成员，前十大进口来源地中有六个是欧盟成员（英国除外）。德国继续保持波兰最大的贸易伙伴地位，出口额达到 602.1 亿美元，进口额达到 494.7 亿美元。2017 年，中国对波兰是第二大贸易伙伴国和第二大进口来源国，2017 年双方贸易额为 287.8 亿美元，其中波兰自中国进口 264.7 亿美元。[1]2017 年波兰对外贸易总体平衡，与中国贸易逆差进一步拉大。

分国别（地区）看，2017 年波兰对德国、英国、捷克、法国和意大利的出口额分别占波兰出口总额的 27.2%、6.4%、6.3%、5.6% 和 4.9%，为 602.1 亿美元、140.7 亿美元、140.5 亿美元、123.4 亿美元和 108.6 亿美元，分别增长 13.5%、8.4%、10.2%、14.4% 和 15.2%；自德国、中国、俄罗斯、意大利和法国的进口额分别占波兰进口总额的 22.7%、12.1%、6.8%、5.0% 和 3.9%，为 494.7 亿美元、264.7 亿美元、147.6 亿美元、109.4 亿美元和 84 亿美元。其中，自德国、中国、俄罗斯、意大利和法国的进口额分别增长 14.6%、12.9%、27.9%、13.8% 和 14.3%。波兰前五大逆差来源地依次是中国、俄罗斯、日本、韩国和印度，逆差分别为 241.7 亿美元、78.1 亿美元、30.6 亿美元、30.4 亿美元和 16.7 亿美元，分别增长 12.2%、35.9%、7.8%、33.6% 和 18.5%；顺差主要来自德国、英国、捷克、法国和乌克兰，分别为 107.4 亿美元、89.7 亿美元、63.9 亿美元、39.5 亿美元和 23.9 亿美元，分别增长 9.0%、9.9%、4.1%、14.7% 和 31.2%。

---

[1] 波兰为报告方。

分商品看,机电产品、运输设备和杂项制品是波兰的主要出口商品,2017 年出口额分别占波兰出口总额的 11.9％、7.5％和 5.6％,为 263.2 亿美元、166.8 亿美元和 123.1 亿美元,分别增长 10.7％、7.4％和 19.2％,但烟草的出口额增长突出,增幅达 53.9％。机电产品、运输设备和石油产品是波兰进口的前三大类商品,2017 年进口额分别为 212.0 亿美元、153.9 亿美元和 129.6 亿美元,分别增长 15.4％、13.2％和32.3％。另外,办公设备仪器的进口额增长较为明显,涨幅达 66.2％,通信、音响设备的进口额减少较为明显,下降 26.6％。

（五）外债情况及外汇存底

波兰整体外债水平较高,近年外债总额占 GDP 的比重保持在 70％左右,但该比重有下降趋势。截至 2017 年末,波兰外部债务总额为 3 820.1 亿美元,外债总额占 GDP 的比重为 66.87％,较上年下降 9.51 个百分点。从外债期限看,截至 2017 年底,波兰长期外债占比为 86.66％,短期外债偿付压力（13.34％）较小。从外债结构看,波兰一般政府外债占比较高为 38.36％,企业跨国借贷外债占比（约为 25.7％）紧随其后,其他部门（17.61％）和储蓄机构（15.45％）外债较为适中,中央银行（2.9％）外债占比最低。

经常账户方面,2012—2017 年,波兰经常账户收入与外债的比重稳定在 74％左右,且保障能力呈现上升趋势。2016 年经常账户收入与外债的比重为 77.32％,较上年上升 0.3 个百分点,表明经常账户收入对外债的偿付能力较强。由于一般政府债务负担较轻,经常账户收入对政府外债的保障能力较强。外汇储备方面,截至 2017 年末,波兰外汇储备规模为 1 132.67 亿美元,相当于外债总额的 29.65％,较上年下降近 4 个百分点;外汇储备相当于政府外债的比重为 77.3％,较上年下降 12 个百分点。外汇储备对政府外债的保障能力一般,但呈现上升趋势。截至 2017 年底,官方储备资产达 945 亿欧元,相当于 GDP 的 20％,储备资产相对充足,可以满足 5 个月的商品和服务进口。[1]截至2018年3月,官方储备资产为短期外债的214%,表明经常账户收入对外债以及政府外债的保障能力持续增强。

表 2.5　2012—2017 年波兰外债及偿付能力情况

(单位:亿美元;%)

年　　份	2012	2013	2014	2015	2016	2017
外债总额	3 689.61	3 840.83	3 567.02	3 311.21	3 401.22	3 820.10
政府外债	1 518.72	1 541.21	1 457.44	1 363.48	1 276.73	1 465.22
外债总额/GDP	70.19	69.82	72.72	71.75	76.38	66.87
政府外债/外债总额	41.16	40.13	40.86	41.18	37.54	38.36
外汇储备	1 089.02	1 062.21	1 004.52	949.03	1 143.29	1 132.67
CAR/外债总额	66.42	69.26	79.25	77.01	77.32	—
CAR/政府外债	161.37	172.61	193.96	186.98	206.19	—
外汇储备/外债总额	29.52	27.66	28.16	28.66	33.61	29.65
外汇储备/政府外债	71.71	68.92	68.92	69.60	89.55	77.30

注:CAR 为经常账户收入。
资料来源:波兰中央银行、IMF。

二、 经济制度

(一)社会主义式计划经济(1945—1989 年)

波兰人民共和国是二战后在波兰建立的社会主义国家,波兰统一工人党为执政党。1947 年普选后,工人党领袖博莱斯瓦夫·贝鲁特当选为总统。1952 年波兰人民共和国成立后,贝鲁特当选为国家领导人,开始了苏联模式的社会主义建设。采取高度集中的计划经济模式,即通过国家权力,全面干预和管理国民经济各部门,通过指令性计划集中进行资源配置,进行社会生产活动。依据苏联模式,波兰制定了把发展重工业放在首位,按"重—轻—农"的顺序进行工业化的经济发展战略,但波兰的社会结构、政治经济和文化传统、宗教信仰,使得波兰建立社会主义具有先天不足的缺陷,结果使国民经济

<hr>

[1] Ministry of Finance:Public Debt in Poland Annual Report 2017.

比例严重失调,重工业片面发展,农业长期落后,物价飞涨,货币贬值,人民生活水平下降,最终使波兰成为二战后社会主义阵营中最不安定的国家。

波兰早在 20 世纪 50 年代中期就提出了"社会主义制度在不同国家可以有不同模式",在其进行"休克疗法"前就已先后实行四次经济体制改革,其中包括以扩大企业自主权为中心的 1956—1959 年的改革,以成立独立经济核算、自负盈亏的联合公司为内容的 1960—1970 年的改革,以成立"大经济组织"为内容的 1972—1975 年的改革以及 1982 年开始进行的经济体制改革(刘宾,1995)。

波兰社会主义进程中的四次改革具体内容如下:

1. 第一次改革(1956—1959 年)

"波兰式道路"的探索阶段。1956 年 10 月,中央委员哥穆尔卡在苏波两党会谈中,反对苏联对波兰内政的干涉和压力,坚持走"波兰自己的道路"。通过将国家下达给企业的包罗万象的指标减为八项,以改变计划管理权过于集中的状况;将部分企业的领导权下放给省市;在企业内部实行工人自治制度;对工资制度作了调整,设立工厂基金,实行十三个月工资制等措施,扩大企业自主权。改革初期,工业生产以每年 9% 的速度稳步增长,居民生活用品的生产增长速度加快,三年间,实际工资增长约 25%。但由于改革缺乏充分的思想准备和组织准备,党内和社会上反改革力量未被消除,改革派难以争取到群众,初步的改革措施未能全面贯彻,导致 1959 年经济发生严重困难,改革开始停顿,最终失败。

2. 第二次改革(1960—1970 年)

哥穆尔卡的再次改革。改革旨在进一步减少指令性指标,突出盈利指标的作用;建立自负盈亏的联合公司来领导同类企业;把国家投资拨款改为银行贷款,收取固定资产使用费;加强计划的科学性;重视使用价格、税收等经济杠杆;放松国家对外贸的垄断,准许少数有条件的工厂进行外贸活动,并可从出口利润中提取1‰—5‰的外汇作为该厂的出口资金和工厂基金。但由于苏联模式的严重缺陷无法根本克服,后五年,经济呈下降趋势,1966—1968年国民收入增长率不足7%,1969—1970年只有4%,经济发展速度和人民生活水平均不断下降,引起广大人民群众的不满。

3. 第三次改革(1971—1975年)

"大经济组织"体制改革。1972年1月1日,波兰全面取消了农副产品的义务交售制,实行合同收购制。同年7月1日,政府决定对所有的个体农民及其家属实行免费医疗制度。1973年1月1日起,开始在化学工业和轻工业等部门的下属经济单位中试行综合性的新经济财政体制,亦称"大经济组织体制"。联合公司等大经济组织在投资、工资、就业、定价等方面享有充分的自主权,中央下达的指令性计划指标仅限于出口商品的销售值、国内市场上的商品供应额和投资最高限额三个方面,企业可以将利润作为计算企业发展基金和领导干部奖励基金的基础。这次改革由于没有把体制改革放在重要位置,只是把部分行政管理权从中央下放给大公司,企业仍然缺乏活力。高福利、高工资,使消费基金膨胀,资金奇缺。为消除这一矛盾,波兰大量向国外借款。到1980年底,累计借债达230亿美元,导致外汇收支失衡,经济陷入财政赤字和通货膨胀的陷阱。

4. 第四次改革(1982—1989年)

有计划的市场经济模式。这次改革主要措施包括:实行党政分离、政企分离、中央计划和市场机制相结合的体制;取消对企业的一切指令性计划指标,给国家所有制、集体所有制、个体所有制平等发展的权利;对企业实行自主、自治和自负盈亏的"三自"原则;价格改革方面,以建立完全的市场定价机制为目标,大幅度削减补贴和调整价格,逐步放开对价格的管制。

以上改革使得波兰在20世纪90年代初实施"休克疗法"时已具

备了一定的市场经济基础,因此,波兰在转轨初期经历短暂的衰退后,可以迅速恢复增长。

(二)社会市场经济制度确立与完善(1990—2015 年)

1990 年 1 月 1 日,转轨后的波兰政府引入了《经济转型纲领》改革方案,开始实施被称为"休克疗法"的经济改革。[1]改革主要围绕三大宏观经济领域进行,即公共财政、市场机制和所有制结构,涉及微观经济运行的十大层面,如国有企业、银行法、国有银行、工资、税收、外资商业活动、外汇法、关税、就业及劳动合同解除等(见表 2.6)。波兰自 1990 年开始经济转轨后,经历了两年的转轨性衰退,1992 年实现经济复苏,经济增长率由 1991 年的负增长转为 1992 年的 2.6%。此后,波兰保持了经济的持续增长,即使在 2008 年国际金融危机和此后的欧洲债务危机影响下,波兰仍保持了经济的正增长。

表 2.6 巴尔采罗维奇计划十大法案

法案主题	主要内容
国有企业金融经济法案	允许国有企业宣告破产
银行法案	禁止通过中央银行补贴国家预算赤字
信贷法案	彻底废除国有企业的优先贷款权,将银行利率与通货膨胀挂钩
过度增长工资增税法案	引入工资税,限制国有企业工资增长
新的税收法案	废止仅向私有企业征收的特别税款,要求所有公司企业纳税
外资经营法案	允许所有外资公司和个人在波兰投资和出口创汇
外汇法案	引入兹罗提国内自由兑换机制,废除国际贸易的国营化
关税法案	建立适用于所有企业的统一关税
就业法案	调整失业机构职能
解雇工人条件法案	约束国有企业工人被大批量解雇,设立失业救济金和离职金

资料来源:https://en.wikipedia.org/wiki/Balcerowicz_Plan.

通过建立私有制并引入市场竞争,控制预算赤字,减少货币供应量,建立货币可自由兑换的有效系统,同时将现有的国有资产私有化

---

[1] 由于波兰首席经济学家、马佐维耶茨基政府副总理兼财政部部长莱舍克·巴尔采罗维奇(Leszek Balcerowicz)在《经济转型纲领》中扮演的关键设计者角色,该方案又称为巴尔采罗维奇计划(Balcerowicz Plan)。

或在经济自由化框架下开办新公司等措施,波兰基本建立起市场经济体制。私有化从根本上改变了波兰的经济体制,国有企业从1990年的8 453家减为2003年的1 736家,国有经济占GDP的比重从1990年的69.1%下降为2002年的26%左右。1992—2002年,波兰通过间接私有化、直接私有化和清算等多种方式,对5 000多家国有企业进行了私有化改造,截至2002年6月底,3 835家企业完成了私有化改造。其中,大中型国有企业多采取间接方式,即将原来由政府部门直接所有的国有企业转变为由财政部所有的公司,成立股份公司或有限责任公司,财政部保持企业100%的所有权,然后通过上市、向战略投资者私募或向国家投资基金出售等方式将公司股份对外出售。截至2015年4月,1989年尚在运营的近8 500家国有企业中,仅3%未被私有化,私有化收益达1 526亿兹罗提。伴随经济转型进程,就业市场结构也发生了改变。目前,88%的就业者受雇于私人企业,仅有12%为国有企业员工。国家仍然控制着对经济安全和发展具有战略意义的企业,如采矿、燃料、能源、化学、武器等领域,能源部对电力、石油等国有能源企业进行监管,而PKO银行、PZU社保集团、波铜等具有战略意义的国有企业仍由国库部监管,国家监管的企业价值超过1 000亿兹罗提。[1]总体来看,巴尔采罗维奇计划是以稳定经济为重点,以促进结构性改革为手段,以推动国家向市场经济迈进为目标的经济改革方案。这项计划成效比较明显,为波兰市场经济的创建奠定了坚实的基础,波兰成为中东欧国家中第一个从转型衰退中走出的国家。[2]

"入盟"后的波兰在宏观经济层面,开始面向全球展开竞争,经济不平衡得到有效控制,并形成具有可预见性、稳定性和审慎性特征的

---

〔1〕 环球网,http://china.huanqiu.com/News/mofcom/2015-04/6321123.html。
〔2〕 姬文刚:《波兰的经济转型及社会发展:阶段、成就与挑战》,《欧亚经济》2018年第4期。

经济政策。在微观经济运行过程中,波兰创建了资本市场的基本体系,银行业成为支持经济发展的重要部门,使其经济竞争力显著提高。公民纲领党执政期间,积极推行市场经济政策,使用欧盟基金相对透明,基本上投入中小企业,既增加了就业,也促进了消费。因此,波兰经济稳定发展,人民生活水平大幅提高。此后,在希腊债务危机等问题上与欧盟积极合作,为波兰争取到比较可观的欧盟基金。这一时期,经济政策总体上比较稳健、温和,除了增加烟草、石油和酒精等特殊行业的税收之外,其余政策设计及实施总体上比较平稳。相对庞大的国内市场、审慎的经济政策、对银行业的严格监管和积极有效的反周期政策等,使波兰成为在国际金融危机和欧债危机期间经济维持正增长的唯一国家。总之,历经近30年的经济转型后,波兰的市场经济体制逐步完善,经济社会发展取得了显著的成就。与1989年相比,波兰的国家经济实力和人民生活水平取得了明显进展。

（三）国家干预增强（2016年至今）

2016年2月,副总理兼发展部部长莫拉维茨基正式公布《负责任的发展战略》(亦称为莫拉维茨基计划),以再工业化、创新企业的发展、发展所需的资本、企业向外拓展以及社会和区域发展为支柱,该计划旨在促进经济的持续增长,促进社会、经济和区域的聚合。莫拉维茨基认为,过去20多年波兰实行的新自由主义模式使波兰陷入中等发展陷阱、低利润产品陷阱和依赖性发展的陷阱,因此,波兰应在保持社会市场经济模式的同时,增加国家在经济、社会和区域领域的责任。期望国家成为推动企业家精神、储蓄、投资和创新的力量,即国家不能只起监督者的作用,还必须成为领导者和伙伴。

此外,莫拉维茨基计划还强调产业政策的重要性,认为波兰应当保持其在化工、金属、汽车、家具等部门的竞争力,同时,支持新兴的具有发展潜力的经济活动和部门。为此,莫拉维茨基计划规定了国家重点支持的战略性部门,如公共运输工具(铁路机车和特种船舶)、专业电子(逆变器、传感器)、专业软件(金融科技、机械和建筑自动化、网络安全、生物信息学)、航空航天解决方案(无人机)等,通过政府采购、解除管制、争端调解等方式对战略性部门予以支持。莫拉维茨基认为,波兰需要改变过去过于依赖外资的发展模式,需要更多地依靠国内资本。波兰应当从利用廉价劳动力的模式向利用先进技术获利的模式转变,这导致波兰对外资的态度发生了变化,提出要保持外国资本与国内资本的平衡,应当使波兰资本而不是外资成为增长的基础。

总体来看,莫拉维茨基计划是建立在完全否定巴尔采罗维奇计划基础上的,它代表了波兰转型范式的变化和发展模式的变化。在莫拉维茨基计划之下,国家主义色彩增强,经济自由主义遭到鄙弃,国家干预获得青睐,产业政策得到应用。波兰1990年实行的亲市场的经济转轨出现了某种程度的逆转,但是新形成的市场经济制度并未彻底动摇。近两年波兰不俗的经济表现更是一定程度上回击了经济学家对莫拉维茨基计划的各种批评,如巴尔采罗维奇曾公开指出莫拉维茨基计划是波兰经济缓慢毁灭的计划。2017年波兰经济增长达4.6%,远高于欧盟平均2.5%的增长率。同年,波兰经常账户近30年来首次出现盈余,达15亿美元,相当于国内生产总值的0.3%。财政赤字为254亿兹罗提,相当于国内生产总值的1.3%,低于政府设定的目标2.9%。失业率创历史新低仅有4.4%,福利扩大的同时,国家债务并没有大幅度增加。[1]

三、 对外开放制度

外商投资对于波兰而言,不仅是经济增长和带动就业的源泉,同时也是技术转移,并融入全球供应链的助推器。因此,尽管经历了政

---

〔1〕 孔田平:《从巴尔采罗维奇计划到莫拉维茨基计划——试析波兰经济转型范式和发展模式的变化》,《欧亚经济》2018年第4期。

党的多次更迭,但波兰政府一直保持自由、开放的政策积极吸引外资,仅对少数领域实行限制。政府于 2003 年 6 月成立波兰信息与外商投资促进局,而后于 2017 年将该机构更名为波兰投资贸易局(PAIH),旨在吸引外商投资,鼓励企业出口,特别是创新型中小企业的扩张。波兰主要借助政府资助、欧盟结构基金、经济特区政策及房产税减免等方式鼓励外商直接投资。

(一)政府资助

近年来,波兰政府针对目标行业颁布许多计划以刺激投资,如"波兰能源政策 2030""电力部门计划""波兰共和国政府关于石油行业的政策""2007—2015 年波兰煤炭开采"等。另外,根据"2011—2023 支持对国民经济有重要意义的投资规划纲要",投资者对汽车、电子、航空、生物技术、现代服务业及研发等领域的新投资,可申请政府资助。资助金额因创造就业数量、具有高等学历雇员比、投资区域、产品在国际市场上的吸引力(制造业项目)、企业提供服务的复杂程度不同而不同。除重点资助行业外,如果投资者对其他行业感兴趣,则需满足最低合格费用 7.5 亿兹罗提,同时创造就业岗位200 个或最低投资 5 亿兹罗提,且增加就业 500 个,才可提出申请(见表 2.7)。

表 2.7   波兰政府就业资助金额

领　　域	创造就业	新投资合格费用* (百万兹罗提)	资助金额 (兹罗提/新增就业)
汽车、电子、航空、生物科技	250	40	
现代服务业	250	1.5	3 200—15 600 (800—3 900 欧元)
R&D	35	1	
其他制造业重大	200	750	
投资	500	500	

注:* 合格费用(Eligible Costs)包括土地购买费用、新增固定资产(建筑、机器、设备、工具及基建)费用、无形资产购买、固定资产的安装费用等。
资料来源:The Polish Information and Foreign Investment Agency(PAIiIZ),https://www.paih.gov.pl/why_poland/investment_incentives.

企业因投资获取资助的金额取决于投资创造的就业岗位数量、每个雇员的投资支持及投资地点的选择。对优先发展的战略性行业及满足条件的其他行业投资最高资助额为投资金额的7.5％,而对研发活动的资助一般低于投资额的10％(见表2.8)。

表2.8　波兰新增投资资助金额

领　　域	创造就业	新投资合格费用 (百万兹罗提)	资助金额 (合格费用百分比)
优先领域	50	160	
其他行业	200	750	1.5％—7.5％
重大投资	500	500	
R&D	35	10	最高10％

资料来源:同表2.7。

此外,根据欧盟产业资助政策,波兰政府对敏感产业(矿业、汽车、造船、钢铁、化纤、邮政、音像、广播等)的改造投资项目可实行公共资助。2016年4月,新造船法规定,拖轮、破冰船等多类船舶的零部件生产可享受增值税豁免。此外,2017年1月1日开始,在波兰的经营实体(经济特区除外)从事研发活动人员的工资和社保福利的50％可额外在税基税前扣除,中小型及小微型企业研发费用的50％(大型企业的30％)也可额外扣除。[1]

(二)欧盟结构基金

2014—2020年欧洲结构投资基金通过6个国家操作计划(Operational Program,OP)和16个地区计划拟资助波兰825亿欧元。与前期相比,创新经济与人力资本提升计划分别更名为智能发展,知识、教育与增长计划,前者重点支持私人部门研发活动,鼓励企

----

[1] 研发费用指与研发活动直接相关的材料费用和咨询费用,专门用于研发活动的设备、机器,固定资产和无形资产的折旧费用。

业与科研机构合作创新以提高波兰企业竞争力,后者则关注高等教育系统的质量和效率。此外,欧盟结构基金拟投入 21.7 亿欧元实施数字波兰操作计划(见图 2.5),旨在促进信息通信技术、宽带网络和电子服务的发展。新一轮计划更加注重区域间平衡发展,16 个地区计划资金投入占项目总额的比重由 24.9% 提高到 40.7%,[1]主要投向企业家精神的培养、社会融合、能源与运输等领域。

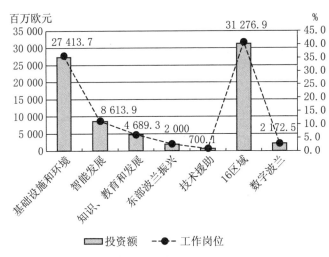

图 2.5 2014—2020 年欧盟结构投资基金国家项目投入

资料来源:Ministry of Infrastructure and Development:Programowaniieperspektywyfiinansowej 2014—2020 UmowaPartnerstwa, 21 majja 2014 r, p.158.

欧盟地区资助限额因各地区发展程度不同而不同,较发达地区资助额度较低,为合格费用的 30%,不发达地区额度较高,为合格费用的 50%。此外,不同类型企业可申请的资助额度也存在差别,中型企业资助额可在原限额基础上提高 10%,小型企业则可提高 20%,因此,不同地区企业投资最高可获得的资助额度介于

〔1〕 2007—2013 年波兰接受欧盟结构基金总额中包括欧洲领土合作计划项目,数据来自 Ministry of Regional Development:European funds for entrepreneurs-Guidebook through operational programmes 2007—2013,第 12 页。

30%—70%之间（如图 2.6 所示）。按照欧盟划分标准，马佐夫舍（Mazowieckie）省因人均收入超过欧盟人均 GDP 的 75% 而成为波兰第一个脱离最不发达地区的省份，因此，对企业投资资助额度低于其他地区，但因省内发展极度不平衡，因此，一省之内投资不同地区的企业可申请资助也不同，其中，普沃茨克、谢德尔采、拉多姆和华沙东部资助限额为 55%，华沙西部地区 40%，华沙中心地区 30%—35%。[1]

图 2.6　2014—2020 年企业享受欧盟结构基金资助地区分布

注：马佐夫舍省（Mazowieckie）、罗兹省（Lódzkie）、西里西亚省（Śląskie）、下西里西亚省（Dolnośląskie）、大波兰省（Wielkopolskie）、库亚维-滨海省（Kujawsko-pomorskie）、卢布林省（Lubelskie）、奥博莱省（Opolskie）、卢布斯卡省（Lubuskie）、波美拉尼亚省（Pomorskie）、西滨海省（Zachodniopomorskie）、瓦尔米亚-马祖里省（Warmińsko-mazurskie）、波德拉谢省（Podlaskie）、喀尔巴阡山省（Podkarpackie）、斯托克圣十字省（Swietokrzyskie）、小波兰省（Malopolskie）。

资料来源：http://www.roedl.com/pl/en/services/state_aid_advice/eu_funds_in_poland_20142020.html.

---

[1] 此额度自 2014 年 7 月 1 日起实施，其中，华沙中心城区 2014 年 7 月 1 日—2017 年 12 月 31 日期间享有 35% 资助额度，2018 年 1 月 1 日—2020 年 12 月 31 日额度降为 30%。

（三）经济特区政策

为加速区域经济发展、创造就业及吸引外商投资,波兰共设立了
14 个经济特区(SEZs)。目前,波兰企业所得税率为 19%,特区内企
业投资享有所得税减免优惠,最高减免额度取决于投资地点、企业规
模和投资总额。大型企业可获得合格费用 30%—50% 的税收优惠,
中小型企业优惠力度更强,分别为合格费用的 40%—60% 与 50%—
70%。[1]此外,在满足一定条件的基础上,如投资前向相关部门提交
申请,投资期限至少 5 年,企业还可以享受由地方政府提供的房产税
减免。波兰特区的优惠政策由 2020 年延长至 2026 年极大地吸引了
外资,其中,卡托维兹(Katowice SEZ)为波兰最大的经济特区,园区
内企业超过 250 家,投资总额超过 52 亿欧元,创造就业岗位 5.3 万个
(如图 2.7 所示)。

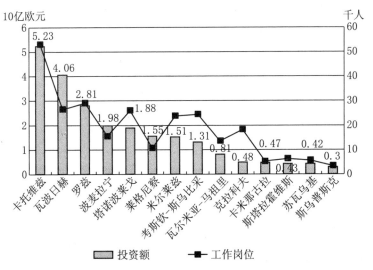

图 2.7 波兰各经济特区吸引投资额及创造就业数量

资料来源:KSSE Investors Guidebook:the zone of great potential, http:// invest-ksse.
com/files/?id_plik=1435.

---

[1] 中等规模企业指雇员人数少于 250 人且年营业额低于 5 000 万欧元的企业,而小企
业指雇员人数少于 50 人且年营业额低于 1 000 万欧元的企业。

中国与波兰服务贸易与投资合作研究

第三节　社会氛围

一、社会情况概述

（一）人口和人民生活

2017 年，波兰人口 3 843.4 万人，其中，约 60％生活在城市。波兰 55 岁及以上人口占比达到 31％，其中，55—64 岁人口占人口总数的 14.03％，65 岁及以上人口占比达 16.97％，而 2010 年以上各类人口占比分别为 27.1％、13.6％和 13.5％，可见，波兰老龄化问题日趋严重。波兰人口总数长期处于负增长，近 10 年来以每年约 0.04％的速度递减。

波兰官方语言为波兰语，波兰主要民族为波兰族（占总人口比重为 94.8％），少数民族有西里西亚族、卡舒族（Kashubian）、德意志、乌克兰等。87.2％的波兰人信奉天主教，天主教会在波兰享有极高的社会威望和政治影响，少数人信奉东正教或基督教新教。波兰拥有较为完善的社会保障系统，社会保障经费通过财政拨款、社会筹资和职工平时支付等办法筹集。此外，政府通过提高退休金、家庭补贴、育儿津贴等方式提高和改善居民生活水平。波兰统计局公布的数据显示，过去 7 年的平均工资总额大幅增长，与 2010 年相比，涨幅达到 40.3％。但各部门工资差距较大，2017 年，信息通信与金融保险行业月平均工资超过 7 000 兹罗提，与 2010 年相比，分别提高了 35％和 31.2％，而住宿餐饮服务业平均月工资不足 3 000 兹罗提。

此外，波兰年轻人失业仍然是政府亟待解决的问题。年轻人过早失业，不仅不利于自身发展，还会危害社会治安，引起社会动荡。2017 年波兰年轻人失业率 14.8％，远高于德国（6.8％）及捷克（7.9％），也高于同属中东欧转型国家的匈牙利（10.7％），显然，波兰须进一步实施针对年轻人就业的促进措施。

（二）公共文化娱乐设施

2017 年,政府支出 103.3 亿兹罗提用于文化遗产保护,较上年增长 16.4％,占 GDP 比重由 2016 年的 0.48％提高到 0.52％。其中,中央政府支出主要投入公共广播电视系统、博物馆运营和古迹保护,各占总支出的 30.1％、19.1％和 9％,而地方政府支出则主要用于文化(社区)中心(30.9％)、图书馆(19.4％)、博物馆(12.2％)和剧院(10.5％)。2017 年,波兰有 949 个博物馆(包括分支机构),其中 79.6％属于公共部门,81.6％位于城市。同年,3 750 万人参观了波兰博物馆,参观人数较上年增长 3.9％(见表 2.9)。各类博物馆共有 2 530 个永久性展览和 5 392 个临时展览,在学科方面,展品的结构是以收藏考古(20.4％)、自然(15.4％)和艺术(13.7％)为主。博物馆会不定期举办文化教育课程,主要有博物馆课程、电影放映、研讨会、阅读、讲座、会议、经常性活动、音乐会、户外活动、比赛及会议和讨论会等,2016 年有超过 900 万人参加了 156 089 场各类型课程及会议。

此外,波兰有 341 个画廊和展览厅,其中,华沙和克拉科夫共有 86 个,举办展览超过 4 200 场次,参观人数 440 万人。据波兰统计局数字显示,2017 年,由于部分小型图书馆关闭,波兰公共图书馆数量降至 7 953 所,较上年下降 0.5％。2000—2011 年间,图书馆注册用户及馆藏图书呈下降趋势,仅在 2012 年小幅上升后,2013 年后恢复下降趋势,2017 年,每千人注册读者数量由 2016 年的 159 人下降至 157 人。[1]主要原因在于 16—24 岁之间的青年人和学生数量的锐减,而这部分群体构成了近 10 年来的主要读者群。2017 年,波兰共出版 3.6 万种出版物,较 2016 年增加 5.9％,其中,第一版出版物新增 2 300 种。科学类出版物主要为非定期出版物,共有 1.06 万种。期刊出版物以社会科学、一般研究、宗教神学等为主,各占期刊出版总

---

〔1〕 Statistics Poland：Culture in 2017.

数的 29.5％、7.7％和 7.4％。

表 2.9　波兰文化设施和出版物情况

年份	出版物	公共图书馆		影院	剧场	博物馆
	数量（种）	公共图书馆（千册）	图书馆读者数量（千人）	访客（千人）		
2005	19 999	135 128	7 337	24 865.5	9 609	18 488
2010	29 539	133 249	6 502	37 674.6	11 522	22 216
2013	32 863	130 977	6 435	36 974.7	11 456	29 044
2014	32 716	130 734	6 303	41 220.4	12 262	30 609
2015	33 454	129 904	6 233	45 785.6	12 031	33 271
2016	34 235	128 995	6 069	51 960.3	14 587	36 082
2017	36 260	128 357	6 021	56 878.5	13 264	37 503

资料来源：波兰统计局，https://stat.gov.pl/en/。

（三）科技和教育

波兰在历史上是一个科学文化比较发达的国家，诞生了哥白尼、居里夫人等著名科学家，为人类科学事业的发展作出了重要贡献。波兰政府近年来重视加大对研发活动的投入，2017 年，波兰全国研发投入（GERD）为 205.79 亿兹罗提，占 GDP 的比例为 1.03％，远低于欧盟 28 国 2.07％的水平。就投入领域而言，对工程技术的投入占比接近 50％，自然科学和医疗健康投入紧随其后，各占总研发支出的 25.1％和 9.7％。国内研发（R&D）总支出中，各部门支出并不平衡，通过采取激励和支持企业开展研发活动的举措，企业支出占比近年来大幅提高。2017 年，企业研发投入占 GERD 的比例由 2010 年的 48.3％上升到 64.5％。《全球竞争报告 2018》对创新性企业增长、创新包容性等进行的调查结果表明，波兰以上两项指标在中东欧国家中处于较低水平，仅高于匈牙利，低于捷克、斯洛文尼亚等国家。包容新思想、勇于承担风险等企业文化有利于企业部门创新能力的提升，可见，波兰在以上方面有待加强。

波兰拥有较为坚实的科学基础和优秀的科学传统，在数学、天文、物理、化学等基础研究领域,以及农业、新材料、新能源、矿业安全、空间技术等应用技术领域,具有一定的优势和特色,在某些方面居欧洲或世界先进水平。为了进一步促进科技与经济社会发展相结合,加强国家创新体系建设,自2010年开始,波兰政府开始实施一系列深化科技改革的法案。波兰政府出台的国家研究计划(National Research Programme),支持能源领域的新技术、新药、再生医学的研究,先进的信息、电信技术、机电一体化,现代材料技术,环境、农业、林业技术,国防和国家安全等优先领域的发展。此外,波兰政府还通过国家低碳经济发展计划(National Program for the Development of a Low Carbon Economy),鼓励节能技术研发、提高废弃物管理效率和水平、低碳技术研发和应用、新型消费模式的建立、低碳能源的开发等。波兰负责任发展战略的目标之一是实现创新型经济模式,因此,政府推出一系列的税收优惠政策支持波兰专利的商业化。此外,政府正在大力推行的科学宪法强调科学与经济之间的合作。

2017年,波兰议会批准教育体制改革方案,于当年秋季实行最新的教育体系。改革后,波兰将裁撤三年制的初中阶段,保留小学和高中阶段,将小学教育从六年制延长至八年制,高中和职业技术教育均延长一年,修业年限分别达到四年和五年。改革草案拟定了必修课与选修课,并对每个年级的教学科目和教学时间进行了规定。课程设置方面,八年小学义务教育阶段开设经典教育课程,使学生获得通识教育。从五年级开始,逐步引入地理、生物、化学和物理等必修课程。从七年级起开设第二门外语课程。高中与职业技术学校的历史课程从每周2小时增加至8小时,地理、生物、化学、物理等课程从1小时增加至4小时。开设哲学、艺术和音乐课,以便为学生将来的学术与艺术发展奠定基础。此外,法律与公正党正积极推动增加"爱国主义价值观"教育。波兰民众受教育程度较高,全国接受过高等教育的人口接近总人口的17%,仅2016年,取得高等教育学历人数达

48.8 万人,其中近 35％取得社会科学学位,15.6％获得工程学位,7.2％的学生毕业于数学等自然科学领域(见图 2.8)。2017—2018 学年,波兰共有高等院校 397 所,学术教师数量 9.47 万人,高校学生约 129.2 万人。

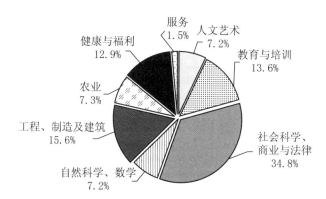

图 2.8　2016 年按专业划分的高等教育毕业生比重

资料来源:Eurostat:Tertiary Education,https://ec.europa.eu/eurostat/statistics-explained/index.php?title＝Tertiary_education_statistics♯Participation.

波兰拥有覆盖全国范围的医疗保险体制,居民平等且免费获得各种医疗保险待遇。据世界卫生组织统计,2015 年波兰社会医疗保险支出占 GDP 的 6.3％,政府医疗健康支出占政府总支出的 10.7％,全社会医疗健康总支出中,政府支出占比 69.6％。按购买力平价计算,人均医疗健康支出 1 704 美元。[1]医疗卫生财政支出的增加能够减少疾病、改善卫生服务水平,提升个体劳动力的质量及效率,进而促进经济增长、提高经济发展水平并增加国民财富。

(四)新闻出版

2017 年,全国出版发行各类报纸杂志共 7 481 种,其中,《选举报》(Gazeta Wyborcza)是波兰著名的全国性日报,也是东欧剧变后

---

〔1〕 WHO European Region:Poland statistics summary. http://www.who.int/gho/countries/en/♯C.

波兰首家独立报刊,于1989年在华沙创刊,该报刊的政治观点中间偏左,目前,平均日发行量为23.0万份。其他主要的综合类报纸及其平均日发行量分别为《事实日报》(41.0万份)、《超级快讯》(23.7万份)、《共和国报》(6.5万份)、《法律日报》(5.4万份)。此外,还有《政治周刊》《直言周刊》《论坛报》和《新闻周刊》等。国家主要通讯社有波兰通讯社(PAP)、广播新闻社(IAR)。国家主要电台和电视台是波兰广播电台(Polskie Radio)和波兰公共电视台(TVP)。1990年10月,众议院通过关于允许开办私营电台和电视台的法令。截至2017年底,全国共有307家广播电台,其中国有电台17家,国有电视中心16家,私营电视台23家,有线电视运营商251家。2017年,国有广播电台和电视台取得政府预算10.04亿兹罗提,电台、电视台和有线电视订阅用户达到690万户、660万户和420万户,较上年均小幅提高。

二、宗教信仰

(一) 发展与现状

宗教是波兰的民族之魂,民众对宗教的信任使宗教成为超然于政党、主义、发展模式之上的公信力。在抗击外国入侵的历次斗争中,天主教都起了巨大的民族凝聚作用。天主教在转轨时期提供了社会伦理规范与精神秩序的来源,使波兰在经历剧变之后得以建立民主化、市场化的公民社会。[1]波兰近3900万总人口中,天主教信徒比例为87.2%,东正教为1.3%,新教0.4%,其他0.4%(包括佛教、印度教、伊斯兰教、犹太教、摩门教等),未注明信仰的群体占10.8%。波兰各种宗教拥有自身的教会和宗教协会,2018年的统计数据显示,截至2017年,波兰天主教会拥有包括教区、修会、宗教社

---

〔1〕 金燕:《宗教在波兰转型中的作用》,经济观察网,2013年9月25日,http://www.eeo.com.cn/2013/0925/250199.shtml。

区、中心等在内的教会组织数量 10 535 个,神职人员 31 023 名。东正教会拥有各类教会组织 252 个和 482 名神职人员,新教是 1 077 个和 1 892 名,圣经学生运动为 1 438 个和 545 名,穆斯林为 10 个和 14 名,远东宗教(包括印度教、佛教等)为 50 个和 384 名(参见表 2.10)。

表 2.10　2017 年波兰主要宗教教会组织及神职人员数量

宗　教	教会组织(个)	神职人员(名)
天主教	10 535	31 023
新　教	1 077	1 892
东正教	252	482
圣经学生运动	1 438	545

资料来源:Central Statistical Office of Poland,statistical Yearbook of the Republic of Poland 2018.

波兰罗马天主教下辖的波兰主教会议(Polish Episcopal Conference)包括 3 名红衣主教(cardinal)、30 名大主教(archbishop)和 120 名主教(bishop),是欧洲较大、东欧最成熟的主教会议。罗马天主教在波兰共有 14 个总教区(archdiocese,或教省 Ecclesiastical province),下辖共 41 个主教教区(diocese)外加一个专门为军队的罗马天主教徒服务的军中教长区(Military Ordinariate)。[1]2017 年数据显示,全国共有 1 146 个乡间牧师教区(decanates)、10 263 个堂区(parish,也译为教区)、30 807 名神职人员。总体看来,波兰的宗教信仰人口比例较高,且呈现出罗马天主教一家独大、众多小教派林立分散的格局。

(二)政治影响

作为建构和维持身份以及激发社会内部融合的黏合剂,波兰正构建一种特殊的政治性宗教。对于波兰民族来说,罗马天主教自从波兰被瓜分以来就成为其民族身份、文化和传统的组成部分,具有明

---

〔1〕 涂东:《"一带一路"倡议实施中的波兰宗教风险研究》,《世界宗教文化》2017 年第 6 期。

显的身份标识。波兰实行政教分离,但政府和(有组织)宗教间进行选择性合作。1993年,波兰政府颁布了一部界定教会地位的重要法律,即新的宗派协定(Concordat)。该协定强化了教会的权力,并赋予牧师普通教师的地位,从制度上支持教会在教育系统中的存在。该宗派协定的目的在于明确规定波兰教会的权利和义务,并获得最大限度的特权。

协定要求政府在宗教事务中履行更多义务,教会在宗教教育中享有更大自主权。一方面,政府资助大学阶段的宗教学校、对天主教学校及教会掌管和运行的教育机构给予国家补助、加大对教会名下的建筑和艺术品的维护支持等。另一方面,协定还将宗教教育课程纳入公立学校和幼儿园的常规课程内容;宗教教育的内容由教会全权决定,不需要向政府咨询;教会任命该课程的教师,教师只需对教会负责。另外,根据协约规定,国家提供必要条件以让教会在监狱、养护中心、军队等场所开展宗教服务。教会有权拥有自己的大众媒体,在广播和电视播放宗教节目。综上所述,波兰自共产主义政权后期以来的宗教相关立法显示,教会权力呈扩张趋势,加上它在波兰民众和社会中的巨大影响力,其政治权力不可小觑。波兰宪法虽然没有申明波兰拥有国家宗教,但是宗教协约却给予罗马天主教会相对于其他教派更多的特权。[1]

(三)宗教与经济

波兰政治与经济体制转轨过程中,宗教体现出一种反对物质化和功利化的价值目标,使得宗教与市场经济显得格格不入。民选政权并不认同宗教对市场经济的干预,但在"休克疗法"最艰难的时候,教皇出面要求人们支持团结工会政府,使宗教成为各方增强互动联系、达成共识的纽带,提升了社会凝聚力。波兰人的宗教在转轨时期

---

〔1〕 涂东:《"一带一路"倡议实施中的波兰宗教风险研究》,《世界宗教文化》2017年第6期。

中国与波兰服务贸易与投资合作研究

提供了社会伦理规范与精神秩序的来源,宗教的反腐败、平衡、心理
医治、疏导、诚信、慈善有利于抵御社会的浮躁情绪,同时,宗教的宽
容传统又使波兰远离宗教极端势力与教权主义的旋涡,在很大程度
上避免了宗教保守倾向对政治民主和经济市场化的不利影响。2017
年,波兰出版宗教类著作 2 634 部,发行宗教类杂志期刊 551 种,较
2012 年分别提高 4.5% 和 5.6%。2016 年,天主教会组织以宗教活动
(67.3%)为主,其他活动包括社会服务(12.3%)、文化艺术(8%)和教
育(7.9%)。如果将教会活动按教区划分,则运动、旅游、休闲娱乐活
动(21.6%)主要在教区的部分区域进行,很少组织文化艺术活动,该
类活动仅占比 6.2%,即 68.7% 的文化艺术活动都是覆盖整个教区
的。此外,大多数宗教(71.5%)与社会服务(71.2%)则在整个教区内
进行,25.1% 的文化艺术和 21.6% 的教育研究活动甚至跨越原有教
区,在多个教区进行(见表2.11)。

表 2.11　2016 年天主教会组织按区域划分主要活动

单位:%

活动类型	最大活动地理区域		
	部分教区	整个教区	多个教区
运动、旅游、休闲娱乐	21.6	66.1	12.3
社会、救援服务	14.7	71.2	14.2
文化艺术	6.2	68.7	25.1
教育与研究	16.5	61.9	21.6
宗　　教	15.6	71.5	12.9

资料来源:Statistics Poland:The non-profit sector in 2016 Associations, foundations, faith-based charities, business and professional associations.

三、　社会习俗

(一)生活习俗

波兰人真诚、豪爽、重感情,社交场合衣着整齐、得体,最常用的
见面礼节有握手礼和拥抱礼。在社交场合与客人相见时,要与被介

绍过的客人一一握手,并自报姓名;亲朋好友见面时,习惯施拥抱礼;与已婚女士见面时还可以施吻手礼,行礼时,男士双手捧起女士的手在其指尖或手背上象征性轻吻一下,切忌吻出声响,不宜吻到手腕之上。与对方见面需要事先约好,贸然到访属不礼貌行为,甚至会被拒绝见面。无论是商务会议还是私人聚会,应尽量准时。

波兰人普遍爱花,在所有鲜花之中,他们最喜欢象征欢乐和幸福的"三色堇",并将其定为国花。给波兰人送花时,宜送由一种鲜花组成的单束花,不宜送双束,双数则为失礼,不受欢迎。如果到波兰人家里拜访,可以给女主人送上一束鲜花,但在交给女主人之前要把花的包装纸去掉。同时注意不要送红玫瑰花,红玫瑰花表示浪漫的爱情,而菊花则为"墓地用花"[1]。此外,各类宴会上,波兰人都要祝酒,他们喜欢喝啤酒、伏特加及特别的烈酒。如果在桌上聊天的话,一定要把嘴里的食物先咽下去再说,不然会被认为是很粗鲁的表现。见面交谈忌讳打探个人收入、年龄、宗教信仰和情感等隐私。餐厅用餐时,需要付小费。与欧洲其他国家相似,小费至少为账单价格的10%。

波兰宗教色彩浓郁,大小教堂遍布国内,去教堂做礼拜是居民重要的生活内容。与欧洲许多信奉天主教的国家一样,波兰的天主教徒每星期五不吃猪肉,按规定每年复活节前的星期五为"受难节"。他们忌讳数字"13"和"星期五",因为他们认为"13"和"星期五"是不祥之数和日期,象征着厄运和灾难。因此,他们忌讳在13日、星期五举行任何礼仪性活动。波兰人就餐的席位忌单数,尤其忌讳13人同桌。不仅餐桌上不坐13人,而且住房没有13号,旅馆没有13号房间。如果13号这天是星期五,则不宜出游。在波兰,用一根火柴不能点两支以上的烟。一般情况下,波兰人家里的床不许人坐,尤其是未婚女子的床,更是如此。

----

[1] 商务部:《对外投资合作国别(地区)投资指南——波兰(2017年版)》。

由于受地理环境的影响,波兰饮食习惯与其他东欧国家近似。日常用餐以西餐为主,也喜欢吃中餐,而且饭量也较大。他们有个独特的分菜习惯,凡碰到吃整只鸡、鸭、鹅时,他们总愿意让餐桌旁最年轻的女主人动手分割,并一一送到客人的盘里,然后一起吃。波兰人吃饭时先喝汤,汤的种类有甜菜汤、蛋花冷汤、高丽菜汤、大麦汤,有的大麦汤还加上蛋和香肠。主餐的种类常见的有高丽菜卷,内包米和肉,还有炸猪排、薄饼和奶酪面包,以及各式的洋水饺、肉、马铃薯、奶酪等。

(二)商务礼仪

按照波兰的商务礼俗,各种场合均宜穿保守式样的西装。见到女士要称呼对方的姓氏,不要刚见面就称呼对方的名字,当关系更近一步时,才能称呼对方的名字。无论是开会还是散会都要握手,握手时,要有眼神交流。但是如果握手对象是女士的话,不要主动去握手,这是一种礼节。如果向对方介绍自己,要把自己的专业及学历告诉对方,交换名片时,如果你的名片中有一面是波兰文则更好。

前面几次会议不要深入讨论洽谈的相关事宜,要有个缓冲,否则他们会怀疑你合作的诚意。会议的开头可以聊些与话题无关的内容,不要直入主题,但一定要有侧重点和讨论的核心话题。注意把握每次和别人交流的机会,培养良好的合作关系,也可以利用午餐和晚餐时间沟通一下彼此的感情,这样便于在一个轻松的气氛中进行后面的会议。一般来说,波兰人很注意个人素质,所以他们会在与对方合作前先做一个深入的了解。波兰人认为一个人最重要的是诚信,所以商务合作的基本原则是信任。因此,会议中的每句话都要在事实的基础上进行,每项业务都要安排一个相关负责人跟进。

在波兰设立有限责任公司由股东向地方法院经济庭注册处申请注册,注册资金最低为5 000兹罗提,须在登记前全额付清,公司名称结尾需有Sp.z.o.o(波文"有限责任公司"缩写)字样。注册股份公司则最低注册资金为 10 万兹罗提,以实物出资,必须在公司登记一年内全部付清,如果以现金入股,则注册时先支付 25% 的资金,公司名称中注有 S.A.(波文"股份公司"缩写)字样。企业获准注册并取得 REGON 代码后,须立即在波兰银行开立公司银行账号,并向所在地税务局申请增值税号(NIP)。

第四节　服务消费习惯

2017 年,波兰总出口中服务业出口占比 35%,但却占出口增加值的 55%,表明波兰的货物出口主要依靠服务要素的密集投入。65% 的外商投资集中在服务业部门,服务业就业人数占就业总量的 60%,因此,居民收入和总需求严重依赖服务部门生产率。信息通信技术革命为波兰包容性增长提供了新的机遇,技术创新依赖于世界范围知识和知识服务网络的可得性。在这种背景下,波兰可以从更加开放的服务贸易市场和某些部门劳动力的流动中获益。

据波兰中央统计局公布数据显示,2017 年,波兰企业员工平均工资 4 283.73 兹罗提,同比增长 5.7%。同年,家庭人均月支出 1 176.44 兹罗提,同比上升 4%。波兰家庭收入消费结构中,食品和非酒类饮品支出的占比最高,达 24.7%;其次是住房、水、电、天然气及其他燃料,占比为 19.9%,其中,电、天然气及其他燃料占 10.8%;此外,交通支出、休闲娱乐、通信服务和酒店餐饮各占 8.8%、7.1%、4.8% 和 4.6%(见图 2.9)。

从波兰服务出口情况看,"运输服务"是波兰服务部门最主要的出口品。2016 年,海洋运输、航空运输及其他客货运等的出口额占服务出口比重高达 30%;其次是以个人旅游服务为主的"旅游",占比达到 24.6%,另外三类"计算机与信息服务"、"建筑服务"和"文化娱乐服务"合计占比 16.4%,出口服务中"知识产权使用费"占比最低,

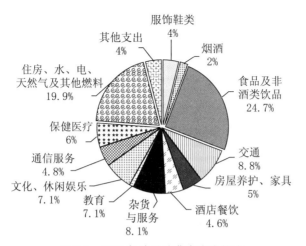

图2.9　2017年波兰消费者支出构成

资料来源:Central Statistical Office of Poland，statistical Yearbook of the Republic of Poland 2018.

总额仅为4.48亿美元。由此可以看出,波兰服务部门中,运输与旅游较具有竞争力,而"保险"、"金融"和"知识产权"相关服务并不具备出口竞争力(见图2.10)。

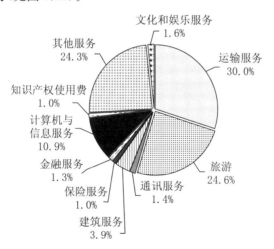

图2.10　2016年波兰服务部门出口结构

资料来源:根据 UNCOMTRADE database 数据库整理绘制。

另外,其他服务中,2016年波兰管理咨询服务、广告与市场调研服务和会计审计服务出口额分别为20.7亿美元、20.5亿美元和15.3

第二章　波兰服务贸易与投资合作社会环境

亿美元,尽管以上三类服务占服务贸易比重较低,仅为 4.64%、4.57% 和 3.42%,但在其他服务贸易中占比之和超过 50%。建筑工程服务和商业贸易服务分别以 12% 和 8% 位居第四位和第五位。同年,租赁服务出口不足 2 亿美元,几乎可以忽略不计(见图 2.11)。

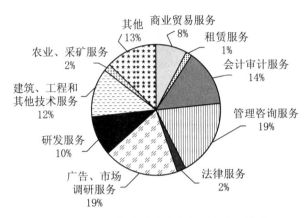

图 2.11　2016 年波兰其他专业服务出口结构

资料来源:同图 2.10。

　　从波兰服务进口情况看,"旅游服务"进口额在服务进口中占比最高,达到 24.5%;其次是"运输服务""知识产权"和"计算机与信息服务",三类产品占比分别为 22.7%、8.3% 和 8.1%。与出口形成鲜明对比的是知识产权使用费用占比达到 8.3%,2017 年,波兰该类服务进口达到 30.9 亿美元,较上年增长 14.8%;其次为计算机服务,进口 26.7 亿美元,较上年增长 11.6%,二者占服务贸易进口比重并不高,分别为 8.1% 和 6.99%,较 2016 年占比略有下降。相对而言,"保险服务"和"文化娱乐服务"占比较少(见图 2.12),而"建筑服务"进口额仅有 5.14 亿美元,可以忽略不计。

　　2016 年,保险服务、健康、教育等个人文化和休闲服务进口占比分别为 2.5% 和 2.4%,位居服务进口第五和第六位。同年,管理咨询服务、广告与市场调研服务和商业贸易服务进口居波兰其他专业服

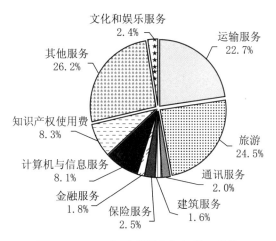

图 2.12　2016 年波兰服务部门进口结构

资料来源:同图 2.10。

务进口前三位,进口分别为 34.7 亿美元、10.8 亿美元和 10.4 亿美元,占比之和接近其他专业服务进口的 70%(见图 2.13)。综合图 2.11 和图 2.13 可以看出,波兰在运输服务、计算机服务和建筑服务方面具有比较优势,同时,非常重视知识产权和管理咨询服务贸易的发展。

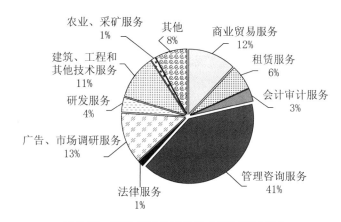

图 2.13　2016 年波兰其他专业服务进口结构

资料来源:同图 2.10。

第三章
波兰服务贸易与投资合作促进政策

第一节　法律法规

一、　对外贸易法律法规

波兰积极开展对外贸易活动。1947 年参与哈瓦那宪章的制定，1948 年又签订了《关税和贸易总协定》，1995 年波兰成为世界贸易组织的创始成员，1996 年成为经济合作与发展组织的正式成员，1999 年加入北约，随后在 2004 年，波兰正式加入欧盟。

波兰加入欧盟后，积极发展与欧盟其他成员国的贸易往来，签订了欧洲自由贸易联盟、自由贸易区和关税联盟。2007 年波兰加入申根协定后，在欧盟范围内使其外贸政策自动得到大幅度扩张，包括欧盟与地中海国家的联系协议（包括埃及、以色列、阿尔及利亚、约旦、黎巴嫩、摩洛哥、巴勒斯坦、叙利亚、突尼斯和土耳其，利比亚为观察国），与原南斯拉夫国家的稳定和联系协议，与墨西哥和智利签订的联系协议，与南非的贸易、发展与合作协议，与韩国的自由贸易协定，与哥伦比亚和秘鲁的多边贸易协定，与中美洲国家（哥斯达黎加、洪都拉斯、萨尔瓦多、危地马拉、尼加拉瓜和巴拿马）的贸易协定。目前，波兰已与全球 75 个国家和地区签订了自由贸易协定。

波兰经济部是主管对外经济贸易活动的政府部门。波兰对外贸易相关的政策和法规与欧盟基本一致,管理对外贸易的主要法律为《商品和服务对外贸易法》以及《对外贸易管理法》(1990 年)。除此之外,相关法律还有:《外汇法》(1983 年)、《反倾销法》(1987 年)、《经济活动法》(2004 年)和《海关法》(2004 年)等。

波兰在社会主义体制时期,对外贸易由国家垄断,主要原则是在平等互利基础上,发展与世界各国的贸易往来。随着 1989 年波兰政局剧变,波兰的外贸经营体制经历了彻底的改革过程。第一,波兰取消了以往的垄断性外贸经营体制,实行外贸权力下放,从而所有经济实体平等享有对外贸易的权利;第二,波兰通过降低进口关税等办法使得外贸逐渐走向自由化;第三,波兰实行全方面的外贸政策,尤其加大与西方国家的贸易往来。

为了适应加入欧盟的需求,波兰逐步完善《商品和对外服务贸易管理法》(简称《对外贸易法》),外贸管理体制向欧盟靠拢,进出口贸易主要通过关税、汇率等经济手段调节。根据波兰《对外贸易法》和WTO 规则,波兰政府有权在对外商品贸易中使用临时性的限制措施,如禁令、配额、限价、贸易自动登记及强制登记等,除此之外,商品均可开放经营。

在进口限制方面,波兰对汽油、柴油、燃油、葡萄酒以及其他含酒精饮料、烟草制品等进口采取数量限制措施;对枪支、弹药、放射形物质、某些化工产品、含酒精饮料及某些食品和农产品的进口必须申办经营许可证和特许执照;对 2 缸发动机汽车、10 年以上轿车和小货车、6 年以上卡车、含氟利昂的冷冻柜和冷藏柜、纯酒精等实行禁止进口。而在出口限制方面,波兰实行的多数限制措施是因为外部原因采取的,包括其他国家对波兰出口采取限制措施的补充手段(如由于欧盟对一些钢制品实行双重检查制而对这些产品出口的自动登记)、波兰签署的国际协议(如在 WTO 纺织品和服装协定范围内采取的向美国出口纺织品和服装的配额限制）。在波兰,对奶酪、乙醇、变性酒精、香烟雪茄、石油、柴油、燃料油、天然气、非金属、科技资料等商品出口需要取得出口许可证。波兰自主实行的限制只涉及活鹅和鹅蛋的出口,实行出口禁令是为了保护基因材料。

二、 海关管理法律法规

在波兰,海关管理机构隶属于财政部。波兰2004年加入欧盟,海关管理体制逐步与欧盟接轨,波兰海关成为欧盟海关的一部分,实行欧盟统一海关政策和关税制度。

在整合欧盟的相应规则后,波兰2004年3月出台了新的《海关法》。波兰《海关法》系统规定了货物进出海关规则、税收义务免除、海关管理机构、海关程序、海关规则与共同农业政策关系、数据统计等内容。根据欧盟及波兰相关法律,作为欧盟的成员国,波兰海关的职责变为对通过波兰进出欧共体海关区域的货物进行相关管理,主要职能包括国际流动商品的管理、征收关税和边境增值税、反走私以及海关欺诈等。

根据波兰《海关法》,允许依法设立保税区和保税仓库,设立上述区域必须有利于出口和增加工作岗位,有利于货物跨境流动,应优先在海港、机场、河口或者边境地区设立保税区,亦可在非居住区设立保税区,但必须保证海关对进出货物的有效监管。保税区和保税仓库申请人须为欧盟海关共同体内居民,一般对区内地产或者仓库具有所有权。若保税区自设立起24个月无经济活动,保税仓库自设立起12个月内无经济活动,则将撤销该区或该仓库。保税区或者保税仓库必须接受海关监督和海关检查,可以按事先经海关同意的条件和规则储存、经营商品。

波兰关税税率分类:(1)自主税率,适用于从不享受最惠国待遇国家进口的商品;(2)协议税率,适用于世贸组织成员或与波兰签订双边贸易协定的国家;(3)优惠税率,适用于从发展中国家或者欠发达国家进口商品的关税税收;(4)减征关税税率,适用于从欧盟成员国进口的商品,包括匈牙利、捷克、土耳其等欧盟国家。

根据波兰关税税则,自中欧自由贸易协定组织成员国、欧盟以及单独与波兰签署自由贸易协定的国家进口机电产品关税为0;从世贸组织成员进口商品使用协议税率;从发展中国家进口实行普惠制,即关税低于协议税率,例如波兰对从中国进口的部分商品征收基本关税的70%,但敏感性商品(如纺织品、鞋、玩具等)不享受普惠关税优惠,而按照最惠国税征收相应的关税,即基本税;从不发达国家进口,会给予降低关税的优惠,普惠制关税一般为7.2%,协议税率一般为9%。

三、 外商投资市场准入法律法规

波兰在遭受经济危机后,巨大的国内市场使得其经济迅速恢复,并伴随着较快的经济增长,增长率远高于其他的欧洲国家。与此同时,高素质低成本的劳动力、相对灵活的劳动法、高质量的基础设施,以及优越的地理位置成为波兰吸引外商投资的核心优势。20世纪90年代以来,波兰逐渐成为外商投资的热点地区。

波兰信息和外国投资局是外商投资政策的具体执行机构和外资促进机构,波兰各省省长办公室设地区投资服务中心,具体负责本地区外商投资服务;波兰驻外使领馆也负责提供相关投资咨询服务,并将重要投资项目向波兰外交部的对外经济政策司和经济部的促进与双边经济合作司报告。

外商在波兰投资需要遵守一系列法律法规,波兰外商投资管理部门对外商在波兰的投资行业、投资方式以及在波兰设立公司等行为都进行了限定,但同时,外商在波兰投资也能享受一些优惠政策。波兰与外商投资有关的法律法规主要包括:《有关外国主体参与经营活动的法令》(1990年)、《国有企业私有化法》(1990年)、《外资企业法》(1991年)、《增值税法》(1993年)、《消费税法》(1993年)、《经济特区法》(1994年)、《银行法》(1997年)、《经济活动自由法》(2004年)。波兰外商投资法规主要从以下几方面进行限制。

（一）投资行业规定

根据波兰《有关外国主体参与经营活动的法令》，外国投资者与国内投资者享受同等待遇，除博彩业外，外国投资者可以在波兰开展各种经济活动。但这并不意味着外商在投资其他经济活动的时候是完全自由的，根据波兰《经济活动自由法》，从2005年1月1日起，对外商投资某些行业进行限制。外商矿藏勘探，矿物开采，在山体中（包括地下矿山巷道内）进行无容器的物质储藏或废料存放，炸药、武器、弹药以及军事和警用产品与技术的制造和经营，燃料和能源的生产、加工、储藏、运送、分拨以及销售，人身和财产的安保，航空运输，广播电视节目传播等必须获得政府有关部门签发的许可证。此外，还有部分经济活动需满足相应条件并申请许可或执照，如开设银行、保险公司、旅行社、投资基金、养老基金、国内或国际货运（包括客运及货运），从事赌场、彩票、博彩业以及在经济特区开设公司等，这些活动由单独法律作出规定，如《银行法》《投资基金法》《关于戒酒和反酗酒法》等。还有约20种经济活动受特殊管制，需满足相应条件并登记注册，如仓储、电信、制酒、劳动中介等。

另外，根据波兰法律规定，对基础设施、能创造新就业机会的工业投资以及新兴行业等重点领域实施鼓励，具体包括：(1)基础设施建设项目，主要是指高速公路建设、公路干线改造、原有铁路现代化改造和通讯网络更新换代等；(2)能创造新就业机会的工业项目，包括投资设立新企业以及对现有企业并购和重组；(3)对国有企业的私有化项目，主要包括金融机构、能源、电力、化工、造船、煤矿、冶金、机械、医药、食品等行业；(4)新兴行业，如IT行业等；(5)技术创新投资,指高科技人才培养及对大学、研发机构、科技园区、技术创新交流中心、企业家孵化中心和科研基础设施的投资;(6)环保产业,包括为推行欧盟环保标准所需的投资,为提高再生能源比例、节约能源及原料等的投资;(7)对贫困地区和高失业率地区的投资;(8)农食品产业;(9)绿色生物技术产业。

（二）投资方式的规定

1. 针对自然人的规定

外国投资者在波兰享受国民待遇,在投资行业、方式等方面没有针对外国投资者的特殊规定。

2. 不动产入股

波方国有企业以土地、工厂、部分车间等不动产作为与外资企业合作的投入时,必须向负责私有化的政府部门——国库部申请许可。

3. 跨国并购

根据波兰《经济活动自由法》,除限制行业需获得政府许可外,允许外资并购当地企业。此外,《国有企业私有化法》规定:外资参与并购波兰国有企业,须由国库部拟定转让的国有企业清单,并通过国库部网站、报纸等途径向潜在投资者(包括外国投资者)发布。

法律还规定主要有四种国有资产转让方式,分别为:(1)公开出价转让;(2)公开邀请投资者通过协商谈判转让;(3)公开出价转让和公开邀请投资者协商谈判相结合转让;(4)公开招投标转让。国库部主要根据投资者出价和支付方式、投资承诺、对职工的社会责任承诺、环境保护投资计划,以及是否符合波兰入盟承诺及经济合作与发展组织(OECD)成员国义务等因素,决定是否对国有企业实施私有化。

4. 股权收购

波兰《证券法》规定,股票市场对外国投资者开放。外国投资者购买在波兰证券交易所上市公司的股票,其购买量占上市公司股份

10％以下的,不需向证券委员会报告;购买量占上市公司股份10％以上的,每增加购买5％都必须向证券委员会报告;购买量达到上市公司股份25％或以上的,需证券委员会许可。

5. 收购上市

外国企业可以在波兰收购企业上市。上市的程序是:企业向波兰证券委员会提出上市申请报告,由证券委员会组织专家对申请企业进行评估,通过专家评估后形成正式招股说明书。证券委员会成员对招股说明书进行审核,通过审核后,发表上市声明并进行公开招股,最后向证券交易所申请挂牌上市。企业申请上市程序最快的可以三周之内完成,一般需要5—6个月。

6. BOT 方式

波兰并无专门法律对 BOT 项目方式作出规定,但波兰的《公私合营法》(2008 年)和《工程服务特许经营法》(2009 年)准许通过 BOT 方式进行运作。此外,波兰收费高速公路和国家道路基金法对通过 PPP 方式,特别是通过 BOT 方式修建收费高速公路等作出规定。

(三)外商设立公司其他规定

在波兰设立有限责任公司的最低投资额是 5 万兹罗提(约 1.3 万美元),设立股份公司的最低投资额是 50 万兹罗提(约 13 万美元)。

设立有限责任公司需提供的材料包括:公司名称及注册地址;公司经营形式;公司经营期限;公司注册资本额;股东持有股份的数量及金额;公司章程;公司管理层的任命书;经过公证的全体董事的签名样本;公司管理层的签名样本,并注明所持股数和金额。

设立股份有限公司需提供的材料包括:公司名称及注册地址;公司经营形式;公司经营期限;公司注册资本额,募股的形式,股票名称及价格,发行的股份的数量,采用记名股票或不记名股票;特别股的发行数量及相关的权利;发起人的姓名、住址;董事会、监事会的股东构成。

外商在波兰投资能够享受的优惠如下：

波兰的投资优惠政策对外国和本国投资者同等适用。根据波兰《投资资助法》，在波兰境内投资超过 1 000 万欧元或至少雇用 100 个员工并维持 5 年以上的投资者可以申请投资和就业资助；投资资助不超过投资额 15%—25%（不同地区有不同比例）；就业资助不超过每人 4 000 欧元。据波兰信息和外国投资局官员介绍，由于波兰每年的资助预算有限，只有 10%—15% 的投资者获得资助。

波兰为了吸引外商投资，设有十几个经济特区。根据波兰现行经济特区政策，在经济特区投资的企业，按规模大小可获得不同幅度的政府资助，企业规模大小需在注册时予以确认；大型企业获得的免税总额不能超过投资总额的 50%，中小企业获得的免税总额不能超过投资总额的 65%。波兰按照欧盟标准划分企业规模：小型企业是指员工 50 人以下，年销售额少于 700 万欧元的企业；中型企业是指员工 50—250 人，年销售额少于 4 000 万欧元的企业；大型企业是指员工超过 250 人，年销售额在 4 000 万欧元以上的企业。

四、 环境保护法律法规

波兰国家环境保护督察局主要负责领导国家（区域和地方）环境监测系统，根据环境监测结果，制定支付和惩罚制度。波兰环境保护法律与欧盟基本一致，核心法律为《环境保护法》（1980 年），与此协调一致的还有《波兰地质与采矿法》（1994 年）、《土地利用法》（1999 年）、《废物管理法》（2001 年）和《水法》（2008 年）。波兰还是《联合国气候变化框架公约》（1992 年）及其补充公约《京都议定书》（1997 年）的缔约国。环境法的内容包括环境空气保护、抗噪声和抗振动保护、抗废物保护、城市绿化保护、抗电磁辐射保护等。企业必须熟悉并遵守环境保护法规。

根据波兰《环境保护法》，经济主体有责任消除对环境的有害影响；经济主体必须登记排放物质的种类和数量，每年向省督提交环境影响报告；省督可以责成经济主体向环保基金交纳有关环境保护费，其中包括向大气排放气体和灰尘、抽取水、将废物排入水或土壤和填埋废物的费用；法律允许利用自然环境时使用经济手段，也就是支付一定的费用，包括自然资源使用费用（水）、废物处置费用、气体和粉尘排放费用，这些款项是国家环境基金的来源之一，该基金旨在帮助环境保护领域的活动，必要时，该法律还允许以行政和刑事手段强制执行环境保护规则。1997年，波兰修订了新的《环境保护法》，涉及新的国家行政区划、生效的废物法以及符合欧盟要求的必要性。

根据现行法律，以下情况需要支付费用：(1)特殊用水量（用水量和废水处理）；(2)造成大气污染，视污染物的种类和数量而定；(3)废物储存，视所贮存废物的种类及数量而定；(4)清除树木和灌木；(5)因其他原因占用森林、农用地的；(6)对特殊用水，需要根据水法获得适当的许可。

《废物管理法》（2001年）要求每个废物持有人，应根据有关的废物目录和危险废物清单，备存定性和定量的废物登记册。这项规定不适用于都市废物的生产者、自然人或非公司的组织单位，以及为本身需要而使用废物的组织单位。在波兰市场上销售电池或蓄电池的企业，以及加工废旧电池或蓄电池的企业，都必须到环境保护总局备案登记，并且将设备投放波兰市场的企业、收集废弃设备的企业、经营加工厂的企业以及回收电器和电子产品的企业，必须在环境保护署署长备存的登记册上登记。

根据业务活动的类别，废物所有人必须取得以下许可：(1)如果每年产生超过1毫克的危险废物或每年产生超过5 000毫克的无害废物，则需要与装置运行有关的废物生产许可证；(2)如果每年产生0.1毫克以上危险废物的，则危险废物管理方案需要获得批准；(3)废物回收及处置许可证;(4)废物收集及运输许可证。

根据《废物管理法》,废物处理设施的生产商如需申领国际废物处理许可证,则无须获得这些许可证。这些许可证的申请应根据企业的规模提交给有关机构,即省督或者是废物处理负责人;申请书应载明经营范围,危险废物生产者必须在危险废物生产开始前30天,当生产变化影响生产的危险废物的类型和数量时,向有关机构申请批准危险废物管理计划(计划随申请一起提交)或者它的管理方式。

《水法》(2008年)规定了保护水资源的一般规则,包括禁止或限制用水,规定了废水排放到水或土地的质量标准。企业从事下列活动时,必须持有水许可证:水的管理(例如,抽取地表水和地下水或向水或土地排放废水);将含有危害水生环境物质的工业废水排入其他单位所有的污水系统。

《联合国气候变化框架公约》(1992年)及其补充文件《京都议定书》(1997年)是波兰有关气候保护的基本文件。公约最终目标是:将大气温室气体的浓度稳定在防止气候系统受到危险的人为干扰的水平上。这一水平应当在足以使生态系统能够可持续进行的时间范围内实现,并且明确了国际合作应对气候变化的基本原则,主要包括共同但有区别的责任原则、公平原则、各自能力原则和可持续发展原则等。

五、 竞争法律法规

波兰竞争和消费保护局是波兰的竞争主管部门。在波兰经济自由化和政治民主化的转型过程中,竞争法发挥了重要的作用。波兰近年来在经济上的良好表现都依赖于良好的竞争机制,而良好的竞争机制正得益于完善的竞争法。

波兰竞争法伴随着波兰体制的演变和发展。1987年,波兰迫于变革压力,颁布了第一部竞争法《国民经济反垄断行为法》,但是随着

1989 年波兰政治转型,波兰的经济基础发生重大变化。为了改变计划体制造成的高度垄断的经济结构,波兰 1990 年颁布了新的《反垄断竞争法》,主要目的在于促进竞争,并且打击垄断行为,为市场经济创造法律基础。《反垄断竞争法》属于典型的转型立法,构成了波兰市场改革计划的重要组成部分。随着波兰市场体制的逐步推进,计划色彩已经逐渐消减,市场化程度越来越高,立足于"转型"和"过渡"的竞争法越来越不能适应经济环境的变化,波兰于 2000 年颁布了新的《竞争和消费者保护法》(也称波兰竞争法),主要目的在于限制竞争、规范市场、管理经营者集中和保护消费者权益等,该法至今仍然适用。

(一)限制不正当竞争

波兰竞争法禁止竞争协议中包含限制、排除或者其他会损害市场竞争的行为,这就意味着任何带有排除竞争的意图或者结果的市场行为,都违反竞争法。波兰竞争法还列举了违法行为,包括固定价格、限制产量、附加交易条件、联合抵制和串通招投标等。在对所有限制竞争协议禁止后,波兰学习欧盟竞争法的模式,对某些符合条件的限制协议给予豁免,主要包括以下三种:

(1)安全港豁免。对达到安全港标准的协议,被认为不具有竞争影响或者竞争影响微乎其微的不适用于竞争法的禁止性条款。在波兰,凡是达成协议的竞争者之间共同的市场份额不超过 5%,或者当协议不在竞争者之间达成时,其中任何一方的市场份额均不超过 10%,都可以得到豁免。但是安全港豁免协议不适用于固定价格、限制生产或销售、分割市场、串通招投标等核心卡特尔协议。

(2)符合竞争法相关豁免协议的。主要包括:协议能够改进产品的生产、销售或者能够促进技术进步、带动经济发展;协议能够是的购买者或者使用者能够共享协议带来的好处;协议不会给相关企业带来更多限制竞争的可能性。

（3）集体豁免。波兰部长理事会可以针对满足前述豁免条件的特定协议发布集体豁免，但是集体豁免比上述两类豁免更加严格，并且通常是短期的，不具有长久性。

（二）规范市场

禁止一个企业或者多个企业在相关市场中滥用市场支配地位，特别是企图实行价格歧视、附加交易条件、分割市场等。波兰竞争法认定企业是否属于垄断企业，一般根据其市场份额是否超过40％，但是所有案件都需要经过执法部门个案调查才能最终认定。这就意味着，判断一个企业是否为垄断企业的最终标准是企业的市场影响力，企业份额只是作为一种参考因素。

（三）经营者集中

波兰竞争法规制任何可能影响波兰市场集中的行为，包括企业合并、控制权转移、资产购买、建立合资企业等。企业集中控制需要实现申报。任何上一年度全球营业额达到10亿欧元，或者在波兰境内营业额达到5 000万欧元的企业的集中行为，都需要事先向执法机构申报。但是，如果在申报之前的任意两个财政年度内，目标企业在波兰的营业额都没有达到1 000万欧元，或者合并涉及的实体从属于同一个资本集团，那么申报义务可以免除。这是因为在以上两种情况下，企业集中对波兰市场的潜在影响很小，执法部门没有必要特别关注。

如果企业没有申报，或者没有经执法部门同意就实行集中经营，执法部门可以对其施加上一经营年度10％的罚款。而且如果合并被证明为反竞争的，还要接受结构性制裁，例如分拆企业、出售股份等。

在是否符合集中的标准方面，波兰标准是美国和欧盟的混合体。在根据此标准进行审核后，执法部门可以采取四种措施：第一为同意集中，此时交易的结果对市场竞争没有实质性影响，特别是不会创造或者增强市场支配地位；第二种是附条件同意，通过附加一定的行为救济措施或者结构救济措施(比如资产剥离),就不会实质性地减少竞争;第三是禁止交易,这适用于合并等行为会对市场竞争造成实质性影响(例如创造或者增强市场支配地位)的行为;第四是特别同意,这是因为尽管交易存在实质性减少竞争的效果,但是由于同时存在促进技术进步和经济发展的效果,所以仍然予以同意。

（四）保护集体消费者利益

在集体消费者利益的保护方面,波兰竞争法明确禁止损害集体消费者利益的行为,特别是通过标准格式合同损害集体消费者利益的行为、没有向消费者提供可靠和完整信息的行为,以及其他不公平的市场行为。尤其值得注意的是,波兰竞争法保护的是集体消费者利益,而不是个体消费者利益。保护集体消费者利益适用于企业的特定行为对不特定多数消费者利益的普遍侵害。

除了竞争法,波兰还颁布了《制止不正当竞争法》(1926年)、《价格法》(1980年)、《新闻法》(1984年)、《反垄断法》(1990年)、《食品法》(2001年)和《药品法》(2015年),辅助管理波兰的不正当竞争。

《制止不正当竞争法》包括一般条款(第1条),小一般条款(第3条)以及对具体不正当竞争行为的列举。其中一般条款禁止违反国家的公共秩序和社会的一般道德,禁止给其他人造成损失,例如禁止盗用他人声誉。按照小一般条款,业主有权请求另一业主,停止给顾客造成关于货源和服务的虚假印象以吸引顾客的行为。此外,法律还禁止的行为包括:盗用其他企业标记,这会导致顾客对不同企业身份产生混淆;诽谤其他企业;挖走其他企业的员工;盗用他人商业秘密;滥用货源标记和源产地标记。《制止不正当竞争法》既适用于竞争者之间的竞争,也适用于不存在竞争关系的经济主体之间。1993年,波兰完善了1926年出台的《制止不正当竞争法》,出台了新的《反不正当竞争法》,将不正当竞争行为具体化,还完善了制裁和诉讼程序。

《价格法》规范了标价义务、价格歧视、特售活动,也规定了相应的两种处罚条例:第一种,罚款,由财政局裁决,所罚款项上缴国库;第二种,受害人提出民事请求权。

《新闻法》规定,广告不得违背法律或者道德,不得诱导人们产生作为新闻报道的认识。

《反垄断法》禁止通过订立合同或协议,限制非合同方或非协议方进入市场,或者将他们排挤出市场,也禁止通过降价排挤竞争对手。对违反者,最严重制裁为罚金,罚金数目为该经济主体前一年度结算总收入的15%,最终缴纳罚金由波兰反垄断法院判定。

《食品法》规定,生产厂商必须在产品包装上标明产品名称、净重、成分、食用方法以及生产日期等。另外,食品或嗜好品广告中不得欺骗消费者,过度夸大产品性能或营养价值。而对酒精饮料,则禁止广告。对违反食品标记和广告规定的厂商,给予行政制裁和刑事制裁。主管部门部长有权禁止劣质食品的生产与销售。

《药品法》详细规定了药品信息的内容,以及对标签内容的要求。不遵守上述规定者,可能被吊销药品经营执照,并处以罚金。此外,该法禁止药品广告,违者处以三个月以内的徒刑和罚金。

六、 知识产权保护法律法规

波兰在计划经济转向市场经济以及融入欧盟的过程中,十分重视提高国家创新能力,积极加入国际知识产权保护条约,不断完善国内知识产权法律体系。在波兰国内立法中,知识产权得到较高水平的保护。

1997年4月2日颁布的波兰宪法是关于社会政治制度的基本大法,规定了个人的基本政治、经济、社会和文化权利,其中与知识产权相关的条例包括:人人享有所有权、继承权和其他财产权;人人享有创作和传播文艺、科学成果和享受文化产品的自由等基本人权和自由。

波兰知识产权相关法律包括:《发明活动创造法》(1972年)、《商标法》(1985年)、《著作权法》(1994年)、《种子产业法》(1995年)、《工业产权法》(2000年)、《专利代理人法》(2001年)、《植物新品种法》(2003年)和《公平竞争及消费者保护法》(2007年)。

波兰还积极跟进国际知识产权新规则的发展。波兰1919年加入《巴黎公约》,随后在1920年加入《伯尔尼公约》。除了这两个主要的国际产权国际公约,波兰在1975年3月成为世界知识产权组织(WIPO)成员国后,陆续加入了WIPO所管理的一系列知识产权相关国际条约,包括《马德里协定》《专利合作条约》和《罗马公约》等。波兰于1995年加入WTO,意味着知识产权国内立法规定已经符合国际贸易领域最主要的知识产权条约(TRIPs)的基本要求。此外,波兰还与一些国家和地区签订了与知识产权相关的双边条约,比如说1990年与加拿大政府签订的《促进和保护投资互惠协议》、1994年与美国签订的《关于商务和经济往来的协议》、2000年与智利签订的《促进和保护投资互惠协议》,2004年又加入《欧洲专利公约》(2004年起)。

波兰知识产权管理部门主要分为两个部分。一是工业产权,主要管理部门是波兰专利局,这是波兰最主要的工业产权管理部门。波兰专利局受波兰理事会尤其是经济部的领导,主管波兰工业产权的工作,包括发明专利、实用新型、外观设计、商标、集成电路布图设计、地理标志等各类工业产权保护对象的申请授权或注册工作。外国人在波兰注册专利,需通过在波兰注册的专利代理人代为办理。波兰的工业产权(发明、实用新型、外观设计、商标、地理标志、集成电路布图等)受法律保护。在波兰,任何领域内能在产业上应用的、具有新颖性和创造性的技术发明都可以申请专利。但也有一些领域,波兰法律明确规定不授予专利,包括以下几个方面:(1)科学发现、理论和教学方法;(2)艺术性创造;(3)缺乏实用性的创造;(4)表现思维、商业活动或游戏的策划方法或规则;(5)计算机程序;(6)数据信息。根据波兰签署的国际协议或者对等原则,外国公民和外国法人在波兰享受同等的工业产权保护的权利。

二是著作权,在波兰涉及著作权保护的部门有多个,最主要的管理部门是文化和国家遗产部,简称文化部。文化部主要负责制定著作权政策,并介入著作法律保护框架中的预备阶段、主管著作权集体管理相关事务,比如批准设立和监督著作权集体管理机构。根据波兰《工业产权法》的规定,发明可以获得专利,实用新型、外观设计以及集成电路布图的创作可获得保护权和注册权。发明专利权、实用新型和外观设计可以出让和继承。波兰授予发明专利的标准是发明要有新颖性、创新性和实用性。对实用新型,要求具有新颖性、实用性及其结构、外观和顺序具有持久性。在波兰获得专利的同时将获得在国内该专利的使用权,使用方式可以是有偿的,使用期从该发明向专利局申报之日起 20 年,专利权拥有者可以向其他人授予应用其发明的特许;专利持有者有权对侵权行为提出上诉,要求立即停止侵权行为。在波兰,知识产权侵权可以获得民事、刑事和行政救济,包括边境执法措施。

依据《工业产权法》第 283 条的规定,涉及工业产权保护、不属于其他机构管辖的案件按照民事诉讼程序依法解决。比如,关于专利等专有权的确权、保护、注册或登记的案件,关于侵犯专利等专有权的案件,关于发明、实用新型、外观设计的许可使用的案件,关于发明、实用新型、集成电路布图设计专有权强制许可使用费的案件,关于将发明或实用新型的专有权或相关技术秘密转让给国家补偿费的案件,关于第三人将标识注册为商标后在原有范围内继续使用权确认的案件,关于地理标志使用权或丧失地理标志使用权的案件,关于专利等工业产权转让纠纷的案件,等等。权利人和满足相应条件其有相应权利的人都可以依法提出侵权救济程序(《工业产权法》第287条、第292条、第293条、第296条),请求停止侵权、消除影响、返还非法所得、赔偿损失;还可要求侵权人公开道歉,对恶意侵权的,还可请求判决其向《工业产权法》第9条所说的其中一个组织支付足够的金额作为创新激励基金。在假冒商标案件中,法院仅在特例下才允许去除商标将产品投入市场。假冒是指未经许可在相应商品上使用与注册商标完全一致或在一般贸易中难以区分的标识,未注册但驰名的商标不能获得与注册商标同样的禁止假冒的保护。对知识产权侵权,法定诉讼期是自权利人知道其权利被侵害以及具体侵权人之日起3年,但是在侵权发生之日起5年内,如果权利人不起诉,则不得再提起诉讼。

根据1985年实施的《商标法》,波兰主要对商标、服务标志、集体标志、共同质量保证标志实施保护。在波兰,一般的商标一经注册即受到保护。外国的商标申请必须通过波兰当地的代理机构完成。对名牌商标,即使没有注册也受到保护,如果大部分潜在消费者能够联想到是某种商品或服务的话;对登记的商标颁发保护权,保护期为10年。商标注册到期后,可以继续申请10年的保护期;有些情况,比如若可以被证明连续5年没有使用某商标,将提前丧失该商标的受保护权。

1994年波兰议会通过《著作权法》,保护范围包括文学、科学、工业、建筑和城市规划设计图纸、电脑程序、音乐、舞蹈等。《著作权法》保护著作者的个人权利和财产权利。个人权利(如保护作品内容完整的权利)是不可以出让的,也不可以继承,受保护没有时间限制;财产权利(利用和支配作品的专有权和利用作品的报酬)可以继承和根据协议出让;著作权从作者死亡或者第一次出版之日起70年后失效。《著作权法》还规定了非版权所得应被没收或者是返还应得者,并且对侵权行为,处以罚款或者监禁;权利人可以请求救济,包括:颁发禁令、采取消除侵权影响的行为、适当方式和内容的公开声明、赔偿损失或者在恶意侵权的情形下向公益性机构支付一定的款项。该法律还对侵权行为作了列举,其中包括:以任何方式侵害作者、表演者、录音录像制作者或者广播者的署名权等精神权利的,处以罚金和3年以下监禁;侵犯他人著作权或邻接权,比如未经许可传播他人作品、表演、音像制品、广播并且以此来牟利的,处以罚金和2—3年以下监禁。其他涉及侵权的行为还有依赖销售、帮助隐藏侵权物谋生、已经妨碍权利人行使权利、破坏技术设施等。波兰法院还可以没收侵权物和相关设备、材料等,更严峻的刑事制裁包括勒令停止经营或者直接吊销营业执照、公开发布判决书等。

第二节　政策制度

一、外商投资政策

目前,波兰尚无管理外商投资的专门政府机构,信息和外国投资局负责促进外国直接投资,具体职责包括统计和发布外商投资信息、为外国投资者提供相关服务。

波兰积极开展与其他国家(地区)的经济和贸易合作,特别是与欧盟国家的合作。波兰在2004年正式加入欧盟后,在很多世界性的和区域性的经济组织中表现活跃,如北大西洋公约组织(NATO)、联合国(UN)、国际贸易基金组织(IMF)、世界银行(WB)、欧洲复兴与开发银行(EBRD)、经济合作与发展组织(OECD)和世界贸易组织(WTO)的成员,但不是欧元区国家。

波兰对外资实行国民待遇,除金融保险、港口、机场、法律服务等行业需事先申请许可外,外商可自由投资其他任何行业,但从事广播、航空、能源、武器、矿业和私人保安服务等部门的投资者需要获得政府许可。外商可以将利润、股息和投资资本汇出,可以购买房地产和其他资产。

1996 年 5 月 4 日,波兰开始实施新修订的《外国人购买不动产法》,其基本内容是:对在波兰有地址的法人,无需申请就可以在市区购置不超过 0.4 公顷或郊区(不超过 1 公顷)用于营业的无建筑的地皮,外国法人购置住房也无需批准;对在波兰连续居住 5 年,或住满 2 年与具有波兰公民身份的配偶共同购买不动产的外国自然人亦无需申请许可。除此之外,波兰会计法、银行法、竞争保护法、公司税法、消费者保障法、关税法及金融服务法等已与欧盟法律实现对接。波兰较其他中东欧地区国家有着明显的竞争优势,主要表现在:实行欧盟统一的贸易政策,政策透明度高,贸易和投资风险较低,并且自 2007 年 1 月 17 日起,欧盟成员国的公民可以在波兰自由工作,不需要获得工作许可证;2011 年,波兰对本国相关法律进行修改,简化审批程序,放松部分管制,更利于投资。

根据波兰议会于 1991 年 6 月 14 日通过的《外资企业法》及此后修改法案规定,外国人(自然人、法人及不具法人资格的其他公司)可以在波兰设立有限责任公司和股份有限公司,或者拥有和购买上述公司的股份或股票。

(一)设立企业的形式

外国公民作为自然人可根据不同情况在波兰注册公司,获准在波兰定居的外国公民享有与波兰公民同等的注册公司的权利;在波兰没有永久居留权的外国公民,只能在波兰设立有限合伙公司、有限股份合伙公司、有限责任公司和股份公司。中国企业和个人在波兰注册的习惯做法一般为代表处、分公司、有限责任公司和股份公司。(1)代表处:注册主体为外国公司,业务范围只限于对母公司业务进行推介和宣传,不得开展贸易活动,也无权签署贸易合同;(2)分公司:注册主体为外国公司,经营范围不得超越母公司业务范围,但不必开展母公司的全部业务,可部分经营母公司业务,也可代表母公司签署买卖合同;(3)有限责任公司:外国公司和个人均可申请,可从事生产、销售、服务和进出口等任何商业活动;(4)股份公司:外国公司或个人均可申请,可通过在波兰股市上市获得资金。

(二)注册企业的受理机构

在波兰注册不同形式的企业,需要到不同的机构申请。

(1)设立代表处。由母公司或其委托人向波兰经济部外国企业家登记处申请注册。

(2)设立分公司。由母公司或其委托人向地方法院经济庭注册处申请注册。

(3)设立有限责任公司。由公司股东向地方法院经济庭注册处申请注册,注册资金最低为5 000兹罗提,须在登记前全额付清;公司名称可用各种语言表述,但末尾需有Sp.z.o.o(波文"有限责任公司"缩写)字样,公司名称不能重复。

(4)设立股份公司。由公司股东向地方法院经济庭注册处申请注册。外国公司或个人均可申请,可通过在波兰股市上市获得资金,注册资金最低为10万兹罗提,每股最低股价不得低于0.01兹罗提;以实物出资,必须在公司登记后一年内全部付清;用现金入股,必须在公司注册时先支付25%的注册资金,注册完毕后可随时使用注册资金;合资公司的股票在完成各项法律程序后可以上市交易。股份公司名称中注有S.A.(波文"股份公司"缩写)字样。

(三)注册企业的主要程序

1. 注册申请

向上述指定机构提出申请。申请注册不同形式的企业需要相应提供不同的文件。若提交材料为外文,则需译成波兰文。

(1)注册代表处所需文件。由波兰律师填写的设立代表处申请表(需经母公司负责人或其委托人签名);母公司营业执照副本;母公司章程复印件;经母公司所在地公证处公证的并由波兰驻母公司所在国大使馆盖章确认的母公司营业执照、母公司授权委托书和母公司章程全套资料；由波兰公证处公证的代表处章程和代表处总代表签名样本，代表处章程应包含代表处名称（应为母公司名称后加波文的"驻波兰代表处"字样）、地址、业务范围、总代表姓名及其在波兰的住址等。

（2）注册分公司所需文件。由波兰律师填写的设立分公司的申请表（需经母公司负责人或其委托人签名）；母公司营业执照副本；母公司章程复印件；经母公司所在地公证处公证的并由波兰驻母公司所在国大使馆盖章确认的母公司营业执照、母公司授权委托书和母公司章程全套资料；波兰公证处公证的分公司章程和分公司总经理签名样本。分公司章程应包含分公司名称（应为母公司名称后加波文的"波兰分公司"字样）、地址、业务范围、总经理姓名及其在波兰的住址等。

（3）注册有限责任公司所需文件。由波兰律师填写的须经公司董事会成员签名的公司注册申请表（需经波兰公证处公证）；如股东为法人，需提供该股东原法人注册证明材料（需经波兰公证处公证）；如股东为自然人，需提供在波兰公证的股东自愿成立公司说明书和护照复印件；公司章程和董事会成员签名样本（需经波兰公证处公证）。

（4）注册股份公司所需文件。由波兰律师填写的经公司董事会成员签名的公司注册申请表（需经波兰公证处公证）；股东原注册证明材料（需经波兰公证处公证）、公司章程和董事会成员签名样本（需经波兰公证处公证）。

2. 注册审批

注册申请受理后，注册机构将申请材料转递波兰外交部，由其通过波兰驻申请方所在国大使馆对该申请公司的情况进行核查，核查无误后，由波兰注册机构颁发注册证明。注册审批时间视企业形式而定,一般在 2 周至 12 周。注册费 3 500 兹罗提至 8 000 兹罗提。

(1) 设立代表处注册审批。波兰经济部受理注册申请后,将申请材料转递波兰外交部,由外交部通过波兰驻申请方所在国大使馆对该公司的情况进行核查,核查无误后再转回波兰经济部,由经济部发放注册证明。代表处注册无需注册资金,审批期限约 2—3 月,注册费约 8 000 兹罗提(约 2 000 欧元),其中注册费 6 000 兹罗提、律师费 2 000 兹罗提。

(2) 设立分公司注册审批。地方法院经济庭受理注册申请后,需将申请材料转递波兰外交部,由外交部通过波兰驻申请方所在国大使馆对该外国公司的情况进行核查,核查无误后,由地方法院颁发注册证明。分公司注册无注册资金要求,审批期限约 2—3 月,注册总费用约 3 500 兹罗提,其中法院注册费 1 500 兹罗提、律师费 2 000 兹罗提。

(3) 设立有限责任公司注册审批。地方法院经济庭在受理注册申请后一般在 2—3 周内核发注册证明。目前有限责任公司最低注册资本金为 5 万兹罗提,注册完毕后该资金可作为公司的流动资金使用。注册费用约 5 500 兹罗提,其中注册费 1 500 兹罗提、公证费 2 000 兹罗提、律师费 2 000 兹罗提。

(4) 设立股份公司注册审批。地方法院经济庭受理注册申请后一般在 2—3 周内批复核发注册证明(多页纸)。注册总费用约 5 500 兹罗提,其中注册费 1 500 兹罗提、公证费 2 000 兹罗提、律师费 2 000 兹罗提。

3. 申请统计代码

获准注册后,需向当地统计局申请统计代码(REGON),一般 2 小时即可申办完。

4. 刻制公司印章

企业获准注册后需在指定机构刻制公司印章,一个合法的印章必须刻有公司名称、地址、增值税号(NIP)和统计代码(REGON)。

5. 开立银行账号

企业获准注册并取得 REGON 代码后,须立即在波兰银行开立公司银行账号,需提供注册证明和 REGON 代码复印件,一般需 1—2 天。

6. 申请增值税号(NIP)

企业获得注册后,需向所在地税务局申请增值税号(NIP),一般需 2—3 周可获得。

7. 申报社会保险

公司在雇用首名员工后 10 天内须向公司所在地社保局申报雇员情况,交付社会保险金,并获得公司的社保金支付代码。

8. 申报劳动安全检查

公司在雇用员工后应立即向当地劳动监察局申报检查,由该局对公司雇员进行 2—3 小时安全培训讲座,并对公司的工作环境、工作时间进行检查,检查合格后为每个员工发放安全工作证明。同时,公司须为每位雇员在规定的体检单位做健康检查,获得体检证明的雇员方可上岗工作。这两个证明缺一不可,必须随时存放在公司,以备劳动监察局检查,若被查出无安全证明和健康证明上岗,公司则将被罚款。

9. 网上注册

自 2011 年 7 月起,投资者可在波兰经济活动注册与信息中心网站(CEIDG)注册公司,并可申请税号、社保号等。

(四)企业收购与上市

根据波兰《证券法》,外国企业和波兰企业一样可以在波兰收购公司上市。上市的程序是:向波兰证券委员会提出上市申请报告,证券委员会组织专家对申请企业进行评估,通过专家评估后形成正式上市说明书,证券委员会成员对上市说明书进行审核,通过审核后,发表上市声明并进行公开招股,最后向证券交易所申请挂牌上市。根据波兰证券委员会专家介绍,企业申请上市程序最快的可在3周之内完成,一般需要5—6个月。

波兰股票市场对外国投资者开放。外国投资者购买在波兰证券交易所上市公司的股票,其购买量占上市公司股份10%以下的,不需向波兰证券委员会报告;购买量占上市公司股份10%以上的,每增加购买5%都必须向波兰证券委员会报告;购买量达到上市公司股份25%或25%以上的,需证券委员会的许可。

二、 税收政策

波兰税收分为国税和地税两大部分。国税的税种有:企业所得税、个人所得税、增值税、消费税、印花税和交易税。地税的税种有:房地产税、养路税(只含卡车和大客车)、遗产税和赠与税、农业税、林产税、狗税。原则上外国企业和个人在波兰享受完全国民待遇,即与波兰企业和个人适用相同税收制度和标准。

(一)国税

1. 企业所得税

波兰外国投资企业和国内投资企业实行统一的所得税政策。根据波兰《法人所得税法》,所有的法人和具有法人资格的组织(合伙企业除外)都要缴纳企业所得税。外资企业分公司需要到国家法院注册部门注册,同时按照有限责任公司或股份公司的规定交纳企业所得税;国外公司代表处的活动只限定在行使代表权和对外宣传方面,不缴纳企业所得税。

企业税前收入,包括来自经营活动和财务的净收入扣除捐献等一些特殊支出,构成企业所得税纳税基数。广告费、各种罚款和利息支出不能作为成本从税前收入中扣减,固定资产和无形资产可以进行折旧以及分期摊销,价值低于3 500兹罗提的资产可以在购买使用当月或下月一次性核销,但土地和工艺不能折旧。合伙企业各方发生的收入和成本按其在合伙企业中的股比相应记入各自的应税收入和扣减成本中,因此,合伙企业的各方收入亦被合理征税。一般情况下日历年作为纳税年,企业可以自行选择年内任何一个月份作为一个纳税年的期限起止点。

自 2004 年起,波兰法人所得税税率为 19%,是欧盟所得税率最低的国家之一。由波兰公司派发的股息收入应由派发企业代扣 19% 所得税。由波境外的欧盟企业派发的股息收入,自 2004 年 5 月 1 日起可在一定条件下申请减免,对利息收入、版税收入以及无形服务收入(咨询、会计、市场调研、法律服务、广告、数据处理、人力资源和担保等)一般征收 20% 所得税。

经营发生亏损可以在后续 5 年中进行利润折减结算,但任何一个税收年中最大折减数不能超过亏损额的 50%;有关合并报税、关联企业的利润转移、高负债企业(资产负债比达到 1:3)以及避免双重征税(原则是对国际转移利润在其来源地免征税,在目的国征税)等方面的纳税问题,均有相应的具体规定。

2. 增值税

2004 年 5 月 1 日波兰加入欧盟以后,对增值税规则进行了很大调整。在波兰境内销售商品和提供服务都需要交纳增值税,增值税纳税人之间进行交易必须提供增值税发票,年营业额超过 1 万欧元的经济实体,均应以正常增值税纳税人进行登记;销售给个人自用的商品金额超过 5 000 欧元,必须进行大额现金登记备查;未按增值税纳税人在波兰登记的外国经济实体,在对等的条件下可申请增值税返还。

波兰增值税分别有 23%、8%、5% 和 0% 四种税率,其中 23% 为基本税率,其他几种税率为特殊商品和服务税率(见表 3.1)。

表 3.1　波兰特殊商品和服务税率

税　率	适　用　商　品
8%	食品、儿童用品、医疗机械、住宅的建设维修服务； 交通、市政服务（包括自来水供应、污水处理、街道保洁等）； 化肥、宾馆和公共饮食服务业； 互联网服务
5%	初级农产品
0%	内部流通的商品、出口商品以及国际运输服务，书籍和杂志以及 部分国内供货商品（如船舶和航空设备等）

资料来源：中国驻波兰使馆经商处整理。

部分商品和服务可免增值税，如研发服务、文化教育、财务和保险服务（买卖外汇和租赁服务除外）等。

3. 消费税

消费税视商品不同而不同，税率一般在 25%—40% 之间。目前波兰征收消费税的有 6 种商品：燃油、烟、酒、汽车、电、化妆品。其中燃油、酒、烟三种商品的消费税税率受欧盟统一规则管理；汽车、化妆品、电的消费税为波兰自己确定标准。

4. 自然人红利税

自然人得到的利息和股息收入不适用个人所得税规则，而是单独制定；自波兰国内得到的利息和股息征收 19% 的红利税，从 2005 年起自波兰境外得到的利息和股息也开始征收 19% 的红利税。

5. 个人所得税

对持有波兰公民身份证并在波兰有登记居住地的个人，来自世界的任何收入都要征收个人所得税；在波兰没有登记居住地的个人只对来自波兰国内的收入征收个人所得税；自 2005 年起，波兰实施最低 19%、最高 50% 的 4 级税率的个人所得税制度，如表 3.2 所示。

表 3.2　年收入与个人所得税税率

年　收　入	个人所得税税率
低于 37 024 兹罗提	19%
在 37 024—74 048 兹罗提之间	30%
在 74 048—600 000 兹罗提之间	40%
超过 600 000 兹罗提	50%

资料来源:中国驻波兰使馆经商处整理。

在波兰国内法律规定的特殊情况,以及享受避免双重征税待遇的情况下,可以对个人所得税予以减免,例如出差津贴收入、雇主支付用于提升员工素质和技能的培训费等可以免交个人所得税,可以从个人所得税税基中减扣的收入。此外,还有馈赠超过 350 兹罗提(给自然人除外),但馈赠折减额不能超过纳税人所获总收入的 6%;捐赠给公益组织的款额,但最高不得超过应付税款的 1%;国家健康保险中个人应付部分(工资的 7.75%);使用互联网的个人每年可折减 760 兹罗提的定额税款。

6. 印花税

在波兰进行申请注册公司、资格认证、发放许可、票据交易以及著作权认证时,需按规定交纳印花税。该税属国税范畴。

7. 交易税

在波兰进行部分业务交易时需交纳交易税,主要有:不动产和动产出售协议税率为 2%、其他财产权的出售协议税率为 1%;借贷协议税率为 2%;进行财产抵押时,税率为保全债务总值的 0.1%,对无固定金额的保全债务交易税为 19 兹罗提;在企业股权变更交易中,税率为变更金额的 0.5%。税款应在交易发生后 14 日内缴纳。

8. 博彩税

波兰博彩税从 2% 到 45% 不等,具体为:抽奖、宾果奖品和现金游戏、对赌税率为 10%;现金抽奖税率为 15%;数字赌税率为 20%;

赌博机和电视抽奖税率为45％；有经营许可的动物竞技对赌税为经营商收取赌资的2％。

（二）地税

地税中最主要的税种为地产税、农业税、林业税。

1. 地产税

根据波兰2002年10月30日修改的地税法律，地产税率由乡议会决定。但住宅使用面积每平方米不能超过0.54兹罗提，商业建筑使用面积每平方米不能超过17.98兹罗提，其他建筑使用面积每平方米不能超过8.37兹罗提。

2. 农业税

拥有土地面积超过1公顷以及农田面积超过1核算公顷的农场需缴纳农业税，现行的农业税额为每核算公顷收2.5公担黑麦的价钱。

3. 林业税

2002年《林业税法》第4条规定，1核算公顷土地的林业税相当于0.22立方米木材的价值。

三、 优惠政策

为了吸引投资，波兰还对投资者实施补贴。根据欧盟地区发展补贴的有关规定，在欧盟内人均GDP低于欧盟平均水平75％的地区投资，可以得到公共补贴。波兰符合上述标准，可以对企业投资项目给予公共资助，但农业、渔业、矿业、运输、汽车、造船、钢铁、化纤领域的投资项目和投资额超过5 000万欧元的项目，不在该资助之列。

按照经济发展状况，波兰将国内各省的最高补贴比例划分为50％、40％、30％三档。自2011年起，最发达地区（首都华沙所在省）最高补贴比例为合格费用的30％，中等发达地区共5个省为40％，最落后地区共10个省为50％。对中型企业，最高补贴比例可提高 10%；对小型企业，最高补贴比例可提高 20%。小型企业是指雇员少于 50 人，营业额不超过 1 000 万欧元或资产不超过 1 000 万欧元的企业；中型企业是指雇员少于 250 人，营业额不超过 5 000 万欧元或资产不超过 4 300 万欧元的企业。"合格费用"包括：土地购买费用，最高限额为项目总支出的 10%；新增固定资产价格或费用，即建筑、机器、设备、工具及基建费用；已使用过的固定资产购买费用；无形资产购买费用，最高限额为上述支出的 25%；固定资产的安装费用、材料和建设工程的费用等。

大型投资项目的补贴比例按地区补贴上限进行调整。其中，合格费用低于 5 000 万欧元的部分，补贴上限为地区补贴比例的 100%；合格费用在 5 000 万至 1 亿欧元之间的部分，补贴上限为地区补贴比例的 50%；合格费用超过 1 亿欧元的部分，补贴上限为地区补贴比例的 34%。

波兰的公共补贴类型主要分两大类。

（一）欧盟结构基金

欧盟对企业投资的补贴主要是"结构基金"，主要形式是以不同的操作计划进行，包括基础设施和环境操作计划、创新经济操作计划、人力资本操作计划、波兰东部开发操作计划、技术援助操作计划等。2007—2013 年欧盟以公共资助形式向欧盟提供 650 亿欧元的资金，使波兰成为 27 个成员国中最大的受益者。根据欧盟 2014—2020 年预算，波兰将在欧盟结构与投资基金项下获得 890.4 亿欧元的欧盟资金，占基金总额的 19.6%；再加上共同农业政策项下 211 亿欧元的直接支付，整个预算期内，波兰将获得 1 101.4 亿欧元，再次成为欧盟基金的最大受益者。与前期相比，创新经济与人力资本提升计划分别更名为智慧性发展以及知识、教育与增长计划，前者重点支持私人部门研发活动，鼓励企业与科研机构合作创新以提高波兰企业竞争力，而后者主要关注高等教育系统的质量和效率，也更加注重区域间平衡发展。地区满足一定条件可向上述计划申请资金支持,其申请条件和程序按欧盟统一规则实行;资助限额根据其发展程度不同而不同,较发达地区资助额度较低,不发达地区额度较高;不同类型企业可以申请的额度也存在差别,中大型企业获得资助额度较低,而小型企业获得资助额度较高。

此外,根据欧盟产业资助政策,波兰政府对敏感产业的改造投资项目可实行公共资助,包括矿业、汽车、造船、钢铁、化纤、邮政、音像、广播等。同时,根据欧盟水平资助政策,波兰对中小企业、研发、环保、劳工市场的投资项目可实行公共资助。

(二)中央政府财政资助

近年来,波兰政府针对目标行业颁布许多刺激投资的计划,例如,"波兰能源政策2030"、电力部门计划、波兰共和国政府关于石油行业的政策。根据波兰"2011—2020支持对国民经济有重要意义的投资计划",若投资汽车、电子、航空、生物技术、现代服务业及研发等优先领域,且为新投资,则投资者可向波兰经济部申请国家财政资助。资助金额因创造就业数量、具有高等学历雇员比、投资区域、产品在国际市场上的吸引力(制造业项目)、企业提供服务的复杂程度的不同而不同,重大投资项目不受上述行业限制,均可申请资助。此外,根据欧盟产业资助政策,波兰政府对敏感产业的改造投资项目也实行公共资助,包括矿业、汽车、造船、钢铁、化纤、邮政、音像、广播等。同时,根据欧盟相关政策,波兰政府对中小企业、研发、环保、劳工市场的投资项目实行国家财政资助。

国家财政资助形式为"馈赠补贴"和"国税减免"。其中,馈赠补贴适用于波兰全境的投资,国税减免仅适用于经济特区。

1. 馈赠补贴

主要包括对企业的"投资补助"和"就业补助"两种。投资补助是指对企业"合格费用"的补贴,补贴形式为向企业直接拨款,资助最高限额为"欧盟公共资助"最高限额的一半,即合格费用的 15%—25%,对中小企业的资助额可另加 7.5%。申请条件包括:优先领域投资超过 1.6 亿兹罗提,且新增就业岗位不少于 50 个;其他行业重大项目投资超过 10 亿兹罗提,且新增就业岗位不少于 500 个。所谓"合格费用",包括以下支出:土地购买费用(最高限额为总项目支出的 10%)、新增固定资产价格或费用(建筑、机器、设备、工具及基础建设费用)、已使用过的固定资产购买费用、无形资产的购买费用(最高限额为上述支出的 25%)、固定资产的安装费用、材料和建设工程的费用。获得"投资补助"的项目,必须保证投资项目运行 5 年以上。申请投资补助的申请期为每年 1 月底和 6 月底,受理部门为波兰经济部。企业可直接申请,也可通过波兰信息与外国投资局协助申请。

就业补助的最高额度为雇用一位新劳工两年的总费用乘以该地区"欧盟公共资助"最高限额,最高不超过 4 000 欧元。申请条件包括:航空、电子、汽车、生物技术行业投资不少于 4 000 万兹罗提,新增就业岗位不少于 250 个;现代服务业新增就业岗位不少于 250 个;研发领域投资不少于 300 万兹罗提,新增就业岗位不少于 35 个(仅限高等教育者岗位);其他行业重大项目投资超过 100 万兹罗提,且新增就业岗位不少于 500 个。

获得"就业补助"的项目,其就业岗位在投资项目内必须保留 5 年以上,但就业岗位的全部聘用工作可在 3 年内完成。就业补助申请程序与投资补助相同。就业补助形式多样,主要有以下几类:

(1)就业岗位设备购置费用补贴。如果保留一个工作岗位 3 年以上(中小企业为 2 年),并在该工作岗位上的固定职工聘用期在一年以上,雇主可获得设备(机器、办公设备、家具等)购置补贴,补贴额最高为波兰平均工资的 5 倍。该项补贴由波兰中央政府出资,雇主需与所在县县长签署协议,凭设备购置发票领取。

(2)就业补贴。如果保留工作岗位 3 年以上(中小企业为 2 年),

并在该工作岗位上雇用特殊失业人员（或 25 岁以下，或长期失业，或 50 岁以上，或无专业技能，或带有 7 岁以下子女的单身，或残疾），且雇用形式为固定职工（在就业局同意的特殊情况下也可为临时职工），雇主可获得就业补贴，补贴期为 6 个月（可连续补贴 6 个月或隔月补贴 12 个月），在个别情况下补贴期可延长至 12—18 个月，但必须在领取就业补贴期限结束后至少保证再续聘该职工 6 个月以上。获得此类补贴需在雇主和所在县县长之间签署协议。该项目补贴由波兰中央政府出资，雇主需要向所在地劳动局（Local Labour Office）提出申请，劳动局组织评估委员会进行评估，对所有申请按竞争原则进行筛选确定，该程序持续约 2 周，确定项目后雇主需与所在县县长签署相关协议。如果雇用的是残疾人员，需向波兰国家残疾人康复基金会申请，时间为每年 11 月 24 日到第二年 1 月 14 日。

（3）培训补贴。培训补贴的直接受益人不是雇主，雇主需要通过招标方式选定具有资格的注册培训机构，确定培训项目和标准，将拟雇佣人员送往培训，培训费用由所在县县长负责，培训机构直接向所在县县长报销费用。培训结束后雇主可按标准选拔，通过考试后则应聘用，未通过考试者的培训费用亦由所在县县长承担。

（4）社会保障税补贴。由就业局提供的、聘用期至少一年以上的固定职工，并在此后继续聘用，雇主可获得总额不超过波兰最低月工资 300％ 的社会保障税补贴。该项补贴由中央政府出资，雇主需与所在县县长签署协议。

（5）定向培训补贴。在雇佣合同规定的期限内，雇主无需支付培训费用，由地方政府承担，最高限额为全国平均工资的两倍。该项补贴由地方政府出资，县长、培训机构和雇主必须签订三方协议。

除上述有关就业的主要补贴项目外，其他的还有在培训期间受训人在培训地与居所间往来食宿补贴等。这些资助的获取需通过当地就业局，通常需要雇用就业局失业人员登记簿上的在册人员，因此,同当地就业局和所在县保持良好关系是获取有关就业资助的重要条件。

2. 国税减免

波兰国税共有 5 种:企业所得税、个人所得税、增值税、消费税、印花税(包括交易税和博彩税),鼓励投资的国税减免主要是企业所得税和个人所得税的减免,而且仅适用于经济特区内的企业。

3. 地方政府财政资助

地方政府资助主要体现在地方税的部分减免、地方政府所属土地的价格优惠、承担投资项目所在地的土地基础建设等。

波兰地方主要有地产税、交通工具税,另外还有森林税、狗税等很小的税种,其中有意义的税收减免主要为地产税和交通工具税,这两项税的减免各地无统一标准,一般是地产税可免 5—10 年。减免地产税受益人为地产所有者,地产租用者不在此列。

四、 经济特区政策

(一)波兰经济特区概况

为了加速区域经济发展、创造就业及吸引外商投资,波兰于 1994 年 10 月通过经济特区法,并于 1995 年开始创办经济特区。创办之初,设有 17 个经济特区,后为便于管理等因素,将部分经济特区合并,目前共有经济特区 14 个,占地总面积 6 316.72 公顷,隶属于 10 个省,主要分布于北部的波罗的海沿岸省份和南部、西南部与德国、捷克、斯洛伐克接壤的边境省份。根据欧盟有关规定,这些经济特区的运营期限已延长至 2026 年底。在经济特区内投资可享受减免国税和地税(由当地政府决定)等优惠,优惠额度取决于投资地点、企业规模和投资总额。相比于大型企业,中小型企业优惠力度更强。此外,在满足一定条件的基础上,如投资前向相关部门提交申请,投资期限至少 5 年,还可享受到以较优惠的价格购买土地、无偿协助办理投资项目手续等服务。

由于波兰经济特区实行特殊优惠政策,许多外国投资者优先选择特区作为投资地点,其中比较著名的投资商有菲亚特、欧宝、麦德龙、喜力、五十铃、阿尔斯通、宜家、大众、三星、可口可乐、雀巢等公司。外商投资的主要领域包括汽车及零配件、医疗器械、电子通信产品、建材、化工、包装、食品加工等行业。

各经济特区在波兰境内的地理位置、面积、特性、发展条件及道路、技术和电信基础设施方面各有不同。每个经济特区均由财政部或省级地方政府控股的管理公司进行管理。投资经济特区须满足最低投资额和最低用人规模等要求。通常情况下,达到标准后,投资企业可享受的公共补贴最高限额为"合格费用"的50%,对中型企业限额为60%,小企业的限额为70%。

(二)现行主要优惠政策

1. 税收优惠政策

根据波兰现行经济特区政策,经济特区企业按规模大小可获得不同幅度的政府资助,企业规模大小需在注册时予以确认,政府资助通过免税的形式来实现。大型企业获得资助的总额不能超过投资总额的50%,中小企业获得资助的总额不能超过投资总额的65%。波兰按照欧盟标准划分企业规模,小型企业是指员工50人以下,年营业额少于700万欧元的企业;中型企业是指员工50—250人,年营业额少于4 000万欧元的企业;大型企业是指员工超过250人,年营业额在4 000万欧元以上的企业。

经济特区企业享受的税收减免政策主要有:

(1)免缴企业所得税。大型企业累计免税金额不超过总投资额的50%,中小企业免税金额不超过总投资额的65%。按所得税税率计算免税额,累计达到最大免税金额为止。2003年所得税为27%。

(2)免缴不动产税。在特区内购置不动产,企业全额免交不动产税,减半缴纳印花税。

（3）免缴交通工具购置税。免税购置交通工具是一项地方性优惠政策,由乡政府个案讨论决定。

（4）地方性优惠。实行地方性优惠政策的主要目的是鼓励企业雇佣更多的员工,解决地方就业问题。如有些特区规定,增加员工数量可减收部分所得税。

（5）进口免税。对用于投资项目的进口机器设备,海关给予免税待遇。

2. 非税收优惠政策

（1）经济特区提供项目用地(带有水、电、汽等基础设施)。

（2）优惠的土地价格。

（3）免费提供各种政策咨询服务。

（4）政府根据企业申请,提供一定金额的新员工培训费。

（三）开办企业条件

第一,按照对等原则,波兰给予外资企业国民待遇。波兰对经济特区企业的经营范围无特殊要求,但不同经济特区根据地方经济发展状况和基础设施的不同,在发展方向上各有侧重,投资时需注意经济特区间投资环境的差异。

第二,按照波兰法律,外国投资者在经济特区内开办企业,需得到波兰经济和劳动部部长的批准,但在实际操作中,部长授权经济特区管理委员会予以核批。经济特区管理委员会负责审查项目,颁发营业执照。营业执照规定企业的类型和经营范围。

第三,企业可以选择需要政府资助,也可选择不需要政府资助,但如果选择需要政府资助,则需满足以下条件:

（1）最低投资额 10 万欧元。

（2）从获得政府资助之日起,经营期限最少 5 年。

（3）至少在 5 年内持有所投资的资产。

（4）至少在 5 年内提供就业岗位。

（四）根据入盟要求所做的政策调整

波兰在入盟谈判中，围绕保留还是取消经济特区问题与欧盟进行了讨价还价。按照欧盟平等竞争的原则，企业不应享受特殊优惠政策，经济特区现有优惠政策应予取消。但波兰根据国内经济发展的需要和对经济特区企业的政策承诺，要求继续保留经济特区，谈判的结果是双方各有让步。欧盟同意波兰在一定期限内保留经济特区，条件是必须设定最后截止期限，并对现行优惠政策作出调整，减少优惠幅度。为了满足欧盟的要求，波兰先后两次对《经济特区法》进行了修改。2000 年 9 月波兰对《经济特区法》进行第一次修改，修改的结果是：(1)不再增加经济特区的数量，限定现有经济特区的面积；(2)取消原有的 10 年免税、10 年减半征税的优惠政策；(3)将原来减税政策改为最高优惠金额不超过投资金额 50%—65% 的限制；(4)限定经济特区存在的期限，规定所有经济特区优惠政策截止到 2017 年。此后，波兰又多次修改经济特区政策，目前政府决定将经济特区的政策延长到 2026 年。

五、 劳动政策

《劳动法》是波兰劳务领域最主要的法律。它规定了雇佣关系的法律基础、雇员的权利和义务等，其中包括劳动合同的签订、解除和到期以及工资报酬、工作时间、休假等具体内容。此外，波兰还专门针对大规模裁员、工会、雇用临时工等出台了专门法律。

1996 年 6 月修订的波兰《劳动法》，对劳动关系的产生、内容、劳资双方的权利、义务、福利报酬、就业及保护、妇女和未成年人的雇用、劳资纠纷的解决作出了规定。近年来，波兰不断修订完善其《劳动法》，明确劳动双方当事人的权利和义务，保护劳动者的合法权益。

（一）劳动许可

波兰入盟时即按对等原则向英国、爱尔兰和瑞典三国完全开放了本国劳动力市场。自 2007 年 1 月 1 日起,保加利亚和罗马尼亚公民获得波兰劳动力市场的完全市场准入资格,即在波兰从事工作无需申请工作许可。自 2007 年 1 月 10 日起,波兰取消对奥地利、比利时、丹麦、法国、列支敦士登、卢森堡、荷兰、德国、挪威、瑞典公民的劳动力市场准入限制。目前波兰对欧盟成员国所有国家、欧洲经济区国家(EFTA)和瑞士联邦的公民,包括其家庭成员完全开放劳动力市场,在波兰从事工作无需申请工作许可。

除波兰开放劳动力市场的部分国家公民外,外国人在波兰工作必须获得工作许可。

1. 外国人在波兰申请工作许可分为两个阶段

第一阶段,获得工作许可承诺函。工作许可承诺函是非正式许可,它是波兰主管劳动部门认定该外国人符合在波所申请的工作的文件,是拟在波兰工作的外国人申请在波兰合法居留文件的基础。外国人依据工作许可承诺函在波兰驻该外国人所在国使(领)馆办理工作签证,在获得工作签证后,外国人可持工作签证来波,并根据工作签证办理正式的工作许可。因此,工作许可承诺函也可称为"预备许可"。

第二阶段,在获得波兰合法居留文件后,可以发放正式工作许可。如果在递交申请之日,该外国人拥有与在波兰完成工作相关的合法居留文件,在发放正式工作许可时,无需要求之前的工作许可承诺函。工作许可按一式三份签发,一份由签发机构(劳动局)保留,两份给外国雇主,其中一份给劳务人员。

2. 工作许可签发机构

除玛佐夫舍省外,其他各省由省督签发,申请劳动认可和许可在省督府社会政策司及所属地区各地方相关办事处办理。玛佐夫舍省省督委托省劳动局华沙局局长和其副手签发外国人劳动认可和许可,申请办理机构为省劳动局华沙局及该局在玛佐夫舍省各地方分部。

3. 工作许可申请人

外国人工作许可(含承诺函,下同)申请人分两种情况:

(1) 波兰企业自己雇用外国人。如果波兰企业自己雇用外国人,则由波兰企业作为雇主向其所在地省督为其外国雇员提出工作许可申请,也可以由雇主的全权代表或委托人以雇主的名义提出。

(2) 波兰企业从外国公司进口外国劳务。如果波兰公司不是自己雇用外国人,而是由外国公司向其出口劳务,则由外国的劳务出口公司作为雇主向出口劳务所在地的省督提出,也可委托其他人以该外国公司的名义提出申请,接受劳务的波兰公司为外国公司申请的工作提供协助。

4. 工作许可办理程序

(1) 签订劳动合同或劳务出口合同或项目分包合同。如果波兰企业自己雇用外国人,必须首先将所需雇用外国人的工作岗位在波兰所在区的劳动局或在媒体(报纸、网站等)上面向波兰人进行公开招聘,一般要求在媒体上公开招聘的时间不短于两个星期,在无人应聘或无合适的人员应聘后,波兰企业可以雇用外国人并与应聘的外国人签订劳动合同。如果波兰公司是以进口外国公司劳务的形式使用外国人,首先由波兰公司与出口劳务的外国企业签订劳务出口合同,合同内容包括出口劳务的种类、岗位或专业以及与波兰岗位和专业分类相关的工作内容,外国企业作为雇主提出工作许可的申请。在此情况下,申请工作许可不需考虑当地工作市场的情况,不需要在区劳动局、报纸和网上招聘,但波兰公司还应提供在当地无法招聘到合适人员的证明。

(2) 交费。在申请工作许可时,应缴纳的手续费为波兰现行最低法定工资;在申请工作许可延期时,应缴纳的手续费为波兰现行最低工资的50%。交费后应保留付款凭证。2007年1月1日起,波兰最低工资为936.00兹罗提,50%为468.00兹罗提。

（3）需递交的文件。各省省督根据本省的情况要求提供的材料可能略有差异,但基本一致。

一是工作许可承诺函所需文件。以劳务出口形式在波兰为外国人申请工作许可承诺函所需材料主要为:外国人工作许可申请表(劳务出口类);波兰公司的有效的营业执照(KRS);波兰公司税务登记号码(NIP)证明复印件;波兰公司表示本公司上年度利润的其他文件;外国人护照所有签注页复印件;外国人的学历、职业技能证明;申请工作岗位的内容;劳务合同复印件;办理工作许可手续费交费收据等。

二是领取正式工作许可所需文件。需提交的文件为:工作签证或居留卡复印件;在波兰居住地的证明。

三是办理工作许可承诺函或正式工作许可所需文件。办理工作许可(含承诺函)延期所需文件:延期申请表;外国雇主支付手续费的付款凭证(最低法定工资的50%);在波兰办的无犯罪证明;与外国雇主签订合同的波兰公司有效的营业执照(KRS);雇主的声明;公司全体人员表;申请岗位的工作内容。

5.工作许可签发程序时限

根据1960年6月14日《行政诉讼法》,对工作许可(含承诺函)的审批期限为:自申请送达之日起1个月内。

6.工作许可(含承诺函)的撤销

如果发现以下情况,主管省督可以撤销外国人的工作许可承诺函或正式工作许可:(1)外国人非法打工;(2)外国人失去劳动授权;(3)颁发授予工作许可承诺函或正式工作决定时的环境或理由发生了变化;(4)颁发工作许可承诺函或正式工作许可时的原因终止;

（5）外国人为雇主所执行的行为违反劳动法。

根据劳动监察部门的申请撤销外国人工作许可承诺函或正式工作许可。撤销工作许可承诺函或正式工作许可，雇主有义务立即解除与外国人的合同；如果外国人代表雇主，应立即取消其代表资格。

7. 对雇主雇用无工作许可的外国人的处罚

雇主雇用无工作许可的外国人或者不是法律允许的可免于申请工作许可的外国人，将受到行政和刑事处罚。根据 2006 年 7 月 21 日劳动和社会政策部《关于对外国人发放工作许可的方式和条件事令》第 4.1.4 条，省督可以拒绝颁发工作许可承诺函或正式工作许可，如果雇主违反《就业促进和劳动市场机构法》，并且其违法行为在执法检查中被认定，自执法检查书出具之日起 1 年内，不予颁发工作许可承诺函或正式工作许可。该令第 4.3.3 条规定，外国人违反《就业促进和劳动市场机构法》并被执法检查查出，自执法检查书出具之日起 1 年内不予颁发工作许可承诺函或正式工作许可。

（二）劳动合同

劳动合同基本类型主要包括：试用期合同、固定期限合同、无限期合同、某项特定工作持续期间的合同。

试用期合同不得超过 3 个月。员工代班可签临时合同。如果当事人在持续期间内两次签订固定期限合同，在法律上相当于签订无固定期限合同，除非前合同终止与后合同签订的间隔时间不超过 1 个月。

合同应以书面形式签订，并列明双方当事人、合同类型、执行日期和工作条件及报酬，特别须包括：工种、工作地点、与工作类型相适应的并且说明组成部分的工资报酬、工作时间以及开工日期。如果合同未以书面形式签订，用人单位应当在不迟于员工开始工作的日期，与该雇员书面确认合同类型及其条款。

解除合同须提前通知员工。雇用期在 6 个月以下的,须提前两周通知;雇用期 6 个月以上的,须提前 1 个月通知;雇用期 3 年以上的,须提前 3 个月通知。公司遇取消、破产、改组时,可将通知期缩短至 1 个月,但须支付其余通知期的工资。

如果雇主违反合同,员工有权提出解除合同,通过这一方式解除合同,可获得相当于通知期的工资赔偿。如雇主不同意,员工可向劳动法庭起诉,要求赔偿。劳资纠纷由劳动法庭审理。无限期的解除合同,要有书面通知。

（三）工作时间

1. 标准工作时间

波兰《劳动法》规定了标准工作时间制,即在一个会计期间内,每日工作时间 8 小时,每周平均 40 小时,每周平均 5 个工作日。雇主须以上述标准为基础制定本单位的工作小时和天数。

2. 休息时间

雇员每天最少享有连续 11 小时休息时间,以下情况不受此限:(1)雇员代表雇主工作;(2)为保护人民生命或健康,保护财产或环境及消除障碍所必须的救援行动。每周至少 35 小时不间断休息时间,包括至少 11 小时日休息时间。以下情况,周休息时间可减少至 24 小时:(1)雇员代表雇主工作;(2)为保护人民生命或健康,保护财产或环境及消除障碍所必需的救援行动;(3)由一个工时制过渡到另一工时制。休息日应为周日,即该天早 6:00 时起连续 24 小时。但若采用周日须工作的工时制,则休息日可安排在周日之外的其他日期。

3. 待命时间

雇主可以要求雇员待命,即根据雇用合同,要求雇员在正常工作时间以外,在工作场所或指定的其他地方准备执行工作任务。如果雇员实际执行了工作任务,则待命时间算作工作时间;反之,则不算。

但待命时间不得影响雇员每日和每周休息时间。这意味着,若雇主要求雇员 24 小时待命,是非法的。工作时间和待命时间总和每日不超过 13 小时,并须保证雇员每周享有至少 35 小时不间断休息时间。但上述规定不适用于雇员代表雇主工作的情况。

4. 加班

在标准工作时间制中,加班指日工作时间超过 8 小时或周工作时间超过 40 小时。以下情况允许加班:(1)为保护人民生命或健康,保护财产或环境及消除障碍所必须的救援行动;(2)雇主有特定的需要。禁止孕妇和少年加班。如雇员须照顾不满 4 岁的孩子,要求其加班,必须征得其同意。因须保证雇员每日至少 11 小时休息,工作时间和加班时间总和每日不能超过 13 小时,每周不得超过 48 小时。一个日历年内的加班时间不得超过 150 小时。

(四)薪酬

工资的种类有:计时制、计件制、时间+奖金制和混合制,降薪必须改变原工作条件,提薪无需员工同意。法定工作时间为:一昼夜不超过 8 小时,一周不超过 42 小时。从 2001 年 5 月 1 日起实行每周 5 天工作制,加班加点应有额外的报酬。工作一年后,根据工龄和职位不同,雇员享有 18—26 个工作日的带薪休假。

除第一年的薪酬外,雇员的月薪不得低于官方公布的最低月薪。第一年的月薪不得低于最低月薪的 80%。如果晚上、周日及节假日加班,须另支付 100% 的薪酬;特定工作日加班,须另支付 50% 的薪酬,或者也可采用休假补偿的方式代替加班费。

(五)合规检查

对劳动法的执行监督机构是国家劳动监察局(PIP)、社会劳动监察机构和国家卫生检验局。国家劳动监察局,由总劳动监察局和 16 区劳动监察部门组成。该机构有权对雇用劳动者的任何单位或组织进行检查,并且可以在未经事先通知的情况下,在白天或晚间的任何时间开展检查。

（六）劳动纠纷

劳动纠纷由专门的劳动法庭负责审理。但劳动法规定,雇主与雇员应尽量争取和解。

1. 调解委员会

雇员向法院提起诉讼之前可以先将纠纷提交调解委员会。调解委员会成员由雇主和工会组织共同指定。专家小组审理,只能应雇员的要求启动,并可能最终导致和解。如和解未能达成,则应雇员要求,调理委员会须在 14 天内将纠纷提交劳动法庭。

雇员也可不经调解程序直接向劳动法庭提起诉讼。

2. 劳动法庭

劳动纠纷一审在地区法院,由劳动庭或劳动与社会保险庭负责审理。二审在地方法院,由劳动庭或社会工作和社会保障庭负责审理。

六、 纠纷处理

（一）法院和法庭制裁

1997 年《宪法》第 10 条第 2 款的规定,"司法权应当被授予法院和法庭"。波兰的法院包括普通法院和特别法院。普通法院有地区法院、大区法院和上诉法院,特别法院指最高法院。地区法院管辖一个或几个乡的区域,下设民事处、刑事处、劳工处、土地登记处和家庭处;大区法院建立在至少两个地区法院管辖的区域,下设民事处、刑事处、劳工处(一般包括社会保险)和经济处;上诉法院建立在至少两个大区法院管辖的区域,下设民事处、刑事处、劳工和社会保险处。波兰法院是独立的司法机构,实行两极终审制度。一、二级法院判决后一般不能上诉。最高法院实行对审判的监督。与经济活动有关的案件由普通法院分出的机构——经济庭审理。

（二）调解庭和仲裁庭

1. 仲裁制度

除了法庭途径外，还可以通过调解庭和仲裁庭解决经济纠纷。波兰大力推进友好型纠纷解决方式的发展，鼓励采用仲裁与调解等方式解决纠纷。调解庭可以是常设机构，也可以是特定为审理某个争端而设立的临时机构。调解庭和仲裁庭的裁决具有普通法院裁决的效力。

仲裁法律制度是连结中外法治的重要一环，也是对外展现法治软实力的重要窗口。仲裁主要分为两种方式：机构仲裁和临时仲裁。波兰临时仲裁与机构仲裁在程序上差别不大。相比而言，机构仲裁比临时仲裁更有市场一些。复杂的涉外案件通常会选择仲裁程序，例如，收购和兼并纠纷、私募股权交易纠纷、能源和商业纠纷是涉外仲裁案件中最为突出的纠纷类型。其中，ICC 仲裁规则、波兰商事仲裁委员会仲裁规则、联合国国际贸易法委员会仲裁规则、私人业主联盟（Lewiatan）仲裁委员会仲裁规则是被采用最多的仲裁规则。

波兰没有单独的仲裁法，而是将仲裁法相关内容一并规定在《民事诉讼法》中。具体而言，1964 年波兰《民事诉讼法》第 5 部分是规范仲裁程序的内容。波兰在仲裁制度立法上的基本立场之一，就是承认当事人在仲裁程序中享有相当大的自主权。其中，当事人可以自主地决定几乎所有涉及程序性事项，例如，选择程序规则、仲裁地以及仲裁期间使用的语言。波兰《民事诉讼法》仅对极少部分程序性事项设定强制性规定。从立法条文来看，波兰仲裁法体现三个基本原则，即自主原则、平等原则、独立原则。自主原则主要是指当事人可以自由选择解决纠纷相关程序。平等原则主要是指当事人在仲裁程序中得到平等的对待，仲裁协议中的任何条款都必须遵循平等原则。当事人在仲裁程序中未得到充分机会为自己的权利辩护，法院则有可能据此撤销相关仲裁裁决。独立原则主要是指法院并不直接介入仲裁程序的具体事项。

波兰《民事诉讼法》明确规定仲裁协议须载明争议事项或者纠纷涉及的法律关系。在仲裁协议中,当事人可以自主决定选择任命仲裁员、仲裁员人数或遴选仲裁员的方法。另外,《民事诉讼法》还明确规定了公司章程或其他规章制度中设立的关于解决企业纠纷的仲裁协议对各公司股东都具有约束力。这其中就包括股东之间的纠纷、股东与公司之间的纠纷、公司与其下属分支机构(或公司)。其他机构及组织的类似纠纷也同样参照适用上述条款仲裁程序。2005年,波兰进一步完善了《民事诉讼法》,扩大了《民事诉讼法》的适用范围。《民事诉讼法》已经允许当事人将绝大多数类型的纠纷提交仲裁机构仲裁,这不仅包括国内纠纷也包括涉外纠纷。具体而言,除监护和赡养费纠纷之外,任何在法院诉讼程序中解决的纠纷都可以提交仲裁机构仲裁。换言之,凡是在法院通过诉讼程序审理的案件都可以申请仲裁。

当事人签订仲裁协议之后,任何一方当事人都不得寻求通过法院解决相关纠纷。当然,当事人可以通过协商终止仲裁协议,之后当事人即可以诉诸法院解决纠纷。与此同时,波兰《民事诉讼法》还明确列出三种仲裁协议失效的情形:(1)仲裁协议明确列明的仲裁员或首席仲裁员拒绝或无法履行裁决义务,这种情况仲裁协议则失效,除非当事人就此事项另外达成协议;(2)仲裁协议明确列明的仲裁庭拒绝或无法履行裁决义务,这种情况仲裁协议则失效,除非当事人就此事项另外达成协议;(3)仲裁庭就部分事项或全部事项作出裁决时无法形成多数意见或一致意见,这种情况一旦无法达到事先约定的多数意见或一致意见仲裁协议则失效。

2. 仲裁程序

(1)程序启动。仲裁程序在仲裁申请书送达到对方当事人日起正式开始,当事人另有约定的除外。在一定期限内(当事人约定或仲裁庭指定),当事人可以就仲裁事项提出请求主张,对方当事人也可以就仲裁事项提出抗辩主张。双方当事人在提出主张的同时可以提交所有相关证明材料。

（2）文书送达。具体而言,任何书面文书被亲自送达至当事人,或送达至当事人登记的办公地点,或送达至当事人有效住所地,或送达至当事人提供邮寄地址,该文书将被视为有效送达,除非当事人另有约定的除外。

（3）书面审理与听证程序。仲裁庭须确定案件是否需要举行听证程序以便当事人陈述相关主张和出示相关证据进行裁决,或者根据当事人已经提交的相关书面材料直接裁决。一方当事人要求举行听证程序而另一方当事人不同意,仲裁庭仍须在仲裁过程中适当阶段举行相应的听证程序。

（4）证据规则。在仲裁程序中,仲裁庭可以听取证人证言、审查书证及其他必要证据。但是,仲裁庭不得强制当事人提供证据,如果必要,仲裁庭可以申请法院协助搜集相关证据。

3. 仲裁裁决的执行

在波兰,仲裁庭作出的仲裁裁决以及当事人在仲裁程序中达成的和解协议与法院判决书具有同等效力,法院应当承认该仲裁裁决或和解协议并颁布执行许可令。

第三节　行业标准

一、　行业标准化

1993 年 4 月 3 日,波兰议会通过了《波兰标准化法》。1994 年前,波兰标准化工作完全按照前苏联的模式进行工作。从 1994 年起,波兰对标准化工作进行改革,以欧盟为模式。制定标准的要求是:先采用欧盟标准,再采用国际标准,当欧盟标准和国际标准都不适用的时候,才能制定适合本国需要的国家标准。

波兰标准化委员会(PKN)成立于 1924 年,1947 年代表国家参与国际标准化组织(ISO),是国际标准化组织的创始成员之一。波兰还于 2004 年 1 月 1 日加入欧洲标准化委员会(CEN),成为欧洲标准化活动的重要成员。波兰标准化委员会是由政府总理直接领导的国家机构,下设多个技术委员会,如经济学的、企业主的、消费者的、专业的和科学技术的、学术的、科学团体等。委员会主要负责标准的制定,而标准的具体实施和监督检查由政府的各有关部门负责。在现行的国家标准中,大概有 8% 的标准或者条款为强制实施的。当某个标准需要强制执行时,由政府的有关部门提出,并且经议会批准,当某个标准的某些条款需要强制执行时,由政府向社会发布强制执行的命令。

为了进一步规范标准的执行,波兰原国家标准化、计量主管部门在此基础上剥离出一个新的从事测试与认证的机构,即 PCBC。该机构的主要任务是:组织实施并负责监督全国的检测和认证工作;检测实验室的认可;认证机构的认可;供应商质量体系认证;审核员注册;并对经认可的实验室、认证机构、供应商等实施监督。作为波兰的国家认可机构和认证机构,PCBC 积极参与 IAF、ILAC、EOTC、EOQ 等国际认证机构的活动。

二、 商品检验

(一)产品安全规定

波兰从 2003 年开始使用欧盟货物质量与安全标准。总的要求就是生产商要对其产品缺陷承担法律和经济责任。根据波兰《商品质量安全标准》(2003 年),如果消费者或用户发现某种产品存在缺陷,则该产品制造商将受到经济处罚和法律制裁。根据波兰《检验和认证法》的规定,凡可能威胁生命、健康和环境的国产及进口产品应申报安全检验并标贴安全标志。检验认证工作由波兰检验和认证中心及其授权的检验和发证机构进行,如产品没有标贴安全标志或不符合技术安全要求就进入波市场销售,则该产品的销售收入将收缴国库,并处以1倍的罚款。需要进行强制性安全检测的商品目录由检测和认证中心发布,主要涉及:钢材制品、金属制品、机器设备、精密仪器、运输工具、电子产品、建材、玻璃制品、木材和纸张、部分服装和纺织品、劳保鞋和手套、玩具等。

(二)农食品贸易规定

根据波兰《进出口农食品国家标准监督法》,农食品进出口商应向波兰中央标准检查局的分局、边境及地方标准检查点申请对其进出口农食品进行质量鉴定。申请应说明申请人、进出口商、商品名称、种类、数量、质量等级、包装方式、合同形式、供货人或生产商名称及地址、商品的出口目的国、建议鉴定的地点和时间、进出口商授权领取鉴定书或提出上诉的人员姓名、填写申请的地点、日期等。如对检查员鉴定结果不服,在接到鉴定书的同时可立即通过该检查员向中央标准检查局提出上诉,由中央检查局局长任命3人委员会进行复审。

受国家标准监督的农食品主要是:牛肉及内脏、猪肉及内脏、家禽肉及内脏、鱼、牛奶、黄油、奶酪、土豆、西红柿、洋葱、蒜、大葱、白菜、菜花、胡萝卜、蘑菇、果汁、咖啡、茶叶、调料、玉米、大米、黑麦、大麦、小麦、燕麦、面粉、食用油、白糖、饮用水、酒、香烟等。

(三)动物检疫规定

根据波兰动物检疫规定,活动物、鲜冻肉及肉罐头等进口商应向农业部(动物检疫司)申请动物检疫许可证。进口商品入境时由驻口岸的动物检疫员查验产地国签发的动物检疫证和波兰农业部签发的检疫许可证。申请检疫许可证时应说明产地国、目的国(若属转运)、商品种类和数量、波兰边境口岸名称、动物圈养或屠宰地的地区检疫员签发的检疫许可证。

目前,波兰只从那些向欧盟出口动物及产品的国家或地区进口同类产品,一旦欧盟停止从某地进口,则波兰立即采取同样行动。对波兰出口的肉及制品应来自获得向欧盟或美国出口许可权的企业,或根据双边协议经波兰农业部检疫人员实地调查认可的企业。

(四)植物检疫规定

波兰植物检疫工作由农业部下属的"国家植物检疫总局"负责。进口植物及植物产品应在波兰边境口岸接受驻口岸的植检人员检查,并出示产品原产国有关机构签发的植物检疫证书。如有必要,波兰检疫人员可取样化验。植检人员根据检查签发允许货物入境或销毁、退回的决定。

烘干的咖啡豆、茶叶、可可粉、植物调料、原装草药、冷冻果蔬、10公斤以下欧洲产鲜果蔬菜无需进行植物检疫。

禁止入境的植物、植物产品及有害生物目录由农业部部长发布。中波两国之间已经签署了植物检疫协定。

第四节　相关协议

一、 与服务贸易相关协议

1992 年欧盟通过了《马斯特里赫特条约》,1997 通过《阿姆斯特丹条约》,这两项法案的通过成为了欧盟制定其文化政策的法律基础和保障。至此,欧盟有权在文化方面采取行动,从而保护欧盟的文化历史遗产和文化多样性。同时,《阿姆斯特丹条约》还规定,欧盟将支持和鼓励其成员与非欧盟的国家或组织展开文化合作。2000 年,欧盟开展了一项总资金高达两亿多欧元的名为"文化 2000"的项目,旨在促进共同体的文化认同、共享文化遗产并鼓励文化多样性的发展,主要用于拨款支持艺术家和企业在各自领域的发展。主要行业有:

表演艺术、视觉艺术、文学、文化遗产保护和文化历史。

欧盟很重视发展文化创意产业。欧盟认为,文化创意产业是 21 世纪在新科技的发展下催生而成的一个具有潜力的全新行业。据欧盟预计,文化创意产业在未来将会占欧盟经济生产总值的 3% 以上,并且提供大量的就业机会。同时,文化创意产业也将在激活金融和资本投资上作出贡献。因此,欧盟成立了专门的委员会来管理和支持文化创意产业的发展。其中,被优先发展的文化创意产业领域有:教育创新领域、支持新兴艺术家的发展、创新环境发展以及与文化创意产业相关的产业政策。

波兰作为欧盟最重要的成员国之一,积极响应欧盟的文化产业政策,大力发展文化产业。波兰历史悠久,具有极丰富的文化底蕴。波兰《2004—2013 国家文化发展战略》将文化产业列为重点发展对象,并将文化遗产确立为文化发展和文化传播的基础,地区发展的源泉,提高国家旅游、投资和居住吸引力的引擎。

波兰根据本国的产业特点及艺术特色,在众多行业中以创意为核心竞争力,开拓出具有个性化的创意产品。近年来,波兰将文化创意产业作为政府重点扶持的项目,以开放的姿态,在世界创意产业的舞台上不断推出创意产品,展示特有的创意思想,占领了世界文化创意市场的一席之地,并且文化创意产业不仅涵盖大型跨国企业、大型国企,还包括中型、小型和微型企业以及个体经营商户等。与此同时,波兰仍然在不断加大文化产业发展力度,积极开展与世界各国的文化经贸合作。

二、 与中国签订的相关协议

中波经贸合作历史悠久。1949 年 10 月 7 日,中国和波兰建交。中波轮船公司是两国最早的合资企业,成立于 1951 年 6 月,也是新中国第一家合资企业。2008 年全球金融危机导致波兰等中东欧国家对核心欧洲的依赖有所减少，对外部投资和消费依赖加深。为维持其经济发展继续赶超战略，波兰等国普遍采取了"向东开放"政策，积极与欧元区以外的国家进行贸易与投资合作，其目光纷纷转向经济增长稳健的中国，对中国的贸易投资合作需求增加，促进了中波两国企业尤其是中小企业在矿产品、环境保护、化工产品、信息通信等领域的合作，以推进双边经贸合作的深化。2011 年 12 月，两国关系提升为战略伙伴关系，波兰是中东欧地区首个与中国建立战略伙伴关系的国家。目前，波兰是中国在欧盟第九大贸易伙伴和中东欧地区最大贸易伙伴，中国则已成为波兰第三大进口来源地、在亚洲地区最大的经贸合作伙伴。

近几年来，中波贸易进出口商品结构发生很大变化。在 1990 年以前，中波贸易是以记账贸易的形式实现的，中国向波兰出口的商品大部分是农副土产品、矿产品和轻纺产品。1990 年，中波贸易由记账贸易转向现货贸易，中国对波兰出增加了家用电器等产品的出口。目前，中国向波出口的主要商品有：机电、纺织、鞋类、家电、运输设备、钢铁、家具等，进口铜、化工、机电、钢铁、运输设备、纸制品、家具等产品。从进口结构看，中国从波兰进口的主要商品是采煤设备、建筑机械、各种机床、运载工具等，还有钢材、铜、化工原料和农产品等初级产品。

波兰是中国在欧洲的主要贸易伙伴，为促进彼此的双边贸易往来，两国签署了很多旨在促进贸易往来的协定，主要有：

《中华人民共和国和波兰共和国关于相互鼓励和保护投资协定》（1988 年 6 月在北京签署）；

《中华人民共和国和波兰共和国避免双重征税协定》（1988 年 6 月在北京签署）；

《中华人民共和国和波兰共和国经济贸易合作协定》（1993 年 9 月在北京签署）；

《中华人民共和国政府和波兰共和国政府海运合作协定》(1996年10月在华沙签署);

《中华人民共和国政府和波兰共和国政府财政合作协议》(2000年9月在华沙签署);

《中华人民共和国政府和波兰共和国政府经济合作协定》(2004年6月在华沙签署);

《中华人民共和国和波兰共和国关于建立战略伙伴关系的联合声明》(2011年12月在北京签署);

《中华人民共和国政府和波兰共和国政府关于加强基础设施领域合作协定》(2012年4月在华沙签署);

《中华人民共和国政府和波兰共和国政府关于共同推进"一带一路"建设的谅解备忘录》(2015年11月在北京签署)。

第四章
波兰服务贸易与投资合作主要领域和产业主体

第一节　重点产业领域及类别

一、重点服务业领域

（一）运输与仓储服务业

波兰位于欧洲中部，西与德国为邻，南与捷克、斯洛伐克接壤，东邻俄罗斯、立陶宛、白俄罗斯、乌克兰，北濒波罗的海，成为架起东西欧、南北欧的桥梁，因此造就出波兰高度发达的运输服务业。其中，公路和铁路运输是规模最大的部门，政府对其基础设施升级改造投入了大量资金，公路运输占货物运输总规模的 85.1%，而客运则仅占54.4%，相比而言，旅客运输市场则较为分散，铁路客运和空运各占43.5%和1.7%。[1]

2017 年，波兰硬面公路总里程 42.2 万公里，其中高速公路 1 768公里，总客货运量分别为 4.32 亿人次、15 亿吨。铁路运营总里程

---

〔1〕　https://www.emis.com/php/store/reports/PL/Poland_Transportation_Sector_Report_20162017_en_562895674.html.

19 209公里,其中电气化铁路11 854公里,占总里程的61.7%,[1]
铁路线密度为中欧国家的最低水平,每100平方公里国土面积内仅
有5.95公里铁路线。2017年,铁路客运量为3.03亿人次,与2010年
相比,铁路客运量占总客运量比重由31.2%上升至43.5%;货运量为
2.4亿吨,同比下降1.3%。波兰海洋运输条件有待改善,截至2017
年底,拥有远洋货轮89艘,载重243.5万吨。主要港口包括格但斯克
(GDANSK)、格丁尼亚(GDYNIA)、什切青(SZCZECIN)及希维诺乌
伊希切(SWINOUJSCIE)等。2017年,海上货运量为825.4万吨,较
上年同期增长13.9%。波兰拥有华沙、格但斯克、弗洛茨瓦夫和卡托
维茨等主要空港。截至2017年底,波兰共开通国际航线156条,通
往45个国家的71座城市,国内航线10条。2017年,航空客运量为
1 184.6万人次,较上年同期上涨34.9%,货运量为5.3万吨,尽管航
空货运较上年增长29.3%,但是在海陆空总运量中所占比重极小,不
足万分之一,而公路货运量仍占据首位,货运比重超过85%。

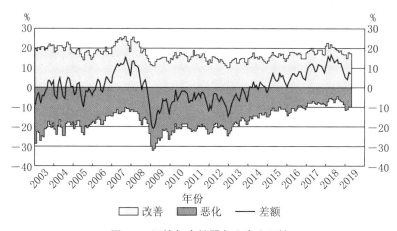

图4.1 运输与仓储服务业商业环境

资料来源:Business tendency in manufacturing, construction, trade and services
2000—2019(April 2019).

[1] 波兰国家统计局,Statistical Yearbook of the Republic of Poland 2018, pp.538—543。

波兰统计局对抽样企业关于经营现状及未来经营状况预期进行定期问卷调查,结果显示,2019年4月运输与仓储服务业商业环境指标为7.1,较上月7.7略有下降。17.1%的受访企业认为经营状况有所改善,约10%的受访企业认为经营状况进一步恶化,其他企业维持经营状况没有变化。自2018年12月以来,需求与销售指标首次出现改善,但目前企业营收状况并不乐观,对需求、销售及资产负债情况的预期较3月有所下降,交易完成后付款期限延长。

2014—2020年,欧盟结构基金中约274亿欧元将用于建设高速公路、铁路、公共交通体系、港口、航道,以及水资源管理系统和能源效率方面。目前,波兰共有铁路总里程1.9万公里,为提高运输效率、安全性和运输质量,政府计划至2023年铁路基础设施项目累计投资152亿欧元。投资项目包括实施欧洲铁路交通管理系统,以增加波兰运输产能,并将某些特定线路的运速提高超过160公里/小时。

(二)住宿餐饮服务业

自2012年以来,波兰就业状况持续改善,就业人数一直在增长,其中,就业增长率最高的两个行业为运输与仓储管理和信息与通信,就业增长率分别达到5.2%和4.8%。但伴随就业增长的工资收入差距进一步扩大,2018年,波兰全国平均工资4 585兹罗提(工资净额3 261波兰兹罗提),较上年增长7%。其中,信息与通信行业员工工资水平最高,平均工资超过7 980兹罗提。与之相比,住宿与餐饮行业雇员工资为各行业中最低,平均月薪仅有3 029兹罗提。波兰中央统计局数据显示,2018年波兰最低工资为2 100兹罗提,较2017年提高5%。[1]

调查显示,目前住宿餐饮行业中经营没有困难的企业占比13.7%,较上年下降7个百分点。认为经营面临困难的企业中,61.5%的企业表示最大困难与员工成本有关,其次为市场需求不足

---

[1] https://forumgastronomii.pl/gastronomia-i-zakwaterowanie-z-najnizszymi-placami/.

(31.8%)和国内企业竞争加剧(31.7%),与 2018 年相比,以上两类企业占比增加近 7 个百分点。相对而言,该行业仅有 9.5% 的受访企业认为来自外资企业的竞争对经营状况构成威胁,而 34.3% 的企业认为雇用到熟练技能劳动力较为困难(见图 4.2)。

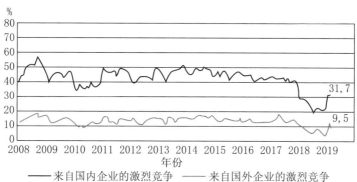

图 4.2 影响住宿餐饮业的因素

资料来源:同图 4.1。

（三）商务服务业

波兰商务服务业（Business Services Sector，BSS）优势逐渐显现，2015年就业人数达到19.35万人。波兰以其高质量服务、可忽略的文化差异、较小的时差成为美欧企业外包服务的首选。截至2015年底，波兰分别拥有信息技术服务和共享服务中心（Shared Service Center，SSC）368家和238家，占商务服务中心数量的43％和28％，分别提供就业岗位5.9万个和6.3万个。[1]传统外包服务以呼叫中心、人力资源和会计服务外包为主，但在政府优惠政策的引导下，越来越多的研发中心向波兰转移。此外，大量接受过高等教育的熟练劳动力流入大城市，使劳动力成本得以维持在较低水平。近年来，劳动力金融服务水平的提高吸引企业将资产管理服务外包给波兰企业。与此同时，财政部与经济委员会正积极合作，致力于修改相关法规，预期未来3—7年，资产管理服务将新增就业10万人。

1. 就业情况

2019年第一季度在BPO、SSC、信息技术和研发中心等部门就业人数较上年同期增长10％，即新增就业2.8万人，其中，55％的新增就业集中在波兰最大的商业服务中心所在地克拉科夫、华沙和弗罗茨瓦夫，绝大多数新增就业（85％）由外商投资企业创造。波兰超过1 000人的商业服务中心有54家，就业人员总数达到10.2万人，约为行业就业总数的三分之一。行业内最大的十家企业拥有雇员5.6万人，其中，只有两家波兰企业（Comarch和Asseco Group），其余均为外商投资企业。平均来看，BPO中心雇员270人，而研发中心212人，高于IT服务中心（146人），这主要是因为诺基亚、英特尔、通用（GE）、三星和摩托罗拉等研发服务企业规模较大，雇员人数占研发服务中心就业的30％。按各类服务中心来看，共享服务中心

---

〔1〕 Business Services Sector in Poland 2016，https://www.paih.gov.pl/publications/sectoral_studies.

(SSC)和全球商业服务中心(GBS)就业份额最高,达到33%,其次分别为IT中心(32%)、外包中心(18%)和研发中心(13%)。2016—2019年间,各类服务中心就业比重变化不大,但共享服务和信息技术服务就业呈现上升趋势,而外包和研发服务就业则分别下降3个百分点和1个百分点(见表4.1)。

表4.1　2016—2019年各类服务中心就业结构变化

(单位:%)

年　份	2016	2017	2018	2019
SSC/GBS	31	32	33	33
IT	30	31	32	32
BPO	21	20	18	18
R&D	14	13	13	13
其　他	4	4	4	4

资料来源:Business Services Sector in Poland 2019, https://www.paih.gov.pl/publications/sectoral_studies.

2.地理分布

商业服务就业分布于波兰50个城市,其中,19个城市就业超过1000人,该行业就业规模最大的11个城市雇员占行业就业比重高达95%。图4.3显示,克拉科夫在各城市中就业排名居第一位,创造就业岗位7万个,占行业就业比重约23%。其次,华沙和弗罗茨瓦夫(Wrocław)的商务中心各拥有雇员5.6万人和4.75万人。

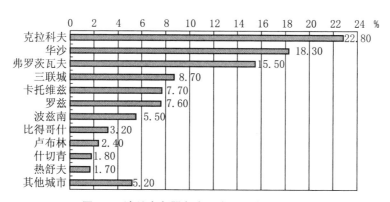

图4.3　波兰商务服务中心主要城市就业份额

资料来源:同表4.1。

截至 2019 年 3 月,华沙拥有商务服务中心 238 家,居所有城市之首,其他设立超过 100 家服务中心的城市有克拉科夫(217 家)、弗罗茨瓦夫(169 家)、三联城(146 家)、卡托维兹(102 家)和波兹南(102 家)(见图 4.4)。2018—2019 年第一季度,华沙新增商务服务中心 15 家,克拉科夫和三联城各新增 13 家和 12 家服务中心,以上三城市新增投资占该行业新增总投资的 45％。新增投资中,波兰企业创办中心达到 21 家,其次为美国企业(14 家)、德国(12 家)和英国(11 家)。新增投资主要流向 IT 服务,占比达到 43％,共享服务中心、研发中心和 BPO 各占 33％、15％和 8％。

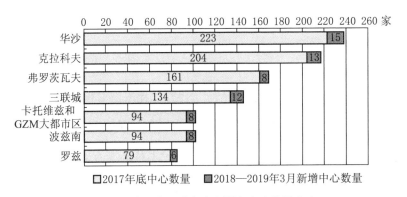

图 4.4 波兰主要城市商务服务中心数量分布

资料来源:同表 4.1。

3. 国别结构

主要商业服务中心集聚城市的就业结构,依据其母公司国别而呈现多样化趋势。图 4.5 显示,七大服务中心集聚城市中,包括华沙、三联城、弗罗茨瓦夫、克拉科夫和波兹南在内的五大城市美国公司就业比重占据主导地位,其中,华沙和三联城这一比例高达 38％。相对而言,卡托维兹地区波兰公司就业份额最高为 26％,而亚洲国家在罗兹的就业贡献最大,达到 24％。值得注意的是,北欧企业在三联

中国与波兰服务贸易与投资合作研究

城(18％)、罗兹(16％)和弗罗茨瓦夫(15％)提供的就业机会远高于全国范围内均值,类似的情况同样适用于德国、瑞士和英国公司,德国企业就业集中在波兹南(20％),而瑞士和英国企业创造的就业则分别集聚在弗罗茨瓦夫(13％)和克拉科夫(16％)。[1]

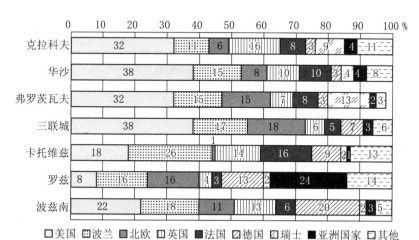

图 4.5   按母公司国别划分的波兰主要城市商务服务中心就业结构

资料来源:同表 4.1。

4.服务类别

波兰各类服务中心提供的商务服务种类多样化,大部分中心提供两种或两种以上服务支持,比如约 61％的共享服务中心提供包括金融、会计、IT 和人力资源在内的多种服务,仅有 3％的 GBS 功能单一。如果按照服务类别划分就业份额,则 IT 和金融会计(F&A)领域就业超过一半(51％),客户运营及银行、投资和保险服务(Banking, Financial Services,Insurance,BFSI)分列第二和第三位,就业人数占比分别为 14％和 13％。

----

[1] 北欧国家包括瑞典、芬兰、丹麦和挪威四国;亚洲国家包括日本、印度、韩国、中国、以色列、卡塔尔、土耳其和新加坡八国。

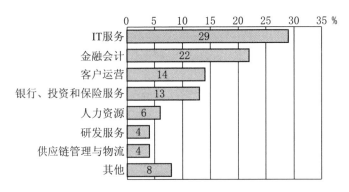

图 4.6 按服务类别划分的就业结构

资料来源:同表 4.1。

5.人力资本与工资

波兰约5%的大学提供专业化的商务服务类研究生项目,项目旨在培养能够胜任共享服务中心、外包、研发和 IT 中心工作的全面性专业化人才,如华沙经济学院(商务服务)、克拉科夫经济大学(未来全球商务服务)、罗兹大学(SSC/BPO 管理)和弗罗茨瓦夫经济大学(金融服务中心的金融会计)。该类硕士项目最大的特色在于主要课程几乎全部由业界精英来授课,使学生尽快适应国际背景下的商务环境。高等教育领域的创新为商务服务业的发展提供了人才储备,但调查结果显示,58%的受访企业担心未来人才竞争的加剧将是行业面临的严峻挑战。此外,各类服务人才工资涨幅差异较大,不同程度造成企业成本压力提高,如 2017 年 IT 服务人员工资较上年同期增长 17%,2018 年涨幅有所回落;2019 年,客服人员工资涨幅居各类涨幅之首,达到 8%,收付款会计(AP/AR)与一般管理岗位(GL)工资均上涨 4%。尽管劳动力成本的提高一定程度削弱企业的竞争力,但波兰经济持续增长带来的市场规模效应,将抵消一部分成本上升的压力。

(四)旅游业

波兰是一个稳定的民主国家,旅游业较为发达,拥有丰富的文化

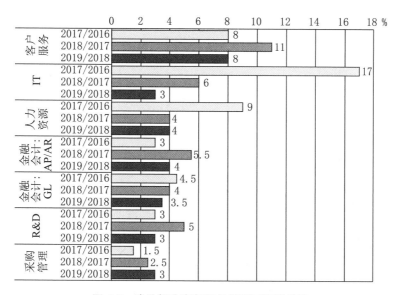

图 4.7　波兰部分商务服务类别工资增长率

资料来源:同表 4.1。

遗产和优秀的自然景观。波兰许多地区仍然保持着原始的自然风
貌。2019 年 4 月,波兰共和国驻华大使馆举办了波兰旅游商会和中
国邮政集团公司代表会议,赛熙军(Wojciech Zajączkowski)大使支
持双方在"一带一路"倡议下,签署了两国旅游交流发展合作备忘
录。联合活动包括为中国市场设计和印制文化旅游明信片,描绘
波兰最著名和最独特的旅游景点。同时,每张明信片为中国游客
在波兰旅行期间提供一系列折扣。下面将介绍波兰文化旅游的几
大特色。

1. 景点

克拉科夫(Krakow)位于波兰南部,距离华沙约 300 公里的维斯
瓦河畔,人口约 70 万人。它是中世纪波兰的首都,是波兰的第三大
城市,也是波兰重要的铁路枢纽,以历史名城和文化中心而闻名,是
旅游者必去之处。

克拉科夫是波兰南部中世纪古都和文化名城。中欧最杰出的艺

术与文化建筑群之一,主要包括瓦维尔山、中世纪的克拉科夫中心、南部维斯图拉河对岸的姊妹城卡齐米日,还有介于这两城之间的斯特拉多姆镇。克拉科夫自公元11世纪成为波兰的首都,14世纪开始成为国王的加冕地。18世纪末期,克拉科夫一度归属奥地利。克拉科夫被誉为波兰最美丽的城市,1978年被列为第一批世界文化遗产。克拉科夫拥有占地4公顷的中央广场,广场中央建于16世纪的纺织会馆中有各式纪念品商店,其中,以木制品、刺绣、皮革商品为主。波兰立国以来大多数王室的王宫——瓦维尔宫城堡坐落于此,以及安放历代国王石棺的瓦维尔大教堂。克拉科夫的36家博物馆收藏了大量珍贵文物和艺术品,超过200万件的艺术藏品大约占全国珍藏品的25%。各类国际文化活动以及特色各异的饭店、酒吧和咖啡馆更使这座城市散发着无穷的魅力,使克拉科夫成为波兰名副其实的旅游胜地。

2. 节庆日

波兰是个极度热爱自由和生活的民族,每年有许多大型节庆日。为了纪念耶稣顺利来到耶路撒冷的这一天,每年4月14日波兰各地的人们都有带着棕榈枝或褪色柳枝或其他自制野花花束到教堂祈福的传统。其中,位于波兰韦塞市(Łyse)的棕枝主日(Niedziela Pal-mowaw Łysych)庆典最具特色。教区的教众们带着棕榈枝列队穿过教区大大小小的街道,将受过祈福的"棕榈"带回家放在十字架或是圣像边上,直至来年的这一天。许多年长的人还会为大家讲述其中的故事,吞下柳枝上的萌芽会保佑你一年都健健康康。如今,这一天的庆祝活动中还包括复活节最美棕榈竞赛。[1]

草莓丰收节是波兰最大的露天活动之一,每年都会吸引成千上万名游客和草莓爱好者前来。波兰是欧洲第二大草莓生产国,波兰

---

[1] 波兰旅游局,https://www.bolan.travel/zh。

草莓主要产区的草莓生产者们会展示他们的草莓种植园区,销售新鲜和加工草莓。传说中的"草莓音乐节"也会在这里上演,除了音乐会还有各色草莓主题的摊位,卖草莓的摊主们会为最美味的草莓派和最大的草莓一决高下。[1]

主显节(波语:Trzech Króli,有出现或显示之意;东正教俗称为洗礼节)是天主教及基督教的重要节庆日,以纪念及庆祝耶稣在降生为人后首次显露给外邦人(指东方三贤士);主显节在基督教角度上的含义主要包括耶稣基督降生为人、东方博士(Caspar、Melchior 和 Balthasar)到伯利恒朝拜圣婴(耶稣),以及耶稣童年时被他的亲表哥圣若翰洗者在公元 30 年于约旦河,被领受圣洗前所发生过的所有事件。在波兰,每年 1 月 6 日会有教徒举行盛大游行,由三位贤者骑马穿越城市中心,重复演义圣经里的故事。

每年春分月圆之后第一个星期日是波兰的复活节,基督徒认为,复活节象征着重生与希望,为纪念耶稣基督于公元 30—33 年之间被钉死在十字架之后第三天复活的日子。按照习俗,在波兰最热闹的复活节活动是周六把一个里面有象征性食物的小篮带到教堂,在教堂被神父用棕榈树枝洒水降福,在周日早餐时吃这个篮子里面的食物会带来好运和健康。[2]

3. 美食

波兰地处欧洲中心,肥沃的土地上种植着种类繁多的农作物,广阔的森林里生长着大量的野生动物、野果和野菇,这些影响着波兰人饮食文化的形成。波兰人以肉类、马铃薯和奶油为主食。波兰人喜欢吃饭时先喝汤,汤的种类有红菜汤、酸奶油汤、蘑菇汤、牛肚汤等。特色菜有烤(煮)猪肘子、圆白菜肉卷、苹果烤鸭或饺子等。波兰人很

---

〔1〕 波兰旅游局,https://www.bolan.travel/zh。
〔2〕 搜狐网,《波兰一年竟然有这么多节假日》,https://www.sohu.com/a/158052395_768412。

爱喝酒,特别是啤酒、伏特加。伏特加的种类很多,用小麦制的和马铃薯制的都有,Wyborowa、Zytnia 和 Polonez 是其中较有名的。Zubrówka 里边泡有一棵欧洲野牛栖地的独有的草,是波兰最有特色的伏特加。经典的波兰饺子和罗宋汤,以及涂满果酱的甜圈、撒满糖霜的芝士蛋糕等都成为吸引游人的美食。

此外,波兰的小吃也很出名。酸菜"必高思"(Bigos)是波兰地道的传统美食,以腌制的圆白菜为基础,加入切碎的新鲜白菜,然后放入备好的牛肉料里,在热油里和洋葱一同翻炒,然后放入炒肉,肉的种类越多越好。再加入西红柿泥、干的野蘑菇、苹果以及多种香料和香草进行炖煮。波兰人在吃饭前先喝汤,其中,巴扎斯(红菜头汤)很受欢迎,食用时如配上香肠、卷心菜、土豆、酸奶油和黑面包,更是其味无穷。波兰的特色菜有奶油浓汤配小龙虾、炸牛肚、熏肉、德式泡白菜、奶油烩兔肉、烤鹿、熏火腿、熏猪腰等。

饮食作为文化现象的一部分,不仅与每个人的生活息息相关,而且更体现出一个民族一个国家的文化特点。波兰农牧业比较发达,波兰人至今还保留着许多游牧民族的特色,奶制品成为其饮食必不可少之物,包括奶酪、酸奶以及新鲜的牛奶。波兰人的饮食较杂,但以肉食为主,主要是红肠、火腿、奶酪,其次是蔬菜沙拉。波兰人酷爱冰激凌,一是因为他们多喜欢吃冷食,二是因为波兰的奶制品较为丰富。

4. 民族舞蹈

波兰地处欧洲中部,人民能歌善舞,民间歌舞艺术丰富多彩,具有浓郁的生活气息,鲜明的民族风格,在东欧民间歌舞艺术中占有重要地位。波兰民间舞蹈以中部马佐夫舍地区的玛祖尔舞、南部克拉科夫省的克拉科维亚克舞、沃波奇诺地区的奥别列克舞和腊维奇地区的波洛奈兹最有代表性,自 18 世纪起,广泛流行于欧洲各国。其中波洛奈兹舞、玛祖尔舞、克拉科维亚克舞被应用于著名舞剧《莱蒙达》和《天鹅湖》之中。

在历史岁月的河流中,波兰人民所具有的开朗、直率及坚忍不拔的性格,以它独特的民族民间歌舞形式表现出来。在波兰舞蹈中,以其中部的玛佐夫舍地区的民间舞蹈"玛祖尔"(Mazurek)最具有代表性,现今在各大芭蕾舞剧中出现的"玛祖卡"舞,就是源于波兰的"玛祖尔"。"玛祖卡"的音乐节奏为中速的三拍,重音变化较多,以落在第二、三拍上较为常见,情绪活泼热烈。舞蹈表现为男女双人集体舞,男舞者选择舞步的花样、动作,不断变换着舞步速度,他高傲、带着军人的风度;女舞者则以优美的身姿,被男舞伴领着,舞步轻盈地在舞池中飞跑。舞蹈动作有滑步、脚跟碰击、男子单腿跪、成对旋转、女子围绕男子轻快跑步等。

(五)文化娱乐产业

1. 出版业

波兰出版业的发展历程最早可以追溯到 1921 年波兰图书合作社的成立,出版马克思列宁主义著作和共产党刊物。1946 年成立国家出版社,1970 年成立出版总局,1984 年全国拥有国营与合作社出版社 44 家,主要出版社有图书与知识出版社、科学出版社、奥索佩斯基出版社、普及知识出版社、科学技术出版社、国家出版社、教育出版社等。1986 年,年度出书 9 881 种、2.3 亿册,期刊 2 986 种。[1]1976年,有组织的反对运动在波兰出现,这与独立(地下)出版有密切联系。1977 年,乔治·奥威尔的《动物农场》(Animal Farm)一书是地下出版社出版的第一本书。NOWA 是最著名的地下出版社之一,到 1980 年(团结工会运动诞生)该社出版超过 100 种图书。从开始实行军管的 1981 年到正式结束审查制度的 1990 年间,地下出版活动迅速发展,这期间有大约 200 家地下出版社出版了超过 2 500 种图书,

---

〔1〕 中文百科在线,http://www.zwbk.org/MyLemmaShow.aspx?lid=228011。

使波兰读者了解了诸如格拉斯（Gunter Crass）、索尔仁尼琴（Александр Исаевич Солженицын）和波普尔（Karl Popper）等作家的作品，其中，包括了大量被禁的波兰作家的作品。[1]

20 世纪 80 年代，波兰图书出版和发行机构都是国营的，大部分图书都有价格补贴。90 年代初，随着波兰中央计划经济体制的解体，国有图书发行公司相继倒闭，出版社数量激增，原有供货系统多实行私有化，大批私人书店出现。过去长期享受补贴、一直保持低价的波兰图书，不能再享受补贴。从 2001 年开始，波兰图书出版数一直处于下滑中，2003 年波兰共出版 22 430 种书，与 2002 年相比，降幅达 2.3%；新书亦减少 6.3%，2003 年出版 12 390 种新书，2002 年 13 230 种，2000 年则有 14 100 种。新书出版数量占总量的 55%，波兰新书比例比西方国家高。[2] 2007 年，图书出版数量出现反弹，达 21 810 种，较 2006 年增长近 10%，新书出版种数增长 10.6%，达 13 260 种。[3] 2012 年，波兰共出版新书 13 410 部，较 2011 年增长 10%，但图书出版市场的总产值仅为 26.8 亿兹罗提（约 8.05 亿美元），比上年下降了 1.5%。与横扫其他国家图书市场的情况类似，E.L.詹姆斯的《五十道阴影》三部曲也成为 2012 年波兰最畅销的图书，截至 2012 年年底，该书累计销量已达 55.7 万本。[4]

2014 年，波兰图书批发市场总销量估值达 24.8 亿兹罗提（约 5.821 亿欧元），较 2013 年 26.8 亿兹罗提下降 7.5%（见表 4.2）。主要原因在于实体书店销量持续下降，尽管网络销量大幅增长，但网络销量创造的收入并没有弥补传统市场的损失。业务下降和经济不景气的大环境对波兰图书市场产生明显的不利影响。自 2011 年 1 月 1

---

〔1〕 舒外：《开放后的波兰出版业》，《出版发行研究》2001 年第 4 期，第 54—56 页。

〔2〕 万丽慧：《波兰：畅销书多出自小出版商》，《出版参考》2006 年第 7 期，第 33 页。

〔3〕 中文百科在线，http://www.zwbk.org/MyLemmaShow.aspx?lid=228011。

〔4〕 波兰图书商会：《计划启动图书限价政策》，http://media.ts.cn/content/2013-08/19/content_8581999.htm。

日起,波兰财政部开始对图书零售批发征收5%的增值税,直接导致图书零售价格上涨10%,教材更是上涨了15%—20%。另一因素为政府政策的影响,2014年开始,波兰教育部针对教材销量和用途规定波兰小学一年级配有免费教材,由教育部设计和发行。因此,教育出版社和发行商失去了这一市场。同时,在教材教辅及外语教材方面引入集中融资,零售部门购买政策的失误也一定程度上导致销量下降,尤其在2013年假日销售季前,大型连锁书店在销量明显回暖的情形下没能保持势头,反而造成长达数月的销量下跌。与此同时,出版社对库存图书进行大范围减价,大型书店和网店又进行价格战,使新书的售价减少25%—35%。[1]

表4.2 2010—2014年波兰出版图书市场格局

(单位:亿兹罗提)

年 份	2010	2011	2012	2013	2014
销售额	29.4	27.1	26.7	26.8	24.8
增长比	3%	−8%	−1.5%	0.4%	−7.5%
收 入	7.35	6.58	6.39	6.40	5.82

资料来源:http://www.cbbr.com.cn/article/106032.html.

波兰图书市场占欧洲出版市场的近3%,而全国人口为欧盟总人口的7.5%。波兰出版业从2011年开始就处于停滞状态。自2014年起,波兰政府开始实行中小学教科书全面免费,受政策影响,教材出版市场大幅萎缩,教材出版市场的总收入减少超过40%。如表4.3所示,2014年平均印数从2013年的3 783册下降至3 236册。图书的整体印刷量也明显减少,从2013年的1.124亿册下降至1.051亿册。同时,书店间的价格战也愈演愈烈,大型连锁书店利用价格优势

---

[1] 《年度国际出版趋势报告——波兰分报告》,http://www.sohu.com/a/111845364_268716。

打压小型独立书店,导致出版市场出现现金流问题,最终使得整个市场蒙受损失。[1] 根据波兰国家图书馆编辑的 ISBN 数据库,到 2016 年中期,波兰注册的出版商有近 45 000 家,但其中活跃的(一年中出版几本书)仅为 20 003—32 500 家。波兰出版市场高度集中,300 家最大的出版公司占有近 98% 的份额。600—700 家公司每年出版十多种书。据 Biblioteka Analiz 估计,2015 年,有 250 家公司的营业额为 100 万兹罗提,营业额超过 200 万兹罗提的大约为 120—130 家。其他大多数注册的出版商发行的图书数量非常有限,无法参与出版市场。随着波兰对创新产业和新技术投入的增加,软件迭代速度加快,新技术不断推出,专业出版商几乎全部从纸质书出版转向了在线专业信息系统的建设。

表 4.3 2010—2014 年图书出版量变化

年 份	2010	2011	2012	2013	2014
图书出版量(种)	24 380	24 920	27 060	29 710	32 480
新印书(种)	13 430	12 180	13 410	15 580	18 870
首印(亿册)	1.39	1.224	1.079	1.124	1.051
平均印数(无副本)	5 710	4 910	3 987	3 783	3 236

资料来源:http://www.cbbr.com.cn/article/106032.html.

尽管波兰出版市场发展历程并不长,但由于 20 世纪 90 年代中期外资的进入,尤其是在专业出版领域,促使其出版市场的国际化。波兰移民遍布欧美,使波兰图书更容易走向国际市场。以亚历山德拉·米热林斯基和丹尼尔·米热林斯基创作的童书《地图》为例,堪称风靡全球,到 2016 年,销量超过 200 万册,在世界各地出版了 20 多个版本。波兰的创意产业在国际上也获得了认可。比如由波兰作家安德烈·萨普科夫斯基创作的奇幻小说《猎魔人》(The Witcher)

---

[1] 《波兰出版业:市场集中度高,数字化进程提速》,http://ipubl.com/site/gjcb/bg/info/2017/581.html。

改编的游戏《巫师》系列火爆整个游戏产业,曾被称为"波兰国宝级游戏"。波兰与中国一样拥有深厚的历史文化底蕴,尤其是波兰著名作家、诺贝尔文学奖获得者亨利克·显克维奇(Henryk Sienkiewicz)创作的历史长篇小说《十字军骑士》,述说十字军骑士团的侵略罪行导致的格隆瓦尔德大战,描绘了波兰人民在这场大战中取得的历史性辉煌胜利,在波兰文学史上占有极重要的地位。2016 年是亨利克·显克维奇 170 年诞辰与逝世 100 周年,又被称为亨利克·显克维奇年。

波兰的有声读物市场具有很强的市场竞争力。波兰本土的有声读物出版公司 audioteka.pl 在欧洲有声读物销售中扮演着关键角色,audioteka.pl 公司目前已推出了全球 14 种语言超过 2 万种图书的有声读物版。2016 年 8 月 24 日,由波兰 Audioteka、波兰书会和中国出版集团共同主办的"《十字军骑士》中文版有声书发布会"在北京国际展览中心顺义新馆举行。[1]2016 年 5 月 11 日,在主题为"波兰图书市场:观察、趋势和发展"的会议上,波兰出版商索尼娅·德莱格介绍了波兰出版市场的基本布局:两大实力强劲的书商(Empik 和 Matras),两个专业发行商,数以千计小出版商以及 15 到 20 家规模较大的出版社。与其他发展中国家一样,波兰销售最为强劲的图书来自专业、教育及童书板块,小说和非虚构作品占波兰图书市场份额的 39%,童书和旅行书籍各占比 23%和 10%。[2]

如表 4.4 所示,2017 年波兰十大出版商中,前四大出版社图书销售收入较上年均有所增长,其中,第一大出版社 Nowa 销售收入增长 28.3%。与此相对,另外四家出版社销售收入出现了不同程度的下

---

[1] 中国出版集团牵手波兰推出《十字军骑士》中文版有声书,http://www.cnpubg.com/news/2016/0826/30419.shtml。

[2] 韩玉、瞿磊:《为什么波兰成为世界三大书展的主宾国?》,http://www.bookdao.com/article/214662。

降,其中,SIW Znak 收入下降达 20.1%,一定程度上表明波兰图书出版市场竞争激烈。2017 年,出版业就业进一步下降 0.25%,雇员人数约为 4 630—4 750 人。平均图书价格由 2013 年的 9.14 欧元,小幅增至 2017 年的 10.12 欧元。

表 4.4　2017 年波兰前十大出版社及其销售收入

（单位:百万兹罗提）

排序	出　版　社	2017 年图书销售收入	2016 年图书销售收入
1	Nowa Era	369.60	264.99
2	Wydawnictwa Szkolne i Pedagogiczne	/	230.00
3	Wolters Kluwer Polska	218.50	212.17
4	Wydawnictwo Olesiejuk	115.50	96.00
5	Pearson Central Europe	102.47	111.3
6	Grupa Edukacyjna	87.43	92.26
7	Ameet	76.62	84.36
8	SIW Znak	72.81	87.45
9	C.H. Beck	65.00	61.06
10	Macmillan Polska	48.19	41.30

资料来源:The Polish Book Market 2018, Rynek książki w Polsce 2018 by Biblioteka Analiz Sp. z o.o.

表 4.5　2011—2017 年波兰出版各类图书销售收入

（单位:%）

年　份	2011	2012	2013	2014	2015	2016	2017
主流文学	13.1	12.9	13.2	12.3	11.6	12.1	12.8
儿童读物	5.9	5.6	6	7.3	7.7	8.4	11.1
学校指定图书	2.2	2.1	2	0.6	0.5	0.4	1.5
教科书	30.1	31.5	31.5	30.4	29	28	26.6
学术专业图书	36.3	36.5	36.5	37.9	39.2	39.8	37.2
图画书	4.3	3.9	3.9	4.6	5	5.3	5.4
宗教图书	5.8	4.5	4.1	3.8	3.9	3.6	3.4
其他(包括乐谱和地图)	3.5	3	2.8	3.2	3.1	2.4	2

资料来源:同表 4.4。

近几年来,儿童读物和插图书籍是波兰图书市场为数不多的收入增长源,其中儿童读物销售收入占比达到 11.1%。波兰童书代表之一的 Aleksandra 和 Daniel Mizielińscy 创作的大型儿童地图册系列 Maps,被翻译成 20 多种语言出版,在全球范围内售出超 200 万本。2017 年,出版市场销售收入的主要来源仍然为教科书和学术专业书籍,分别占总销售收入的 26.6% 和 37.2%。其次,主流文学类出版物在波兰出版市场中扮演了重要角色,收入占比为 12.8%,仅次于教科书和专业书籍。其他学校指定图书和宗教图书虽然占比不大,但也对波兰出版收入作出了重要的贡献。

2. 影视产业

在东欧,波兰是仅次于俄罗斯的电影大国。波兰电影的历史源远流长,尤其是在 20 世纪五六十年代,波兰电影走向了自己的辉煌时期,其中著名的罗兹电影学院具有举足轻重的地位,培养了几乎所有的波兰电影人。罗兹电影学院孕育出享誉世界影坛的波兰电影学派,其中的代表人物如蒙克(Andrzej Munk)、瓦伊达(Andrzej Wajda)、霍夫曼(Josef Hofmann)、哈斯(Wojciech Has)、基耶斯洛夫斯基(Krzysztof Kieslowski)、波兰斯基(Roman Polanski)等。2000 年,瓦伊达获得了奥斯卡终身成就奖,使得整个波兰受到振奋,将千禧年视作一个新的开始。进入 21 世纪以来,波兰电影产业向国际化、大制作、联合出品迈进,波兰电影年产量稳步增加。2005 年,故事片产量为 29 部,2006 年增加到 37 部,2007 年略有下降为 31 部。随着全球电影业国际化的趋势,联合出品、国际发行成为波兰电影产业最明显的变化。据统计,波兰 2006 年的合拍片有 2 部,2007 年剧增到了 10 部,《虎年之恋》(Love in the Year of Tiger, 2005)是波兰数家影视机构与中国长春电影制片厂联合摄制,开辟了波兰与中国合作的新模式。[1]

20 世纪 80 年代以来,波兰电影工作者更加深入生活,力图反映

---

[1] 黎煜:《转型后的波兰电影(1989—2008)》,《当代电影》2009 年第 1 期,第 80—86 页。

与当时政治形势有关的问题,同时也更加注意表现人的内心世界,不同的创作者表现出不同的观点和倾向性。纪录电影在整个波兰电影业中占有重要地位。它密切反映现实,表现形式多样化,作品风格独特,形成具有特色的波兰纪录电影学派。2005 年,波兰实施新的电影法规并成立波兰电影研究所,波兰电影不仅产量开始迅猛增长,并且质量不断提高。截至 2017 年 3 月,波兰共拥有 508 家影院,其中多厅影院 125 家,艺术影院和地区影院共计 383 家,银幕数量为 1 338 块。2014 年和 2015 年是波兰电影最成功的时期之一,首先,保罗·帕夫利克夫斯基执导的黑白影片《修女艾达》,于 2014 年 12 月 13 日赢得了包括最佳影片、最佳导演、最佳编剧、最佳摄影以及观众选择奖在内的五项大奖,成为第 27 届欧洲电影奖的最大赢家。之后,该片又获得了 2015 年第 87 届奥斯卡最佳外语片奖。2015 年波兰的两部纪录片也得到了奥斯卡最佳纪实短片奖的提名,分别是安内塔·科帕兹执导的《乔安娜》(Joanna)、托马斯·史利文斯基执导的影片《我们的诅咒》(Our Curse)。波兰电影在其他的国际电影节上也获得了成功,如玛寇札塔·叔莫斯卡获得 2015 年柏林国际电影节最佳导演银熊奖、宝琳斯卡·史可毕尼斯卡执导的影片《对象》(Object)获得了圣丹斯电影节特别评委会短片奖等。[1]

2016 年,波兰摄制了约 40 部故事片和数百部纪录片、动画片和短片。尽管波兰的电影产量有限,截至 2016 年,波兰电影共 10 次入围奥斯卡最佳外语片奖提名。在过去的 5 年中,波兰电影共获得 7 项奥斯卡提名和 17 项欧洲电影大奖,并在戛纳、柏林、圣丹斯和威尼斯等著名的国际电影节上大获全胜。在波兰众多有名望的导演中,波兰最伟大的导演安杰依·瓦依达(Andrzej Wajda)是"波兰学派"的旗帜人物,也是波兰电影学校的创办人,他执导的二战三部曲在国

---

〔1〕 董立晶:《波兰电影生产扶持机制研究》,《当代电影》2017 年第 8 期,第 88—94 页。

际上享有盛誉,除此之外,他执导的四部电影获得过奥斯卡最佳外语片奖提名,分别是《应许之地》(1975年)、《威克的女孩》(1979年)、《波兰铁人》(1981年)及《爱在波兰战火时》(2007年),并在2000年获得奥斯卡终身成就奖。

波兰电影的快速发展,与波兰电影法规的保驾护航、波兰电影委员会的资金支持和专业电影组织的建立等密不可分。主要体现在波兰有相对成熟、发达的电影法律及法规,规范电影的生产制作,为电影的制作及合拍、发行、放映等保驾护航,为电影行业营造了健康、良性竞争、规范制作的环境。根据波兰法律,增值税包括在波兰提供的有偿服务。这意味着大多数电影制作服务,如和拍摄相关的服务或涉及运输、住宿、餐饮等形式的电影制作后勤服务,都需要缴纳增值税。在波兰的商业实体可以申请增值税退税。除了增值税之外,还有版权、集体版权管理组织、波兰舞台艺术家协会、作家协会等组织,保护相关作者的权利和利益,也为电影业的良性竞争提供了空间。[1]

目前,波兰有三大电影制片公司,分别是华沙纪录片和故事片电影公司(Wytwórnia Filmów Dokumentalnych i Fabularnych,WFDiF)、位于弗罗茨瓦夫的弗吉尼亚州立大学ATM集团(Grupa ATM)和位于克拉科夫的Alvernia制片厂。WFDiF成立于1949年,是波兰最大的国有电影制片厂,为故事片的生产和制作提供全方位的服务,并为纪录片制作提供资金支持。ATM是波兰最大的电视制作团体,该集团是从事电视、电影、在线视频和电脑游戏制作的专业公司,并为电视和电影产品提供营销服务。Alvernia制片厂是波兰最大的私营电影制片厂,它综合电影摄制、室内制作和联合制作于一体。该制片厂摄制的故事片面向国际发行,同时有音乐制作、广告制作和视频游

---

[1] 董立晶:《波兰电影生产扶持机制研究》,《当代电影》2017年第8期,第88—94页。

戏制作等专业公司。

2012 年波兰电影委员会(Film Commission Poland,FCP)重新成立,致力于推动波兰电影业的发展和协调国际市场拍摄地。波兰电影制片人协会(Stowarzyszenie Filmowców Polski,SFP)是波兰最大的电影和电视专业人士的组织,其主要任务是整合电影界,保护电影行业的利益。其中,音像作者和制作人联盟(Związek Autorów i Producentów Audiowizualnych,ZAPA)是波兰最成功的集体管理组织之一,自成立以来,ZAPA 不断加强波兰版权市场的管理,提高波兰电影业国际地位,监测有线电视运营商的动态市场。2014 年,由美国著名导演史蒂文·斯皮尔伯格执导、奥斯卡影帝汤姆·汉克斯主演的冷战题材影片《圣詹姆斯公园》(St. James Place)的部分镜头在波兰西南部城市弗罗茨瓦夫市中心搭景拍摄。同年,日本历史影片《杉原千亩》(Persona Non Grata)也在华沙、格但斯克、罗兹和下西里西亚省等地取景拍摄,使波兰作为国际电影拍摄地及合拍片拍摄地而名声大噪。波兰公司为国际拍摄项目提供一流的专业服务,极高的语言能力和有竞争力的价格,使波兰在中东欧地区更具竞争力。

为推动波兰电影业的发展,国家电影协会和各类专业电影基金会为波兰电影的发展提供资金支持,为制片人提供合作机会。2015 年,波兰电影协会拨付了总额达 3 000 万欧元的资金,其中电影制作费 2 070 万欧元,电影教育及电影文化传播费 400 万欧元,电影基础设施开发费 260 万欧元,波兰电影的海外推广费 180 万欧元。波兰还具有非常发达的区域电影基金网络,作为联合制片人参与到影片制作中,或以无偿赠款或退款形式支持电影拍摄,波兰电影基金提供的扶持可高达电影预算的 50%。随着全球电影业国际化的趋势,联合出品、国际发行已经成为波兰电影产业最明显的变化。

3. 动漫产业

2017 年上海国际电影节安排了波兰当代动画短片的特别放映,

波兰大使馆文化处和上海师大世界电影研究中心请来电影史学家马辛·季日茨基(Marcin Giżycki)举办讲座,介绍波兰动画的沿革。波兰的动画短片轻娱乐性而重艺术性,轻叙事而重概念,轻观众取向而重个人表达。其中,代表作有拉迪斯洛夫·斯塔维奇(Władysław Starewicz)的《甲壳虫的决斗》(A fight of Stag Beetles),他是定格动画的先驱,更是"木偶动画之父",世界上的第一部木偶动画《美丽的拉卡尼达》(The Beautiful Lukanida)就出自他之手。《甲壳虫的决斗》被视为第一部由波兰人制作的动画。1917年,波兰境内诞生了第一部动画《诱惑椅子》(Flirting Chairs);波兰先锋派画家米切斯洛夫·史楚卡(Mieczysław Szczuka)创作于1924年的《一部抽象电影的五个瞬间》(Five Moments of An Abstract Film);还有海默森夫妇在1930年完成的《药房》(Pharmacy),被称为"活动的黑白照片",也是实验电影的开山作品之一。1947年,第一部由波兰国有工作室制作的动画《克拉古斯国王的时代》(In the Time of King Krakus),也是第一部在电影院内放映的波兰动画,[1]它的创作者泽农·瓦西列夫斯基(Zenon Wasilewski)被称为"波兰动画之父"。瓦西列夫斯基的另一大贡献是1947年在罗兹创立了Se-Ma-For工作室(字面含义为"小短片"),从创立之初到现在,Se-Ma-For制作了超过1 400部动画作品,获得超过300个奖项,其中《探戈》(Tango)和《彼得与狼》(Peter & the Wolf)分别在1983年和2008年赢得奥斯卡最佳动画短片奖。[2]

从20世纪初期到第二次世界大战结束,这期间可以被视为波兰动画的萌芽期。这段时间内,波兰动画的创作尚在亦步亦趋的探索阶段,其中既有前无古人的创造发明,也不乏对华特·迪士尼的模

---

[1] 澎湃新闻,《波兰电影史学家:99%动画都由国家投资拍摄》,https://m.thepaper.cn/newsDetail_forward_1746782。

[2] 韦伊:《波兰动画百年——寻找〈至爱梵高〉的源头》,https://www.thepaper.cn/newsDetail_forward_1746781。

仿;既有用作教育的短片,也有对达达主义、超现实主义等艺术运动的呼应。一方面,波兰在二战中遭遇重创,城市变得面目全非,首都华沙90%的建筑毁于炮火。这间接导致波兰动画的风格在战后走向黑暗。另一方面,赖于社会体制的变化,各种国营工作室从无到有,将波兰动画推向了一个迅速发展的时期。动画人付出的相应代价是,个人的创作追求不得不多少向政治宣传的需求妥协。即便如此,杰出的艺术家还是能够脱颖而出。[1]

作为波兰战后文化而生的动画学派,是波兰影史上最具多样性的一次艺术运动。这种多样性来自众多艺术家、电影大师所创造出的文化现象符号。这种多样性也是波兰动画20世纪50年代和60年代在整个世界动画艺术现象中的标志。它是波兰民族文化的代表,是为民族自由和解放,为波兰在社会、政治和文化上的独立而奋斗的文化。在波兰第一代动画导演 Lenica 和 Borowczyk 的影片以及他们的后辈波兰第二代动画导演的影片中,悲观主义成为最显著的特点。这种悲观主义是一种影片深度的贡献。这种悲观主义伴随着哲学的思考,成为波兰当时那个年代动画片的显著特色。在这样的艺术氛围下,老一辈的动画导演(如 Daniel Szczechura、WitoldGiersz、Mirostaw Kijowidz、Kazimierz Urbanski 等)和他们的继承者(如 Stefan Schabenbeck、Julian Antoniszczak、Ryszard Czekala、Jerzy Kucia),以及更年轻的一代动画人(如 Zbigniew Rybczynski、Jerzy Kalina、Piotr Dumala 等等),都通过作品中那种讽刺寓言性的语言表现了某种政治倾向或表达了某种政治评论。社会与政治解放的问题,以及在20世纪波兰和世界艺术文化中崇尚自由想象的精神,都是波兰动画学派最重要的表现主题。[2]

---

〔1〕 韦伊:《寻找〈至爱梵高〉的源头》,https://www.thepaper.cn/newsDetail_forward_1746781。

〔2〕 百度新闻:《北京动画设计三维动画把现代先锋艺术的技艺囊括其中》,http://www.cm-ad.com/news/14653755691240.htm。

2002年,托米克·巴津斯基(Tomek Baginski)制作的第一部个人动画短片《The Cathedral》获得了奥斯卡最佳动画短片的提名,并获得当年国际动画界的最高荣誉 SIGGRAPH 最佳动画短片奖。随后 2004 年他的作品《堕落的艺术》(Fallen Art)相继获得 SIGGRAPH 评委会大奖、英国影视艺术学院奖(BAFTA),继而 2009 年他的作品《电影放映机》(The Kinematograph)更在威尼斯电影节上获得金狮奖提名。此外,曾风靡欧洲大陆的电脑游戏《巫师》系列中一段段精彩至极的动画,更是为托米克囊括了无数动画和游戏界的重要奖项,也让 Platige Image 成为欧洲当时最炙手可热的动画特效制作公司。但更重要的是,他让全世界重新认识了波兰以及波兰的动画电影及制作。[1]

波兰动画是波兰文化的重要组成部分,波兰一直非常重视动画产业的发展。波兰动画特点鲜明、音乐优美、技术高超、制作精致,其动画片中的人物全部是由设计工程师们将每一个人物先制作成木偶,然后再进行拍摄,因此波兰动画片中的人物形象都鲜明生动、灵气活泼、栩栩如生。特别是《在国王 Krakus 时间》(1947 年,导演泽农斯基)、《马戏团》(1954 年,导演弗拉基米尔 Haupe)、《小小四方》(1965 年,导演爱德华 Sturlis)等一批备受观众欢迎的动画片。2011 年 8 月 31 日,由波兰驻华大使馆、波兰 ETIUDA & ANIMA 国际动画节和中外文化交流中心联合举办的北京"波兰动画日"活动中,波兰驻华大使塔德乌什·霍米茨基(Tadeusz Chomicki)认为,"文化是人与人之间最重要的沟通纽带,音乐无国界,绘画、舞蹈,特别是芭蕾也是最能沟通人思想和心灵的艺术表现形式,而电影是介于上述两种艺术类型之间,'波兰动画日'能起到沟通波中人民友谊,推进波中

---

〔1〕 外滩画报:《解读波兰奇迹》,http://bschool.hexun.com/2013-06-18/155246709_1.html。

文化交流的作用"。[1]

2017年12月,中国波兰国际动漫企业峰会在南京举办,中波动漫企业达成战略合作协议,携手进军国际动漫市场。波兰电影协会国际联络部部长玛利亚(Maria Gradowska-Tomow)希望和中国加强在电影文化产业方面的合作,并以此次峰会为契机,打造有成效的务实合作项目。作为中国原创动漫的主要力量,2006年南京博铎动漫有限公司把目标瞄准国际市场,并与波兰Animoon动画公司合作共同开发、制作动画电影《我是哪吒2》,以此推进中波之间的文化交流。波兰Animoon动画公司作品《HUG ME》荣获2017年第27届法国昂西动画节电视奖,公司投资制作的《姆明和冬季仙境》入围2017年第90届奥斯卡最佳动画长篇奖,公司总裁瓦维克(Grzegorz Wacławek)表示《HUG ME》第二季将与中国动漫企业合作开发。

二、 中国与波兰文化贸易合作潜力与交流情况

随着中波两国高层频繁交往,波兰成为中东欧地区首个与中国建立战略伙伴关系的国家。2016年6月,习近平主席访问波兰期间同波兰总统杜达举行会谈,两国元首高度评价中波传统友谊和双边关系发展,一致决定将中波关系提升为全面战略伙伴关系,加强交流合作。波兰总统杜达(Andrzej Duda)也表示,波兰愿在波中全面战略伙伴关系框架下,通过中国—中东欧国家和"一带一路"合作平台及亚洲基础设施投资银行,深化同中国经贸、人文等各领域合作,使波兰成为中国进入欧洲的窗口。在"一带一路"倡议和"16+1"合作框架下,中波在文化领域的交流合作不断深入,双方在文化创意产业方面的合作前景广阔。

---

〔1〕《北京"波兰动画日"活动在波兰大使馆举行》,http://arts.cntv.cn/20110916/110004.shtml。

（一）音乐艺术产业

波兰音乐是欧洲斯拉夫民族最古老的音乐文化之一。这块充满文艺气息的土地培养了一批世界著名的音乐家,如弗雷德里克·肖邦(Fryderyk Chopin)、卡罗尔·席曼诺夫斯基(Karol Szymanowski)、克里斯托弗·潘德列茨基(Krzysztof Penderecki)、沃伊切赫·基拉尔(Wojciech Kilar)、莫妮卡·布罗德卡(Monika Brodka)等,其中最重要的最具代表性的人物就是弗雷德里克·肖邦(Fryderyk Chopin)。肖邦是波兰音乐史上最重要的人物之一,同时也是欧洲 19 世纪浪漫主义音乐的代表人物。他一生创作圆舞曲、夜曲、波兰舞曲等 200 多部,作品多以钢琴曲为主,以波兰民间歌舞为基础,曲调热情奔放,结构灵活自如。波兰珍视其音乐传统,这片土地同样培育了人们对音乐的热爱,使波兰充满音乐的艺术气息。

波兰克拉科夫音乐学院坐落于欧洲文化历史名城,文化底蕴深厚,音乐氛围浓郁。克拉科夫音乐学院成立于 1888 年,是波兰最古老的音乐学院之一,学校由创新、演奏与音乐教育学院,乐器演奏学院,声乐与表演学院及其他部门组成。学院的教学领域包括:打击乐器、长号、长笛、竖笛、双簧管、萨克斯管、低音管、法国号、喇叭、古典吉他、巴洛克小提琴、古大提琴、手风琴、小提琴、中提琴、大提琴、低音提琴、钢琴、管风琴、古钢琴和室内音乐等。[1]学院培养了许多著名的演奏家、歌唱家、指挥家和作曲家,其中克里斯托弗·潘德列茨基是其最杰出的代表之一,他创作的《广岛受难者的挽歌》(Threnody for the Victims of Hiroshima)获得了联合国教科文组织大奖,他创作的作品获得众多国内外奖项,包括波兰国家奖、波兰作曲家协会奖、两项格莱美奖和国际古典音乐大奖等。经过 130 多年的沉淀与发展,克拉科夫音乐学院的作曲、指挥、电子音乐、钢琴、小提琴以及

---

[1] https://www.amuz.krakow.pl/en/.

长笛专业在各自领域内都具有国际先进水平,以著名作曲家潘德列茨基为首的"克拉科夫作曲学派"在全世界上享有盛誉。

2015 年 5 月,中国中央音乐学院与波兰克拉科夫音乐学院签署了校际合作交流协议,并在北京音乐厅举办了双方联合乐团交响音乐会。同年 11 月,欧洲三大现代音乐节之一的"华沙之秋"国际现代音乐节在北京音乐厅成功举办,中国音乐学院紫禁城室内乐团用琵琶、古筝等乐器演奏波兰音乐家创作的中国器乐作品,开创了中波两国音乐家双向互动性交流模式,搭建起两国音乐文化传播互鉴的平台。2017 年,在华沙举办的"华沙之秋"国际现代音乐节邀请我国作曲家秦文琛首演其新作——笙协奏曲《云川》。同年 9 月,首届"中国—中东欧国家音乐学院院长论坛"上合作成立了"中国—中东欧国家音乐院校联盟",共同探索不同国家、民族之间文化艺术合作共赢、共同发展的新模式、新样板。依托《2016—2019 中波两国文化合作议定书》,2016—2018 年"波兰艺术圈—中国行"活动已连续举办三届,以促进中波两国艺术家的合作与交流,艺术交流活动包括流行音乐会、钢琴音乐会、爵士音乐会、爵士大师班、学术交流、平面作品展等形式,加强中波文化的交流融合。

(二)传统歌剧产业

斯坦尼斯拉夫·莫纽什科(Stanisław Moniuszko)是波兰民族歌剧的创始者。在莫纽什科创作的歌剧中,最有代表性的是《哈尔卡》,这是波兰第一部真正意义上的民族歌剧。莫纽什科一生写有 20 余部歌剧,他的音乐具有浓郁的民族色彩和较强的现实社会的进步倾向,他的歌剧作品是波兰民族歌剧走向成熟的重要标志。华沙大剧院(Teatr Wielkiw Warszawie)建于 1825—1833 年,后经过多次重建,是欧洲规模最大的剧院之一,位于波兰华沙的剧院广场。1795—1918 年波兰政治统治衰落期间,该剧院在波兰作曲家和编舞家制作的许多作品中发挥了重要的文化和政治作用。莫纽什科(Stanisław

Moniuszko)创作的两部最著名的歌剧《森林伐木工》(Halka,1858)和《可怕的庭院》(The Haunted Manor,1865)在剧院首演。除创作歌剧与音乐作品之外,莫纽什科还在 1858 年至 1872 年担任华沙歌剧院的导演。[1]

中国戏曲与欧洲歌剧诞生于不同的社会文化背景,主导其发展的创作者也不同。与中国戏曲不同的是,歌剧诞生的主导者不是文学家,而是音乐家,这使得两者在具体的特征上具有较大的差异。例如,中国戏曲以戏剧为核心,角色划分是遵照不同角色的特征进行的,而歌剧的角色划分是根据演员声音特质进行的,因此,加强中波两国的人文交流,不断密切两国在艺术上的互学互鉴与合作对促进民心相通具有重要意义。2014 年,首届天津国际歌剧舞剧节开幕,波兰波罗的海国家歌剧院携 140 余人的原创队伍在天津大剧院首演歌剧《居里夫人》。波兰波罗的海国家歌剧院是波兰北部最大且最具活力的文化机构,歌剧院的剧目既有现代歌剧《居里夫人》《乌布王》等,也有世界著名经典歌剧,如《女人心》《叶甫根尼·奥涅金》《茶花女》和《托斯卡》等。2015 年,应比得哥什歌剧节之邀,苏州芭蕾舞团曾赴波兰演出现代芭蕾舞剧《卡门》,比得哥什歌剧节 1994 年创办,每年举办一次,现已发展成为波兰规模最大的国际歌剧节。

2017 年 8 月,由国家大剧院、大都会歌剧院、波兰华沙国家歌剧院、巴登-巴登节日剧院联合制作的理查德·瓦格纳歌剧《特里斯坦与伊索尔德》在北京上演。2019 年 5 月,中国苏州芭蕾舞团大型芭蕾舞剧《唐寅》在第 26 届波兰比得哥什歌剧节上演。大型原创芭蕾舞剧《唐寅》讲述了明朝画家和诗人唐寅起起落落的人生境遇,苏州芭蕾舞团用西方芭蕾艺术讲述中国传统故事,使东方意境与西方美学实现交融。波兰歌舞剧爱好者克里斯蒂娜说:"第一次欣赏到结合东

---

〔1〕 波兰国家歌剧院,https://www.hisour.com/zh/polish-national-opera-warszawa-poland-6100/。

方文化的芭蕾舞剧,演出非常成功。希望这样的演出越来越多,让更多西方人有机会通过熟悉的西方艺术形式欣赏东方文化。"[1]

（三）演出演艺产业

演艺产业是基础性文化产业,在文化市场中占据重要地位。演艺产品具体形态包括音乐、歌舞、戏剧、戏曲、芭蕾、曲艺、杂技等各类型演出。演艺产业是文化产业体系中的核心产业之一,是创意密集和劳动力密集的产业,具有极大的辐射和拉动作用。目前,从演艺产业消费普及推广情况来看,我国演艺市场剧场资源分配不均,区域消费水平差距较大。20世纪以来,跨文化戏剧在文化产业中占据了相当重要的位置,在全球化的背景下戏剧创作中的融合、借鉴和互动逐渐增多,将传统文化资源和文化遗产与现代文化产业、创意经济相融合,更有利于文化输出与互动。

近年来,湖南省演艺集团加大与"一带一路"沿线国家和地区的文化交流与合作,推出的"纯粹中国"国际演艺品牌越来越具国际影响力。2018年9月,"锦绣潇湘·走进波兰"湖南旅游文化推介会在波兰华沙举行,湖南省委副书记乌兰,波兰体育旅游部副部长斯达维尔斯基,波兰前议长柴来依等出席推介会并见证了签约仪式。湖南省演艺集团董事长吴友云表示,此次与波兰艺术圈基金会签约,将在演艺交流、艺术培训、文旅融合等领域展开一系列合作计划。[2]

2019年1月,浙江越剧团经典曲目《牡丹亭》在波兰华沙剧院隆重上演,开启浙越的欧洲巡演。该剧讲述了一个"为爱而死,为爱复生"的超越经典的爱情故事,是被世界誉为"东方的莎士比亚"汤显祖先生最具代表性的剧目。中波两国相关领导人、艺术界大师、海外同

---

[1] 新华网,《中国芭蕾舞剧〈唐寅〉亮相波兰比得哥什歌剧节》,http://www.xinhuanet.com/shuhua/2019-05/08/c_1124464082.htm。

[2] 徐海瑞:《湖南精彩节目将走进波兰》,https://hn.rednet.cn/c/2018/09/14/4729659.htm。

胞等各界人士一同观看了演出。越剧版《牡丹亭》精彩的演出感动了全场观众,波兰观众充分肯定了此次演出,对来自东方的越剧赞叹不已,观众朵洛塔女士兴奋地表示:"中国的越剧音乐和服饰太美了,《牡丹亭》凄美的爱情故事令人感动。"[1]当月,北京舞蹈学院青年舞团"欢乐春节"巡演团在波兰华沙国家大剧院表演中国舞蹈经典《大美不言国舞集萃》。演出既透射出浓郁的中国传统文化,又传达出极富中国现当代气息的艺术魅力,受到华沙观众们的热烈欢迎和高度赞誉。舞蹈《大美不言国舞集萃》充满传统经典与现代审美交相辉映的艺术魅力,生动地折射出传统与现代、东方与西方文化交流的源远流长,以及舞蹈艺术历久弥新的新鲜活力与无限的创造力。

(四)影视剧作产业与合作

随着中波两国战略伙伴关系的建立,两国在各个领域的交流得到进一步发展,中波两国的文化交流也越来越活跃。我国与波兰在电影、电视领域保持着密切的交流与合作。2011年11月,中国国家广播电影电视总局局长蔡赴朝对波兰进行友好访问,访问期间举办了"梅兰芳电影展"。2012年4月,中国国务院总理温家宝访问波兰期间在波兰国家电视台举办了"中国电影展",放映了中国故事片《孔子》《和你在一起》《十月围城》《我的父亲、母亲》《一个都不能少》。中国优秀影视文化产品集中在波兰主流电视台、文化电影院展映,吸引众多波兰民众观看,华沙掀起中国电影热。中国电影展映活动的举办积极推进了波兰民众对中国的了解,进一步提高了中国在波兰的影响力。[2]

2018年2月,第二届托伦"中国电影展"在波兰北部城市托伦的

---

[1] 杭州网:《浙江越剧团〈牡丹亭〉在波兰首都隆重上演》,http://ori.hangzhou.com.cn/ornews/content/2019-01/18/content_7135058.htm?hdspider。

[2] 中华人民共和国驻波兰共和国大使馆:《波兰掀起"中国电影"热》,https://www.fmprc.gov.cn/ce/cepl/chn/wh/t1030611.htm。

现代艺术博物馆举行,波兰著名导演雅库博夫斯基、托伦雅盖隆学院孔子课堂师生、托伦市民及当地华侨华人约 300 人参加了当天的活动。此次电影展主题是"中国茶文化",放映的是由雅库博夫斯基执导的纪录片《中国——茶之源》《茶树之王》和《哈尼族及其邻居》。影片以波兰人的视角观察和介绍中国茶文化、自然风光和民俗风情。雅库博夫斯基曾率领团队到中国杭州灵隐寺等地取材拍摄。托伦现代艺术博物馆馆长奥索夫斯基说:"本次影展为我们打开了古老神秘的中华文化大门,希望能与托伦雅盖隆学院孔子课堂进一步合作,把中国电影展一直办下去。"

2018 年 6 月,中国电影股份有限公司为配合"走出去工程"出访波兰时,波兰电影家协会特别举办了"中国现代电影周",其间放映了《狼图腾》《大唐玄奘》《我的战争》《飞跃老人院》等 10 部有代表性的中国现代影片,在当地引起极大反响,受到波兰观众热烈欢迎。其中,中国电影股份有限公司出品的影片《伊阿索密码》在华沙荣获波兰电影家协会颁发的"最佳长片"奖。为积极响应中央关于推进"一带一路"建设的倡议,繁荣发展我国电影文化市场,增强国际交流,让中国观众感受多元电影的魅力,2018 年 11 月,"波兰电影周"首映礼暨开幕式于北京中影国际影城举办。波兰电影代表团团长、波兰电影家协会主席、著名导演、编剧、制片人亚塞克·布莱姆斯基(Jacek Bromski)希望能够以此次"波兰电影周"展映活动为契机,加强波中两国电影人的交流与合作,推动两国电影事业的繁荣与发展。

2018 年 10 月,第三届"波兰艺术圈中国行"艺术节电影展映单元在中国北京启动。其间共有 10 部波兰电影佳作亮相北京,包括刚刚获得戛纳最佳导演奖的《冷战》和克日什托夫·基耶斯洛夫斯基等波兰电影大师的经典作品。展映片单中尽是波兰影片佳作,其中包括讲述艺术家梵高生死之谜的动画片《挚爱梵高》,以及在波兰大受欢迎的商业电影《303 中队》。2019 年初,波兰旅游局联合腾讯视频合作推出一档青春探险真人秀节目《横冲直撞 20 岁》，号称欧洲最大的户外探险类真人秀，也是迄今为止在波兰拍摄的第一部国产综艺，大大提升了波兰南部的塔特拉山和扎科帕内在中国的知名度。因此，今后波兰旅游局还将与中国知名人物或影视制作者合作进行类似的推广活动。借助以上影视剧作文化交流活动，增进中波两国人民对两国在经济、社会和文化发展方面的了解。

（五）文化旅游产业

近几年来，中国和中东欧国家人文交流不断扩大，经贸合作日益活跃。随着中国与中东欧国家关系的发展，旅游合作不断深入，并成为中国—中东欧国家务实合作的重要组成部分。2014 年 5 月，中国—中东欧国家旅游促进机构及企业联合会在布达佩斯正式成立，标志着双方旅游合作迈出了关键性的一步。与旅游业发达的西欧国家不同，中东欧国家旅游业起步相对较晚，旅游配套设施还不太完善。因此，民宿成为住宿设施的重要补充。随着互联网技术与共享经济的发展，波兰越来越多的私人家庭将闲置的公寓以短租的形式向外出租。波兰中央统计局公布的数据显示，截至 2016 年，波兰各类旅游住宿设施总数达到 10 125 家，其中民宿等非传统酒店住宿设施有 6 330 家，占据 50％以上的份额。民宿也为中国游客了解当地城市文化提供了重要的载体。

2011 年至 2016 年，中国与中东欧国家双向旅游交流人数由 50.7 万人次增长到 124.9 万人次，增长 146.3％。2017 年，中国与中东欧各国之间相互访问的游客人数继续呈增长态势。2017 年中东欧赴中国旅游人数达 33.57 万人次，较上年增长 8.4％，较 2013 年增长 37％；中国公民赴中东欧 16 国游客总数为 137 万人次，较 2013 年增长 221％，年均增幅超过 26％。[1]中东欧国家多位旅游部长表示，中

---

〔1〕 新华网：《中国与中东欧国家推动深化旅游合作》，http://www.xinhuanet.com/overseas/2018-09/20/c_1123459130.htm。

国游客对提振当地旅游业和经济起到了不可忽视的作用。

2017 年 6 月,浙江宁波举办的中国(宁波)—中东欧国家旅游合作交流会上,中国与中东欧国家互相推介旅游资源,共签约 26 个国际化旅游项目,总额近 800 亿元人民币。中国与中东欧多国在旅游方面不断加强合作,中东欧旅游持续升温,波兰、捷克、匈牙利、塞尔维亚、斯洛伐克位列中国游客人次增长最快的五大目的地。波兰旅游局数据显示,2017 年 1 至 10 月,中国游客到访波兰人数达115 146,比 2016 年同期增长 62.15%。波兰中央统计局数据显示,在波兰,中国游客是消费较高的群体,平均超过 7 800 兹罗提,约合1 850 欧元。

2018 年 1 月,中国—欧盟旅游年正式开幕,中东欧国家中,保加利亚、捷克、波兰、爱沙尼亚、斯洛伐克等欧盟成员国纷纷表示,借力中欧旅游年,将进一步开发更适合中国游客消费习惯的旅游产品,促使旅游市场不断升温。以举办"旅游年"为契机,扩大人员往来,双方将在旅游年框架下致力于改善中欧互访游客旅游体验,促进文化理解,在推广旅游产品营销等方面增强双方旅游合作。

(六) 文化保护产业

非物质文化遗产和物质文化遗产共同构成一国的文化遗产,物质文化遗产的文化内涵都寓于物之中,它是不能再生的,而非物质文化遗产强调以人为核心的技艺、经验、精神,是以人为本的活态文化遗产。我国目前是全世界联合国教科文组织人类非物质文化遗产相关项目最多的国家,拥有 40 项非物质文化遗产,包括昆曲、汉字书法、中国剪纸、西安鼓乐、粤剧、中医针灸、京剧、中国皮影戏、珠算、二十四节气等。[1]

2016 年 10 月,首届"中国—中东欧国家非物质文化遗产保护专

---

[1] 联合国教科文组织官网,https://ich.unesco.org/en/lists。

家级论坛"在波兰克拉科夫举行,来自中国和波兰及 15 个中东欧国家的专家学者出席了论坛。[1]与会各国代表围绕非物质文化遗产保护的历史和现状、相关政策和法规、管理机制和保护策略、实施情况以及典型案例进行了深入探讨,并交流了非物质文化遗产保护的措施和经验。波兰非物质文化遗产委员会主席阿达莫夫斯基认为中国与中东欧国家在非物质领域的合作可以从官方组织机构(政府非遗委员会)之间的合作开始,然后负责非遗具体问题的机构之间建立联系,并针对具体细节进行交流,为非遗保护的持续发展注入新的活力。

目前,中国拥有 53 项世界物质文化遗产,波兰拥有 14 项。中国和波兰都非常重视对文化遗产的保护和利用。2019 年 4 月,第二届"中国—中东欧国家文化遗产论坛"在洛阳举行。来自中国和中东欧16 国的政府官员和专家学者围绕"世界文化遗产申报与管理、考古研究和文物保护"主题,聚焦"文化遗产与城市发展",推动中国与中东欧国家在文化遗产领域的务实合作。[2]论坛期间,与会嘉宾参观了隋唐洛阳城国家考古遗址公园、洛阳博物馆、龙门石窟等地,近距离感受中国文化遗产的魅力。参加论坛的外方代表表示出强烈的合作意愿,波兰国家遗产局首席考古专家阿格尼尔斯卡·昂尼斯佐克希望在科研学术方面开展实质性的合作,从中国获得保护石质文物、纸张等宝贵经验,提出文物保护的解决方案。

(七)中医药文化服务产业

中医药文化是中国优秀传统文化的重要组成部分,是中华民族的宝贵财富,更成为中国独特的卫生资源。作为欧洲最早的汉学家

---

[1] 国际在线,http://news.cri.cn/20161014/b69d7b61-3e11-78ee-bce7-3439125fc677.html。

[2] 《中东欧国家文化遗产论坛开幕 为"16+1"合作注入文化力量》,http://www.china-ceec.org/chn/zdogjhz/t1655899.htm。

和汉文化的推广者,波兰传教士卜弥格(Michal Boym)毕生致力于将古代中国及东亚的科学和文化成果介绍给西方。他不仅把《黄帝内经》《难经》《脉经》这三部重要的中医著作翻译成拉丁文,还撰写了欧洲第一部关于中国草药的著作《中国植物志》(*Flora Sinensis*,1659年在维也纳出版),以及系统介绍中医学的《医学要诀》(*Medical Key*,1686年在纽伦堡出版),使波兰成为中医药最早"到达"的欧洲国家。

波兰著名的雅盖隆大学通过论文评审,使欧洲第一篇关于针灸的博士论文得以在1830年发表。20世纪70年代,以针灸为代表的中医药开始被运用到波兰医院的治疗中。在以卡努斯泽夫斯基(Zbigniew Garnuszewski)教授为首的一批西医医生坚持不懈的努力下,针灸被波兰医学界及民众广为接受,成为慢性疼痛(包括神经痛、肌痛及麻痹)的主要治疗方法并纳入医疗保险。同时,越来越多的医生开始将其引入包括癌症在内的一些慢性疾病的治疗中。[1]

作为中国中医药行业著名的老字号,北京同仁堂已有345年的历史。北京同仁堂波兰有限公司于位于首都华沙,2014年已正式投入运营,这是北京同仁堂在波兰、同时也是在欧洲的第一家分公司。中国驻波兰大使徐坚表示:"同仁堂的历史和声誉在中国很著名,同仁堂波兰公司在华沙开设,带来的不仅是同仁堂的治病保健理念,更重要的是把中国的文化带到了波兰。"[2]2017年10月,人类非物质文化遗产中医针灸展在波兰首都华沙维斯瓦大学开幕,活动展示了中医针灸的早期历史、诊疗技术、养生保健及现代发展。展览期间,中国专家还通过开办讲座和义诊,使前来观展的波兰民众能够近距

---

〔1〕 中国青年报:《波兰:中医走进世界最古老的大学》,http://zqb.cyol.com/html/2017-10/13/nw.D110000zgqnb_20171013_4-03.htm。

〔2〕 国际在线:《北京同仁堂在波兰正式投入运营,促进中医药文化传播》,http://news.163.com/14/0318/09/9NK2E88S00014JB5_all.html。

离感受中国传统医药文化的深厚底蕴。[1]当月,第二届国际中医大会在波兰克拉科夫开幕,来自波兰、澳大利亚、英国、奥地利、以色列等国家和地区的 100 多名专家参会。波兰中医协会会长马雷克·卡尔穆斯表示:"在疾病治疗方面,中国传统医学为患者提供了西医以外的其他选择,而在疾病预防方面,中医的效果则更为显著。"[2]

2018 年 8 月,波兰学者访问团带着对中国中医药学的热爱,到北京王府中西医结合医院进行参观交流。代表团对该院的膏方、中成药、中药饮片、针灸推拿、耳豆疗法等表现出浓厚的兴趣,并亲自体验了中医拔罐疗法,体验后对其大为称赞。双方对加强中医药学术交流、人员培训等方面的合作达成意向,后续双方将对具体的合作事项进一步落实。可见,通过双方频繁的互动交流,中国中医药文化已在波兰落地开花,并大有可为。

(八)文化创意设计产业

波兰创意产品出口额从 2005 年的 31 亿美元翻了一番,达到 2014 年的 64 亿美元。其中,设计品占比最大,出口额达 42 亿美元,室内设计产品达 29 亿美元,其次是玩具和时尚配饰。出版物(书籍和期刊)出口 8.72 亿美元,视听产品出口 4.91 亿美元,成为出口最具活力的部门之一。由于对设计品、新闻媒体、视听设备和出版物的需求,创意产品进口额达到 50 亿美元。创意产品出口的主要目的地为欧洲(89%)、美国(6%)和亚洲(4%)。除创意产品外,波兰在创意服务方面也具有比较优势,波兰创意服务出口集中在电信、计算机和信息服务领域,2015 年创意服务出口额达到 100 亿美元。波兰艺术家在全球动画制作中发挥着关键作用,与国际制片人的合作持续增长。

---

〔1〕 新华网:《"一带一路"中医药针灸风采行走进波兰》,http://www.xinhuanet.com//overseas/2017-10/11/c_1121786333.htm。

〔2〕 新华网:《多国专家聚会波兰探讨中医发展》,http://www.xinhuanet.com//world/2017-10/14/c_1121802658.htm。

以波兰艺术家创作的数十部动画木偶为原型,动画公司 Insomnia Ancición 在墨西哥制作了一部幻想冒险动画片《失眠》(Inzomnia),出口达到 35 亿美元,紧随其后的是广告、文化娱乐服务,出口额分别为 21 亿美元和 10 亿美元。同期,创意服务进口 58 亿美元,波兰创意服务贸易持续保持顺差。[1]

近几年来,中波双方在国家和省市层面上进一步加强文化领域的合作,开展了许多卓有成效的推广交流活动。2017 年 9 月,由成都市人民政府和中波经济文化交流基金会共同主办的"成都—波兰文创专场对接会"在华沙皇家瓦津基公园举行,双方就加强文化创意产业领域合作深入交流和推介。波兰罗兹省省长维托尔德·斯滕平希望罗兹与成都在文化、学术、人文交流等方面继续合作,促进双方发展。成都广播电视台与波兰国家电视台签署《合作拍摄蓉欧快铁纪录片框架协议》,以及成都广播电视台与波兰肖邦文化基金会签署《演出和交流合作备忘录》。此外,来自成都和波兰文创领域的 6 家代表性企业分别介绍了各自文化、艺术、电影、创意设计、游戏产业发展情况。[2]

2018 年 6 月,为中国及中东欧国家开展文化产业合作探索长效合作机制,第三届"中国—中东欧国家文化创意产业论坛"在波兰罗兹市开幕,论坛以"创意复兴"为主题,聚焦创意产业对城市发展的影响,探讨加强中国与中东欧国家文化创意产业的合作和交流。波兰副总理兼文化和民族遗产部部长彼得·格林斯基表示:"中东欧国家和中国在借助文化创新提升城市魅力上都有很多好的经验和做法,本次论坛为中东欧国家和中国在创意产业等领域的对话创造了平

---

[1] UNCTAD: Creative Economy Outlook-Trends in international trade in creative industries, 2018.
[2] 新华网:《成都与波兰加强文化创意产业合作》,http://www.xinhuanet.com/local/2017-09/22/c_1121707067.htm。

中国与波兰服务贸易与投资合作研究

台,并为多方在文化和创意产业的合作提供机遇。"波兰电影档案与音像研究所主任戴瑞斯·弗耶罗米杰卡斯基指出:"中东欧国家目前对中国的了解仍集中在经贸产品上,未来文化产品的内容应该更多起来,通过音乐、绘画、电影了解一个国家的文化对我们的年轻人来说影响会更加深刻而且长远。"此外,来自中国和中东欧国家文化产业的代表们围绕创意产业助力城市复兴、设计领域的合作模式、中国和中东欧国家的文化流动以及电影、新媒体、视频游戏和跨地区协作等主题展开讨论,与会学者共同认为中国和中东欧国家文化贸易潜力巨大,合作前景广阔。

第二节 重要行业组织

一、华沙证券交易所

华沙证券交易所(GPW)是中东欧地区最大的证券交易所,1817年5月成立,最初交易产品是票据和债券。两次世界大战期间,以及实行社会主义制度的45年内,交易所关闭,1991年重新开始运作,它是世界交易所联合会和欧洲证券交易联合会成员,提供的产品涵盖股票、债券、衍生品、大宗商品、指数、货币、结构性证券、ETF、权证等金融交易工具。截至2018年上半年,华沙证券交易所共有上市公司876家,市值总额约为1 616亿美元。[1]华沙证券交易所(GPW)公布的交易数据显示,2019年4月GPW主要市场的股票交易额为137亿兹罗提,较3月份的131亿兹罗提下降3.6%。衍生品交易数量下降超过20%至413 900笔,而指数期货交易量同比下降26.2%至223 000份合约。与此同时,2019年4月GPW电子交易委托账本上的股票交易总额为6.862亿兹罗提,同比下降3.6%。而NewConnect电子交

---

〔1〕 深圳交易所官网,http://www.szse.cn/aboutus/trends/news/t20181016_555749.
html。

易委托账本上的股票交易额为 8 510 万兹罗提,同比增加 16.3%。ETF 的交易额同比增长 108.3%至 1 100 万兹罗提,非国债债券交易量也同比增长 3.3%至 1.898 亿兹罗提。此外,结构性产品交易额同比增长 60.1%,达到 8 990 万兹罗提。[1]2018 年 10 月,为推进与“一带一路”沿线国家资本市场的交流合作,深圳证券交易所与华沙证券交易所签署合作谅解备忘录,双方将在信息共享、人员交流、市场培育、产品研发和创新资本服务等方面展开深入合作。

二、 波兰金融监管局

2006 年 9 月 19 日,波兰金融市场监管法开始生效,波兰金融监管局(Polish Financial Supervision Authority,PFSA)取代了保险和养老基金监督管理委员会和证券交易委员会,正式开始运作。波兰金融监管局(PFSA)对金融市场进行监管,包括银行、资本市场、保险市场监管,养老金市场监管,金融集团补充监管,电子货币机构、支付机构和支付服务机构监管,以及合作储蓄和信用的监督。除此之外,波兰金融监管局(PFSA)还有下述几项任务:采取恰当措施确保波兰金融市场的正常运行;采取恰当措施确保波兰金融市场的发展,培养波兰金融市场的竞争力;开展培训活动,提供信息服务,促进波兰金融市场的正常运行;参与起草有关金融市场监管的法律法案;在金融市场和市场行为者之间,特别是受 PFSA 监管的公司和投资者之间常常会发生合同纠纷,为解决金融市场的争端,创造友好协商和和平解决的机会;根据法律规定,开展其他相关活动。金融市场监管的目标是要确保金融市场的正常运行,维护金融市场的稳定性和安全性,提高金融市场的透明度,增加人们对金融市场的信心以及维护金融市场参与者的利益。[2]

---

[1] 中金网,http://www.cngold.com.cn/hangye/20190508f12201n5848139817.html。

[2] 波兰金融监管局官网,https://www.knf.gov.pl/en/ABOUT_US/Tasks_and_objectives。

中国与波兰服务贸易与投资合作研究

三、 波兰保险业协会

波兰保险业协会(Polish Chamber of Insurance，PIU)成立于1990年，是一家代表波兰所有保险公司的当地交易组织。PIU 的主要职能是支持立法机构制定相关法律。商会通过组织各项活动提高公众对保险行业的认识，并就保险业的发展进行多边对话。此外，PIU 通过与保险公司进行系统和有组织的合作，与成员密切协商、分析和解决当前市场存在的问题，不断增强协会的能力、改善其运作效率，建立起强大的保险社区；支持在波兰建立合理的保险服务法律体系；支持国际保险结构框架内的活动；支持信息交流和保险环境的融合；与金融监管和保险机构合作；建立波兰保险服务的声望和信心；通过与大学合作、组织培训课程或行业会议、联合举办金融问题研讨会等方式普及保险教育。[1] 根据波兰保险业协会(PIU)发布的报告，2018 年上半年波兰保险业共实现利润 38.1 亿兹罗提(8.9 亿欧元)，同比微增 0.2%。其中，人身保险利润 13 亿兹罗提(3 亿欧元)，增加 8%；财产保险利润 25 亿兹罗提(5.8 亿欧元)，下降 3.4%。[2]

四、 波兰电影协会

波兰电影协会(Polish Film Institute，PISF)是欧洲最新的电影协会，依据波兰议会通过的新电影法于 2005 年成立，主要目的是支持电影业的发展。具体包括：为波兰电影制作和国际联合摄制创造条件；鼓励和支持各类波兰电影创作，特别是艺术电影及其制作和发行；支持电影首映和年轻电影制作人的发展；在国际上推广波兰电影；资助企业开展电影项目、电影制作、发行和传播，为公共行政机关提供协助和专家服务；支持电影档案的维护；支持波兰独立电影制

---

〔1〕 波兰保险业协会官网，https://piu.org.pl/en/。
〔2〕 商务部网站，https://mini.eastday.com/a/180922005045973.html。

作,特别是业内的中小型企业。[1]电影协会借助视听制作支持体系为企业提供激励,通常协会将返还企业拍摄过程中支出的合格成本的 30%。费用返还适用于故事片、动画片、纪录片和剧集等影视作品,但申请者或其合作伙伴至少一方须在波兰注册,同时要满足最低拍摄时长和投入成本的要求,具体要求如表 4.6 所示。单个项目的费用返还不超过 1 500 万兹罗提,一年内同一申请人费用返还不超过 2 000 万兹罗提。此外,2019 年,电影协会拟投入 1.47 亿兹罗提,其中电影制作费 1.08 亿兹罗提,电影教育及电影文化传播费 2 050 万兹罗提,电影基础设施开发费 600 万兹罗提,波兰电影的海外推广费 800 万兹罗提。[2]

表 4.6　费用激励具体要求

	影片类型	最低时长	支出最低限额(万兹罗提)
电影	联合拍摄	70 分钟	250(2019 年) 300(2020 年) 400(2021 年起)
	服务		100
剧集	联合拍摄	40 分钟/集	100/集
	服务		100/季
纪录影片	联合拍摄	40 分钟	30
	服务		30
系列纪录片	联合拍摄	150 分钟/季	100/季
	服务		30/季
动画电影	联合拍摄	60 分钟	100
	服务		50
动画剧集	联合拍摄	10 分钟/集	100/季
	服务	50 分钟/季	50/季

资料来源:波兰电影委员会网站,http://filmcommissionpoland. pl/funding/incentives/。

---

[1] 波兰电影协会网站,http://en.pisf.pl/。
[2] http://en.pisf.pl/funding/operational-programmes.

中国与波兰服务贸易与投资合作研究

波兰从电影基金的支持、产业链的建立、法律保障与支持等方面为推动本国电影业的发展作出了不懈的努力,波兰电影业在题材多样化、风格及类型多元化、导演国际化方面也取得了巨大的成就。2016年,票房排行榜前五位影片中,有三部是波兰本土电影,分别是位居第一名和第四名帕特奇·维加的《斗牛犬之女》和《斗牛犬之大清洗》、第二名米加·欧肯的《单身星球》。2018年,美国电影协会年度排名中,波兰电影市场排在第18位。同年,波兰在戛纳电影节上取得了非常不错的成绩,在官方评选中波兰有五个参赛作品令人印象深刻,其中包括主要竞赛单元的参赛影片《冷战》(外文名:Cold War)。电影由帕维乌·帕夫利科夫斯基(Paweł Pawlikowski)执导,影片以20世纪50年代冷战时期的波兰、柏林、南斯拉夫和巴黎为背景,围绕一位才华横溢的舞蹈家和钢琴家展开,该片获得第71届戛纳电影节主竞赛单元最佳导演奖,同年12月,帕维乌·帕夫利科夫斯基凭借执导的影片《冷战》获得第31届欧洲电影奖最佳导演奖,该影片获得第31届欧洲电影奖最佳影片。[1]

五、 波兰电影委员会

波兰电影委员会(Film Commission Poland,FCP)成立于2012年,致力于推动波兰电影业的发展和协调国际市场拍摄地。波兰电影委员会在波兰电影协会(Polish Film Institute,PISF)框架内运行,2014—2018年,电影委员会由波兰视听中心基金会(Polish Audiovisual Centre Foundation,FPCA)运营,并得到波兰电影协会,波兰电影制片人协会(SFP)和波兰制片人联盟(KIPA)的支持。波兰电影委员会目前有六个区域性电影委员会,分别在西里西亚省、下西里西亚省、波兹南市、罗兹市、马佐维亚市及小波兰省。目前,更多的

---

〔1〕 Polish Film Institute: Polish Film Industry 2019,http://filmcommissionpoland.pl/assets/Zalaczniki/PFI_Berlinale_2019_SPREAD.pdf.

委员会正在组建中。所有的区域性委员会都是独立运营管理,但是与波兰电影委员会紧密联系与合作。电影委员会经常和经验丰富的地方机构一起合作开展文化活动,以突出当地的文化特色。有些电影委员会有自己的支持机制,如可以减免当地酒店或公共交通的费用,但每一个电影委员会都提供寻找拍摄地,管理和更新拍摄地数据,协助获得拍摄许可证、利用道路、改变交通管理,通过有效发达的程序缩短获得拍摄许可证的时间,协助与建筑物、设施和土地所有者进行谈判,协助与市政部门和办事处建立联系,协助安排住宿(通常有折扣),提供与本地区专业人员、专家和音像制作公司有关的信息和联系,提供该地区可用的基础设施和电影资源的信息等服务。[1]波兰电影委员会为国际拍摄项目提供一流的专业服务,使波兰在中东欧地区更具竞争力。

六、 波兰旅游局

波兰国家旅游局是支持旅游实体的政府机构,其工作目标是推广波兰作为一个现代、有魅力,同时兼具高性价比的优质旅游目的地。波兰旅游局北京办事处是波兰旅游局在华的官方代表机构,正式成立于 2015 年 11 月,办事处致力于为旅游从业人士提供相关信息,代表波兰旅游和会展行业参与专业展会,组织媒体与同业考察及推动波兰旅游业的可持续发展。根据波兰旅游部数据,2018 年上半年赴波兰旅游的中国游客人数增长约 20%,全年访问波兰的中国游客人数达到 13.5 万—14 万人次。波兰旅游局积极与国内主要旅行社合作,推出多条波兰精品十日游线路,设计旅游互动性体验活动,包括参与重现中世纪骑士之战场景,与波兰厨师一起做波兰饺子等。此外,旅游局整理数据库,翻译有关波兰著名旅游景点的资料,供旅游运

---

〔1〕 董立晶:《波兰电影生产扶持机制研究》,《当代电影》2017 年第 8 期,第 88—94 页。

营商和服务于自由行游客的相关网站使用。波兰旅游局北京办事处进一步加大与媒体的合作及在线宣传的力度,加强在社交媒体上活跃度,在优酷和抖音建立账户,以吸引更多的中国游客到访波兰。

七、 华沙国际电影节

波兰华沙国际电影节是国际 A 类电影节,也是唯一获得国际制作人协会联盟(FIAPF)认可的波兰电影活动,对波兰电影产业在欧洲的稳固地位产生了重要影响。自 1985 年以来,已成为中东欧地区最重要的电影盛会之一,国际制作人协会联盟(FIAPF)将华沙电影节归入优秀"国际竞争电影节"之一。电影节竞赛单元包括主竞赛单元、自由竞赛单元、纪录片竞赛单元和短片竞赛单元。2018 年 10 月,第 34 届华沙国际电影节在华沙开幕,本届电影节展映了来自 61 个国家和地区的 190 部电影。其中,中国导演周立冬执导的《秋田》入围电影节主竞赛单元并获得亚太电影联盟大奖,中国影片《云雾笼罩的山峰》入围自由竞赛单元,中国纪录片《围炉》入围纪录片竞赛单元获得评委会特别推荐奖。此外,华沙国际电影节是"一带一路"电影节联盟成员之一,电影节举办期间,包括上海国际电影节展映片《矮婆》在内的多部中国电影同时亮相。[1]

第三节　重要标杆性服务企业

一、 PKP 货运公司

PKP CARGO 是欧洲第二大铁路运营商,也是波兰最大的铁路

---

[1] "一带一路"电影节联盟成立于 2018 年 6 月第 21 届上海国际电影节举办期间,来自全球 29 个国家的 31 个电影节机构代表共同签署了"关于建立'一带一路'电影节联盟的备忘录"。各个成员机构一致同意建立电影文化交流合作联盟,建立信息共享机制,互相推荐影片参加展映。截至 2019 年 2 月,成员机构从成立之初的 29 个国家的 31 个机构增加到 32 个国家的 36 个成员机构。

运营商,占其铁路货运市场份额的52%以上。该公司在波兰和其他八个欧盟国家开展独立的货运服务,年收入为45.5亿兹罗提,每年运送约1.16亿吨货物。波兰超过70%的煤炭和焦炭由PKP CARGO提供运输服务,它也是最大的建筑材料运输公司。另外,该公司还是金属、矿石、汽车、化工、石化和木材等行业众多知名品牌的合作伙伴。PKP CARGO的优势是多式联运和海外服务。集团主营业务是铁路运输,同时为客户提供涵盖陆海空多种运输方式的综合物流链服务,为波兰的经济发展作出贡献。[1]截至2019年6月,PKP CARGO拥有18个散货场站,7个多式联运场站和2个综合性场站,集团计划成立子公司PKP CARGO Terminale以改善对场站的管理。

目前中国的大部分中欧班列货物都经过马拉舍维奇,从2011年的17列增加到2018年的2 200列,预计这一数字将进一步增长。因此,PKP CARGO计划扩大其位于波兰与白俄罗斯接壤的马拉舍维奇场站的运力。此外,PKP货运集团系统地增加了其在中东欧的运输份额,借助其子公司AWT的参与,提供从波罗的海到亚得里亚海,再到黑海整个南北走廊的货运服务。正如集团"2019—2023年战略"中提到希望通过在"三海倡议"和"新丝绸之路"领域占据主导地位,成为中欧铁路货运领域的领导者。

二、 电商平台 Allegro

Allegro是波兰电子商务领域最大的交易平台,成立于1999年,Allegro成立之初是一个拍卖型网站,随着平台不断发展,用户数量增加,最终平台成为在欧洲市场为数不多的超过eBay和Amazon的平台之一。2017年,波兰电商市场的收入就已经达到75.23亿美元。

---

[1] https://www.pkpcargo.com/en/.

根据预测,波兰电商市场将以每年超过 9% 的增长率持续增长,到达 2022 年波兰市场规模将超过 120 亿美元。电子商务领域波兰市场的用户数已经超过 1 800 万人,而 Allegro 平台占据了整个波兰电商市场超过 50% 的份额。近 75% 的波兰人在网络购物时首先考虑的是 Allegro 平台,该平台品牌知名度高达 98%,所有用户中有近 90% 会定期在 Allegro 购物。平台每日成交商品超过 90 万件,Allegro 每日订单数量超过 50 万单,Allegro 日均活跃用户 30 万户。据法国 Lengow 调研数据显示,波兰的电商平台市场以每年 22.6% 的速度增长,快于美国 (14.5%) 和英国 (15.8%)。作为波兰本土排名第一的电商平台,Allegro 目前在波兰拥有电子商务零售市场份额的 57%,每月活跃用户 1 400 万户,每月访问 1.65 亿次,创造了 20 亿页面浏览量。Allegro 占据波兰电商市场多个产品品类的主要份额,包括电子、家庭与花园、儿童和时尚,市场份额分别为 62%、74%、71% 和 46%。此外,平台自带安全快捷的付款方式 PayU,买卖双方无须支付手续费。PayU 将交易付款过程记录到卖家账户中,以便加快卖家出货速度。Allegro 平台的 InPost 服务,可降低买家成本,退货免邮费,没有繁杂的手续。

三、 PZU 集团

PZU 集团(Powszechny Zakład Ubezpieczeń S.A. Capital Group) 是波兰和中东欧地区最大的金融机构之一,其历史可以追溯到 1803 年波兰第一家保险公司的成立。PZU 集团的核心业务是保险服务,为客户在经济活动所有关键领域提供全面的保险保障。自 2010 年 PZU SA 在华沙证券交易所上市以来,它一直是最具价值和流动性的公司之一。PZU 集团管理着大约 3 000 亿兹罗提的资产,客户覆盖 5 个国家,约为 2 200 万客户提供服务。根据品牌意识研究,PZU 品牌知名度达到 88%,这使得 PZU 成为波兰最知名品牌之一。为寻找新的发展方向并满足客户需求,PZU 集团正扩大投资和健康领域的服务。此外，PZU 集团于 2016 年 8 月发布 2016—2020 年战略之后，还试图加大对银行业的投资。2015 年，PZU 集团收购 Alior Bank SA(Alior Bank)银行 25.19％的股份。接下来，Alior 银行收购 BPH 银行的部分股份，包括其核心业务（不包括其抵押贷款组合和投资信托公司）。2016 年 12 月，PZU 宣布已与 UniCredit 签署协议，购买 Pekao 银行 20％的股份（连同 PFR 波兰发展基金 32.8％）。交易完成后，PZU 成为中东欧最大的金融集团，成为保险、银行和资产管理领域的领导者。综上可知，PZU 集团公司不仅活跃于人寿和财产保险，还活跃于投资、养老金、医疗保健和银行等领域。此外，作为战略合作伙伴关系的一部分，PZU 与 LOT 或 Allegro 等公司进行合作，为个人客户和企业提供服务。[1]

四、 Empik 时尚传媒集团

Empik 时尚传媒集团(NFI Empik Media & Fashion)是华沙证券交易所上市公司，集团旗下包括波兰最大的图书销售连锁店 Empik(empik.com)，其他子公司涉及时尚、教育等行业。Empik 图书销售连锁店总部位于波兰首都华沙，截至 2018 年初拥有 250 家门店，遍布波兰各大城市的商业中心、小镇的街头巷尾，以及旅游景点的黄金位置。这些门店多为大型综合书店，不仅包括书籍、杂志、音乐、电影、游戏、文具、文创、各种活动的门票，较大的门店还有咖啡厅、游戏机甚至网吧。该公司经营的商品范围超过 150 万种（包括书籍、CD、DVD、电脑游戏、文具、电子阅读器和 MP3 等电子产品）。每家门店平均提供约 75 000 种的书籍，Empik 图书销售收入总计约 500 万—520 万兹罗提。

自 2016 年以来，基于"未来书店"(Future Store)概念，Empik 一

---

〔1〕 PZU 集团官网，https://www.pzu.pl/grupa-pzu/o-nas。

中国与波兰服务贸易与投资合作研究

直在实施品牌重塑战略,涉及更加以客户为中心的店面设计,并通过网站 empik.com 加强与互联网平台的联系。自 2017 年以来,公司一直在开发 Mój Empik("我的 Empik")忠诚计划,目前已拥有近 250 万用户。2017 年底,公司推出一款名为 EmpikGO 的应用程序,方便读者选择并使用电子书和有声读物。Empik 组织国际文学节,并举办童书"Przecinek i Kropka"促销活动,其中包括儿童书节和书展,并评选出全国最佳儿童读物。

五、 Nowa 出版社

Nowa Era 是 Sanoma 教育集团旗下波兰最大的教育出版机构,提供全面现代化服务,其开发制作的出版物涵盖教育的各个阶段和所有学科,包括大量的外语读物和地图制图。此外,Nowa Era 还出版欧洲文学杂志、儿童杂志Świerszczyk 以及青少年双语教育杂志《国家地理探索者》。自 2009 年以来,Cengage Learning 和 Nowa Era 合作为波兰学校制作英语语言学习材料,并取得了巨大成功。2012 年,国家地理学习出版机构(National Geographic Learning,NGL)与 Nowa Era 达成新的合作,将原有合作拓展至包括为波兰小学生开发波兰语的科学和历史类书籍,在新的合作框架下,Nowa Era 可充分利用国家地理文章、图片和视频。新的战略合作关系将进一步丰富国家地理内容,巩固 Nowa Era 在波兰教育出版市场的地位。

六、 波兰《选举报》

波兰《选举报》(Gazeta Wyborcza)是东欧剧变后波兰第一家完全独立的报纸,创刊于 1989 年,总部位于华沙,政治取向中间偏左。[1]报道范围涵盖政治、国际和一般新闻。《选举报》由 Agora 公

---

[1] 波兰选举报,http://www.shibingtong.com/state_site.asp?SiteID=3916。

司创办,在 2008 年前曾是全国发行量最大的报纸,最高发行量达 67.2 万份。波兰报社实行私有化以来,报刊发行情况波动起伏。《选举报》在 1998 年前三个季度的发行量为 43.2 万份,2003 年发行量增至 54.2 万份,成为波兰销量第二的报纸。2004 年,该报纸周末发行量达到 68.6 万份,晋升为波兰最畅销的报纸。但 2010 年,发行量下降了一半以上,仅为 31.9 万份,受电子报刊的冲击,这一下降趋势一直持续至 2013 年,当时发行量已降至 19 万份,广告收入相应减少。[1]在数字阅读大势所趋以及纸媒广告收入流失难以逆转的背景下,该报建立了付费墙,通过数字平台的内容付费获得新的收入来源。2018 年 12 月至 2019 年 1 月,该报数字订阅用户较上年同期增长 3.7 万户,涨幅 31%,有价数字总订户突破 17 万户,超越纸媒发行量。2018 年该报的数字收入已达总收入的 20%。数字付费阅读已成为该报越来越多的读者的新阅读习惯,订阅用户数量增长呈加速态势,季度、半年或全年等较长期订阅的读者占总订户的 87%。

七、 波兰《环球周报》

波兰首份中文报纸是波兰《环球周报》,于 2007 年 7 月 29 日正式出版发行。随着在波华人的不断增加以及中波贸易的迅速发展,越来越多的在波华人需要及时掌握商业资讯,了解中波经济文化交流的信息,《环球周报》正是在这一背景下创刊的。《环球周报》社长陈彪表示,该报将重点关注中国国内发展,弘扬中华民族文化,增强波兰华侨华人的凝聚力,同时为他们进一步融入当地社会搭建平台。波兰《环球周报》的宗旨是面向波兰的华人华侨,以服务华人为己任。自试发行以来,开设有"中国新闻""波兰新闻""法律法规""文化生

---

〔1〕 维基百科,Gazeta Wyborcza. https://en.wikipedia.org/wiki/Gazeta_Wyborcza.

活""名人访谈"等 10 多个栏目,以图文并茂的形式为广大华侨华人提供了丰富的新闻信息。

八、 波兰 Animoon 动画公司

波兰 Animoon(爱尼梦)动画公司专注于经营动画项目和创建动画品牌,致力于生产具有较高艺术价值和较高叙述质量的动画项目,主要制作动画剧集、长篇动画电影和短篇电影。采用 SMODO 新型定格动画技术,将最新动画技术融入经典木偶动画,缩短后期动画制作流程,降低制作成本。此外,公司研发出一款专为学龄前儿童(3—6 岁)设计的移动应用程序 MOMSI,该应用程序包括以高品质图形设计、音乐和文本为主体的英语动画和歌曲,用户可通过智能手机和平板电脑访问。[1]

Animoon 动画公司实力雄厚,国际竞争力较强,该公司作品《Hug Me》荣获 2017 年第 27 届法国昂西动画节 ANNECY 奖,投资制作的《姆明和冬季仙境》入围 2017 年第 90 届奥斯卡最佳动画长篇奖提名。2017 年 12 月,苏州智杰影业有限公司(ANIMEX)与波兰 Animoon 动画公司在南京正式达成战略合作,签订了 150 万欧元的合作订单。未来双方将运用国际领先的二维动画技术合力打造在国际上获奖无数的波兰动画连续剧《Hug Me》第二季,以及国产原创动画电影《我是哪吒》的续集《我是哪吒 2》。

九、 波兰 Grupa ATM 电影公司

波兰有三大电影制片公司,分别是华沙纪录片和故事片电影公司(Wytwórnia Filmów Dokumentalnych i Fabularnych,WFDiF)、位于弗罗茨瓦夫的弗吉尼亚州立大学 ATM 集团(Grupa ATM)和位

---

〔1〕 Animoon 公司主页,http://animoon.pl/en/。

于克拉科夫的 Alvernia 制片厂。Grupa ATM 成立于 1992 年,是波兰最大的独立电影制作商。Grupa ATM 致力于发展电视电影,努力开拓发行渠道,开展联合制作,为电影、电视的拍摄提供全方位服务。它是在华沙证券交易所上市的业内唯一的公司,其作品曾获得行业内重要奖项和提名,其中"检察官"系列获得波兰电影学院奖——2016 年度最佳电影系列专题剧集。2018 年,ATM 集团拍摄的作品观众超过 3 467 万人,该公司占有约 14% 的市场份额,估计价值 7.5 亿兹罗提。ATM 集团是市场上唯一拥有自己工作室、设备技术和后勤服务的公司,他们提供与影视制作相关的全方位服务,拥有 ATM 电视和电影制片人,以及电视演播室和设备租赁商。

第五章
中国与波兰服务贸易与投资合作状况

第一节　中国与波兰的政治、经济、文化交流

一、政治交流

1949 年 10 月 5 日波兰宣布承认中华人民共和国,两日后两国建立了外交关系,是最早承认中华人民共和国并与我国建交的国家之一。20 世纪 50 年代,中波因同属社会主义国家,双边关系处于全面发展时期。这一时期,两国相互支持、密切合作、高层互访频繁,中国领导人周恩来、朱德、彭德怀、贺龙等先后访问波兰。波兰领导人贝鲁特、奥哈布、西伦凯维兹等也先后访问中国。中国支持波兰中欧无核区倡议。波兰则支持中国抗美援朝伟大战争,支持中国争取国家统一及恢复联合国合法席位的斗争。

从 20 世纪 50 年代末起,随着中苏关系破裂,中波关系也日渐疏远,高层往来逐步中断。在此期间,波兰仍坚持反对"两个中国"并要求恢复中国在联合国合法席位的立场,中国仍关心波兰维护主权的斗争并支持波兰反对修改奥得尼斯河边界的立场。所有这一切都表明,尽管波兰与中国关系减弱,但在重大问题上双方仍给予彼此尊重和支持。

在 20 世纪 60 年代早期,中波两国双边合作几乎停止。1967 年,中国驻波兰大使被召回。中波两国基本停止了各领域的交流与合作。这是中华人民共和国成立以来中波两国外交关系的谷底。同时,中国与波兰对社会经济与外交政策方面的认识表现出明显的差异,在重大问题上采取了完全不同的立场,中波两国关系逐渐变得越来越有限。

在 20 世纪 70 年代初,中波关系出现松动。1971 年波兰隆重庆祝中波轮船公司成立 20 周年,波兰航运部部长和中国交通部部长互访,较早地恢复了两国部长级的往来。在 20 世纪 80 年代初,波兰爆发了团结工会事件,波兰国内政局动荡。中国主张波兰问题应在符合波兰国家和人民利益的基础上由波兰人民自己和平解决。1981 年以来,中国先后三次以长期无息贷款的方式向波兰提供猪肉和以低息贷款方式提供商品,两国都表现出改善彼此关系的良好愿望和行动。从 1983 年起,中波关系开始走向正常化。中波两国副总理进行互访。两国外长在联大会晤,就双边关系和国际问题进行了磋商。两国在经济、科技、贸易、文教等领域的合作也显著恢复和发展。1986 年秋,波兰统一工人党中央第一书记、国务委员会主席雅鲁泽尔斯基对中国进行工作访问。1987 年,中共中央代总书记、国务院总理赵紫阳对波兰进行了正式访问。1988 年夏,波兰总理梅斯内尔访华。

1989 年,波兰发生政治剧变,内外政策改弦易辙,两国关系进入新的历史时期。中国坚持尊重波兰的主权和波兰人民自己的选择,坚持超越社会制度、意识形态和发展道路的差异,在和平共处五项原则基础上保持和发展国家关系。1991 年,两国外长钱其琛和斯库比舍夫斯基互访,增进了相互了解,有力地推动了两国关系的正常发展。1993 年,两国副总理邹家华和戈雷舍夫斯基互访,签署新的中波经贸关系协定。1994 年,波兰总理帕夫拉克访华,签署九项合作协议和意向书。此后,中国全国人大常委会副委员长陈慕华、布赫,全国政协主席李瑞环、副主席叶选平、杨汝岱,国务院副总理李岚清,国防部长迟浩田、总参谋长张万年分别访波;波兰众议长奥莱克西、参议长斯泰尔马霍夫斯基、斯特鲁齐克,副总理兼财政部长科沃特科,波军总参谋长维莱茨基、舒姆斯基先后访华。这些访问进一步拓宽了两国合作的领域。1997 年,波兰总统克瓦希涅夫斯基对中国进行国事访问,这是 38 年来波兰国家元首第一次正式访问中国,两国元首签署了《中华人民共和国和波兰共和国联合公报》。

近些年频繁的高层访问很好地反映出两国政治关系进展顺利:

2009 年 5 月,中国外交部部长杨洁篪在越南河内出席第九届亚欧外长会议期间与波兰外交部长西科尔斯基举行了双边会见。

2010 年 11 月,中国全国政协主席贾庆林访问波兰,分别与波兰总统科莫罗夫斯基、参议长博鲁塞维奇、众议长斯海蒂纳和总理图斯克举行了会谈,并出席中波企业家早餐会。

2011 年 8 月,中国外交部部长杨洁篪访问波兰。同年 12 月,波兰总统科莫罗夫斯基访华,两国元首共同签署了《中波关于建立战略伙伴关系的联合声明》。

自 2012 年起每年一次的中国—中东欧国家领导人会晤,是中国—中东欧 16 国领导人的会晤机制,又称"16＋1 合作""16＋1"领导人会晤。近年来,包括波兰在内的中东欧国家整体经济呈增长态势,发展潜力巨大。会晤旨在帮助双方增进了解,加强双边经贸合作。

2012 年 4 月,中国国务院总理温家宝访问波兰并出席了在波兰首都华沙举行的首次中国—中东欧国家领导人会晤和第二届经贸论坛。

2013 年 9 月,中国外交部部长王毅与波兰外交部长西科尔斯基在出席第 68 届联合国大会期间举行了双边会晤。2013 年 11 月,李克强总理出席在罗马尼亚布加勒斯特举行的第二次中国—中东欧国家领导人会晤期间与波兰总理图斯克举行了双边会见。

2014年3月,中国国务院总理李克强与波兰总理图斯克以及两国外长分别就乌克兰局势通电话。

2014年12月16日,主题为"新动力、新平台、新引擎"的第三次中国—中东欧国家领导人会晤在塞尔维亚的贝尔格莱德隆重举行。国务院总理李克强与中东欧16国领导人共同出席了会晤。

2015年6月17日,中国外交部部长王毅在北京与来华进行正式访问的波兰外交部部长谢蒂纳举行了会谈。

2015年9月,波兰众议长基达瓦—布翁斯卡来华出席中国人民抗日战争暨世界反法西斯战争胜利70周年纪念活动。

2015年10月,中国外交部部长王毅访问波兰。

2015年11月24日,波兰总统杜达对华进行国事访问并出席在江苏苏州举办的第四次中国—中东欧国家领导人会晤。这是首次在中国举办中国—中东欧国家领导人会晤。会晤后,中国同中东欧16国共同发表了《中国—中东欧国家合作中期规划》和《中国—中东欧国家合作苏州纲要》。

2016年6月,中波两国确立"全面战略伙伴关系"。

2016年6月20日,中国国家主席习近平出席波兰总统杜达在华沙总统府举行的隆重欢迎仪式。时隔12年,中国国家元首再次对波兰进行国事访问。39个小时,10多场活动,波兰总统杜达几乎全程陪同……国家主席习近平在华沙的访问日程紧凑、内容务实、意义深远,是对中国特色大国外交的又一次生动实践,也为世界再次呈现国家间互利共赢合作的经典范例。整个访问过程中,有三大高光时刻备受瞩目,也最能体现这次访问对于中波关系的里程碑式意义。

2016年11月5日,中国国务院总理李克强出席在拉脱维亚里加举行的第五次中国—中东欧国家领导人会晤期间会见波兰总理希德沃。

2017年5月12日,中国国家主席习近平在人民大会堂会见来华出席"一带一路"国际合作高峰论坛的波兰总理希德沃。

2017年11月27日,中国国务院总理李克强在匈牙利布达佩斯出席第六次中国—中东欧国家领导人会晤期间,与波兰总理谢德沃举行了双边会见。

2018年4月30日,中国国家主席习近平特使、中共中央政治局委员、中央书记处书记、中央政法委书记郭声琨访问波兰,分别与波兰总统杜达、行政部代理部长/国务秘书科兹沃夫斯基举行了会见、会谈。

2018年7月7日,国务院总理李克强与中东欧16国领导人共同出席了在保加利亚首都索菲亚举办的第七次中国—中东欧国家领导人会晤。各方围绕"深化开放务实合作,共促共享繁荣发展"为主题,共同制定和发表了《中国—中东欧国家合作索菲亚纲要》。

波兰与中国的友好合作可谓是一项绵延了半个多世纪的悠久传统。据波兰驻华大使馆的时事纪事资料记录:党的十八大以来,中波双方高层互访达31次。2015年底,杜达就职总统职位仅四个月即对中国进行国事访问,这表明波兰对发展与中国双边关系的重视。正如波兰外交部部长瓦什奇科夫斯基在2016年4月26日会见中国国家副主席李源潮和外长王毅时所说的:"中国是波兰在亚洲的'天然伙伴'。"

二、 经济交流

波兰位于欧洲中心,地处东西欧交汇处,其枢纽地位极其重要。同时,波兰也是欧洲最为稳定和快速发展的经济体,是欧洲唯一连续20多年经济保持增长的国家。

波兰与中方合作建立了中华人民共和国历史上第一家中外合资企业——成立于1951年6月15日、至今仍在运营的中波轮船股份公司（CHIPOLBROK）。作为中华人民共和国第一家中外合资企业，它从成立之初的 4 艘旧船起家，迄今已发展为拥有 3 亿多美元净资产、21 艘重吊船组成的专业化船队、运力约 58 万载重吨、航线遍及全球主要港口的远洋运输企业。2001 年 6 月，在中波轮船股份公司成立 50 周年之际，时任中华人民共和国国务院总理朱镕基、外交部部长唐家璇，波兰总统克瓦希涅夫斯基和总理布泽克分别致信祝贺，时任波兰运输和海洋经济部部长维奇克和财政部部长巴乌茨出席了在上海举行的庆祝活动。

1984 年，中国与波兰经济、贸易和科技合作委员会成立。

1985 年上半年，波兰副总理奥博多夫斯基和中国国务院副总理李鹏互访，签订了两国《1986—1990 年长期贸易协定》。

1988 年 5 月，波兰统一工人党政治局委员、部长会议主席梅斯内尔访华，签署了《经济、科学技术长期合作发展纲要》《相互鼓励和保护投资协定》和《避免双重征税和防止偷税漏税协定》，上述协定的签署不仅为两国经济发展的提供了合作的平台，还提供了法律和机制的保障。

2004 年 3 月，波兰经济、劳动和社会政策部副部长杰林斯基率团访华，并参加了在北京举行的中波政府间经贸合作委员会第十一次例会。2004 年 6 月，中波双方签署了《中华人民共和国政府和波兰共和国政府经济合作协定》。

2004 年 9 月，中国正式批准波兰为中国公民出境旅游目的国。随着"一带一路"建设项目的推进，中国与中东欧多国在旅游方面的合作不断加强。有数据显示：2016 年，中国赴中东欧出境游人次同比 2015 年上涨了 229％，而波兰则是中国游客人次在中东欧增长最快的国家。

2012 年 5 月，波兰航空公司恢复了华沙—北京的直航航线，这是波兰航空自 2008 年停飞此路线后的又一次开通。

2014 年 6 月,波兰经济部副国务秘书德哈赴宁波出席中国—中东欧国家合作经贸促进部长级会议。2014 年 10 月,中国人民银行批准波兰国家银行进入中国银行间债券市场,投资额度 60 亿元人民币。

2015 年 3 月,中国证监会与波兰金融监管局签订《证券期货监管合作谅解备忘录》。2015 年 4 月,波兰成为亚洲基础设施投资银行意向创始成员国。同年 9 月,波兰政府批准加入亚投行。10 月,波兰驻华大使作为波兰政府全权代表签署了《亚洲基础设施投资银行协定》。11 月,中波两国政府签署了《共同推进"一带一路"建设谅解备忘录》。

2016 年 3 月,波兰参议院、众议院批准波兰加入亚投行。2016 年 6 月,中波两国政府签署了《共同编制中波合作规划纲要的谅解备忘录》。

2017 年 6 月,第 17 次中波经济合作联合委员会会议在宁波举行。双方企业通过中波"一带一路"合作暨物流基础设施投资论坛、中东欧国家投资贸易博览会、中国品牌商品波兰展等展会平台加强对接。

2018 年 5 月,波兰农业和农村发展部国务秘书波古茨基访华。同月,中国银联开通波兰境内约 30% 的 ATM 和 POS 终端来受理银联卡。

由此可见,随着中波经济的快速发展,尤其是中国"一带一路"倡议提出后,中波经济合作发展不断深入,经济合作成果日益增多。

三、 文化交流

波兰地处中欧,是一个山川秀丽、气候宜人、物产丰富、人才荟萃的国家。波兰传统文化由贵族文化演变而来,其核心是中世纪的骑士精神。民主自由、开放文化、宗教宽容是其传统文化的三个特征。

1953 年 4 月 3 日,波兰与中华人民共和国签订了文化合作协定——《中华人民共和国与波兰人民共和国文化合作协定》,这是 1949 年中华人民共和国成立后第一个与我国签订此协议的国家。此后,波兰与我国一直保持着文化交流上的良性互动,文化活动不断发展,交流层次不断加深。

（一）中波文化交流顺利起步阶段——20 世纪 50 年代

1949—1954 年是中国与波兰两国间的文化往来处于顺利开展阶段。这个时期两国文化交流的重要特点是双方重视官方的交流和交流的计划性。

波兰是中华人民共和国于 1949 年成立后第一个与我国签订文化合作协定的国家,《中华人民共和国与波兰人民共和国文化合作协定》于 1953 年 4 月 3 日由中华人民共和国代表彭明治和波兰人民共和国代表斯达尼斯瓦夫列杰夫斯基代表各自政府共同签署。根据该协定,双方轮流在北京和华沙举行联合委员会年会,商定文化合作协定的年度执行计划,均由各自文化部门高级官员率团参加。如 1952 年,波兰对外文化合作委员会主席温德率波兰政府文化代表团访华;1953 年,中国文化部部长沈雁冰(茅盾,著名作家)率中国代表团赴波;1954 年,波兰高教部副部长波科拉率团访华;1955 年,中国对外文化联络事务局局长洪深率政府文化代表团赴波。

文化合作协定及其执行计划的主要内容包括:双方应促进并协助各种学术研究机构、文化与教育组织间的合作;双方相互举行有关文化学术问题的讲演;互派教授进行访问讲学并交换留学生,交换教育及文化生活方面的资料;提倡相互研究对方的语文;交换科研资料及报告;鼓励翻译对方的著名的文学艺术作品及科学出版物,交换图书、报刊等出版物;相互举办文化展览会;上演对方的戏剧、音乐作品和电影;加强两国电影企业间的合作并交换广播节目;相互为对方通讯社及记者的活动提供方便等。

整个 20 世纪 50 年代,中波文化交流与合作处于十分良好的发展时期,双方互派文化代表团、文教考察团、艺术表演团等到对方国家访问演出,相互举办对方国家电影周、文化艺术展览和名人纪念活动等,每年均达近 200 人次,双方还互派留学生,交换图书、报刊、影片等。

在表演艺术的交流方面,1951 年初,中国派出了以丁里为团长的由 72 人组成的"中国杂技团"赴波兰进行了两个半月的友好访问演出。同年秋,中国青年文工团一行 216 人赴波访问、演出。1953 年 4 月,波兰玛佐夫舍歌舞团一行 153 人在团长、波兰作曲家安德烈·帕努夫尼克的率领下,赴中国进行了两个月的访问演出,毛泽东主席和周恩来总理接见了歌舞团领导及演员代表。同年 8 月至 9 月,中国青年艺术团一行 139 人赴波兰访问,在波兰 11 个城市演出 27 场,波兰部长会议主席贝鲁特接见了该团领导和主要演员。1954 年秋,中国人民解放军歌舞团一行 270 人赴波访演,受到波方隆重接待。在互办展览方面。1951 年在波兰举办中国艺术展览会,是中华人民共和国成立后,中国在国外举办的第一个大型艺术展览会。展品包括绘画、雕刻、素描、工艺美术等千余件。1952 年 6 月,波兰招贴画展览会在北京举办,展出了波兰著名招贴画作家 60 多幅作品。在电影交流方面,1950 年 12 月在北京放映了反映德国纳粹分子在集中营的暴行的波兰故事片《最后阶段》。1954 年,双方分别举办了波兰电影周和中国电影周。1954 年 7 月,在中国北京、长春、上海等 20 个城市举办了波兰人民周,放映《最初的日子》《肖邦的青年时代》《重建华沙》等影片。1955 年初,中国电影代表团赴波,在波兰 17 个大城市举办了中国电影周。

在 1951—1955 年间,中波两国除进行了上述主要的文化交流外,各文艺协会和新闻、科学、卫生、体育等方面也都开始了交往。上述文化交流与合作促进了两国人民之间的相互了解与友谊。

1955—1960年,是中波文化交流进一步发展时期,交流的规模也较前期有所扩大。这个时期,在文化艺术领域,每年都有15—20个来往项目,其中,中方派赴波兰的艺术表演团组主要有:中国青年艺术团(1955年)、中国杂技团(1955年)、中国上海杂技团(1956年)、中国木偶皮影艺术团(1956年)、中国杂技团(1956年)、中国戏曲歌舞团(1958年)、中国川剧团(1959年)等;而波兰访华的表演艺术团组主要有:波兰军队歌舞团(1955年)、波兰钢琴家斯捷潘斯卡(1957年)、波兰华沙杂技团(1957年)、波兰钢琴家日穆津斯基(1958年)、波兰玛佐夫舍歌舞团(1960年)、波兰钢琴家贝莱仁斯基(1960年)等。1957年和1958年,波中友好协会和中波友好协会先后成立,两个友好组织之间建立了密切的联系。除上述文化交流领域外,中波两国的作协、音协、美协、剧协等各文艺界协会之间联系频繁,包括人员互访和上演对方国家戏剧,邀请对方国家作家、美术家前来采访、创作,纪念文化名人等活动。

　　在电影方面的交流较多,除举办电影周、电影招待会等活动外,双方还互派电影代表团,或送影片参加多边性国际电影比赛以及进行商业互购等。

　　在文化艺术专题展览方面,在波兰举办的中国展览主要有:中国水彩画和剪纸展览会、中国手工艺品展览会、中国工艺美术展览会、中国图片展览会、中国风景展览会、中国建筑图片展览会等。同期,在中国举办的波兰展览主要有:波兰宣传画和书籍插图展览会、波兰民间艺术创作展览会、波兰建筑展览会、波兰版画展览会等。

　　在文学翻译方面,中波建交后到1957年的7年里,我国翻译、出版了波兰政治、经济、文学、科技书籍共70多种,印行50多万册,波兰翻译、出版我国的书籍50多种,发行了100多万册。

　　波兰语翻译家易丽君,1954年从武汉大学中文系选送到波兰华沙大学,学习波兰语言文学。长期从事波兰语教学和波兰文学研究及波兰文学翻译。发表文学论文 20 篇,专著《波兰战后文学史》及《波兰文学》,并为《中国大百科全书·语言文字卷》《外国名作家大词典》《外国文学家大辞典》撰稿,共介绍波兰作家、语言学家 300 余位。主要译著有古典名著长篇小说《十字军骑士》《火与剑》,史诗《塔杜施先生》和《波兰 20 世纪诗选》《波兰民间故事》等专集并撰写各书前言,此外还发表大量中短篇小说、诗歌和儿童文学译作。包括本人译作在内的一些丛书、书系,文库曾获首届全国优秀外国文学图书特别奖、国家图书一等奖和冰心文学奖。本人于 1984 年获波兰人民共和国文化功勋奖章,1997 年获波兰共和国文化功勋奖章。

波兰翻译家林洪亮,波兰华沙大学波兰语文系毕业。译著有《你往何处去》《十字军骑士》《火与剑》《显克维奇中短篇小说选》《密茨凯维奇诗选》《呼唤雪人》《着魔》《肖邦通信集》《人民近卫军》《第三个女人》《灯塔看守》《中非历险记》等。1984 年获波兰政府颁发的"波兰文化功勋奖章",1994 年获波兰颁发的"心连心奖章",2000 年获波兰总统颁发的"十字骑士勋章",2010 年获波兰政府颁发的"荣誉艺术"银质文化勋章。2007 年荣获中国翻译协会授予的"资深翻译家"称号。

波兰诗人切斯瓦夫·米沃什,1980 年,获得了诺贝尔文学奖。在中国,他拥有广泛的读者,是很多中国诗人的精神导师。2018 年,从波兰文翻译的全新译本《米沃什诗集》由上海译文出版社出版。

波兰诗人维斯拉瓦·辛波斯卡,擅长以幽默、诗意的口吻描述严肃主题和日常事物,以诗歌回答生活。当代最为迷人的诗人之一,享有"诗界莫扎特"的美誉。1996 年获得诺贝尔文学奖,是文学史上第三位获奖女诗人。2012 年,《万物静默如谜》出版,不仅入选"新浪中国""深圳读书月"等各大年度"十大好书"榜,更是创造了诗集的出版奇迹,一年内畅销 10 万册,使她成为在中国最具影响力的诺贝尔文学奖获奖诗人。

波兰夏白龙(Witold Jabłoński)是第一位从事中国文学翻译的汉学家,翻译了老舍先生的《赵子曰》及郭沫若作品和毛泽东的许多诗歌作品。夏白龙不但进行翻译实践,他还写了几本关于中国文化的书,通过这些书他第一次全面地介绍给波兰读者中国文化的某些部分。这些书具有很高的学术价值,但由于源语为波兰语,对当时的国际汉学研究没有什么贡献。夏白龙的主要研究范围包括:宗教(《中国宗教》)、历史与政治(《道德规范与儒家礼仪》《中国多元化政治制度》)、中国史学(《中国史学:发展与不同方向》)、科学(《中国科学发展的必要条件》)、文学(《中国文献学的起源与文学体裁》)等。

波兰涌现出很多汉学家与译者,包括波兰著名的雅努什·赫米耶莱夫斯基、奥尔格尔德·沃伊塔谢维奇、塔杜什·兹比科斯基等。他们把许多中国代表性的文学作品翻译成波兰语。例如,兹比科斯基翻译《西游记》,波兰译文名《猴子造反记》。另外,他还翻译明朝著名的小说《包公案》与 20 世纪作家老舍的《离婚》。雅努什·赫米耶莱夫斯基与夏白龙和奥尔格尔德·沃伊塔谢维奇合作翻译了《南华经》《楚辞》,并编辑了《中国文学选集》。奥尔格尔德·沃伊塔谢维奇不仅从事中国文学翻译,还对翻译理论进行研究。他曾发表了波兰第一本介绍翻译学的书——《翻译研究入门》,因此被称为"波兰翻译学之父"。

(二)中波文化交流逐步发展阶段——20 世纪 60 年代

1960—1966 年,中波文化交流与合作进入低谷,但仍保持一定规模的交往。

1960 年"布加勒斯特会议"以后,中国同波兰关系逐步恶化。自 1960 年至 1966 年,双方均未派政府文化代表团互访和商签文化合作协定的年度执行计划,而是由各自的外交代表机构与对方的主管部门商签。1967 年执行计划中波双方商而未签,两国间的文化往来遂告中断。

20 世纪 60 年代,中方曾派出了中国歌剧舞剧院、中央歌舞团、表演艺术家小组、铁路杂技团和前线歌舞团等艺术表演团组访波。波方派出钢琴家玛·维科米尔斯卡(1961 年)、表演艺术家小组(1961 年)、音乐家莱吉娜·斯曼强卡(1962 年)、波卡托维兹广播电台大交响乐团(1963 年)、波罗兹市"哈尔纳姆"纺织工人舞蹈团(1963 年)和波兰西里西亚歌舞团(1965 年)等。除此之外,双方还互办了一些展览。其中,中方举办了波兰"革命运动"艺术作品展(1961 年)、波兰水利建设成就展(1962 年)、波兰漫画展(1963 年)和波兰经济发展 20 周年图片展(1964 年);波方举办的中国展览有中国贵州民间工艺品展(1961 年)、中国刺绣展(1966 年)等等。

　　总之,在 20 世纪 60 年代,中波之间的文化往来较之 50 年代十分友好的文化交流与合作迥然不同,但双方都为发展正常关系作了不少努力,保持文化往来正是这种努力的一部分。从 60 年代后半期到 70 年代末,由于国际环境和中国"文化大革命"等因素的影响,中波文化交流中断了多年。

　　(三)中波文化交流正常化发展阶段——20 世纪 80 年代

　　在 20 世纪 80 年代后,随着中波两国关系的好转,文化交流与合作得到了迅速恢复和发展。

　　1980—1983 年,中波两国逐渐恢复中断了多年的文化交流,双方开始派遣艺术团组到对方访问演出,两国教育部门签订了互派语言教师和联合编辑出版《波汉词典》的协议,体育部门签订了体育交流纪要。

　　1984 年,中国文化部副部长吕志先率中国政府文化代表团赴波兰与波兰外交部副部长约维雅奇在华沙签署了《中波两国政府 1985—1986 年文化科学交流计划》,从此两国文化交流走上正轨。

　　1986 年 11 月,中国文化部副部长宋木文与波兰驻华大使邓博夫斯基在京签署了《中波文化和科学合作协定 1987—1988 年执行计划》。

1989 年 3 月,中波在华沙签订了《中波文化和科学合作协定
1989—1990 年执行计划》。根据所签的合作协定和年度执行计划,
双方积极开展文化、艺术、科学、教育、体育、卫生、出版、新闻、广播、
影视、档案、宗教、园林等方面的交流与合作,两国一些相关机构还签
订了交流合作计划或协议。这些计划或协议均属中波文化和科学合
作协定及其执行计划的组成部分。

20 世纪 80 年代,两国表演艺术交流的规模和数量有较大发展。
双方均派出过多起规模较大的艺术团体和著名的艺术家赴对方国家
访问演出。这期间在波兰举办了中国摄影艺术展、中国漆画、漆器
展、中国油画展、中国版画展、中国壁画挂屏刺绣展、中国中青年书法
展,并选送美术作品参加了在波兰举行的罗兹国际版画展、克拉科夫
国际版画展、革但斯克国际工艺品展和比尔纳国际儿童版画比赛等。
波兰在中国举办的展览有:波兰现代绘画展、波兰肖邦生平图片展、
波兰招贴画展、波兰儿童书籍插图展等。

1989 年 9 月,波兰政局发生急剧变化,成立了东欧第一个非共产
党领导的政府。中国坚持和平共处五项原则,努力同波兰保持和发
展正常的国家关系,两国的文化交流与合作得到维持。

(四)中波文化交流稳步发展阶段——20 世纪 90 年代

在 20 世纪 80 年代,中波关系正常化以后,两国在文化、教育等
方面的合作也得到了恢复和发展,每年文化交流、文艺团体互访不
断,双方再次启动互派留学生进修生机制。

1991 年 7 月,以外交部文化和科学合作司副司长艾·密尔查莱
克为团长的波兰政府文化代表团访问我国,中国文化部外联局副局
长崔维本与密尔查莱克副司长分别代表本国政府签署了《中波文化
和科学合作协定 1991—1993 年执行计划》。

1994 年 9 月,中国文化部部长助理高运甲和波兰驻华大使克拉

尔赤克在北京签署了《中波文化和科学合作协定 1994—1996 年执行计划》。

1994 年秋,由中国文化部副部长陈昌本率领的中国政府文化代表团赴波兰访问,波兰文化艺术部副部长雅纳斯和外交部部长助理杰沃索夫斯基分别会见了代表团,双方表示,今后要继续发展文化交流与合作,以增强两国人民的友谊和相互了解。

1990 年至 1994 年,中波双方进行了一些文化艺术交流。中国曾派遣呼和浩特市民族艺术团和获奖芭蕾舞演员小组赴波兰演出,在波兰举办了中国儿童画展、中国邮票展、中国水彩画展、中国水墨画展和西藏艺术展等。

1997 年 11 月,中国文化部副部长孟晓驷和波兰副外长罗伯特·姆罗杰维奇在北京签署了两国政府文化和科学合作协定 1998—2000 年执行计划。江泽民主席和到访的波兰总统克瓦希涅夫斯基出席了签字仪式。双方将继续支持在科学研究、技术发展、文化、艺术、教育、新闻、旅游和体育等方面的相互交流与合作。

1998 年至 2000 年,中波两国之间的官方文化交流项目虽然不多,但民间交往十分活跃。双方在文学、舞蹈、音乐、美术、出版、旅游、电视、电影、杂技、体育等领域都有交往。特别是 1999 年西里西亚歌舞团、2000 年华沙爱乐乐团等大型著名的波兰艺术团体的访华产生了较大反响。同样,2000 年 10 月,中国青年钢琴家李云迪在第十四届华沙国际肖邦钢琴比赛的夺魁,则成为这段时期两国文化交流史上的亮点。

(五)中波文化交流全新发展阶段——21 世纪至今

进入 21 世纪后,中波文化交流开启全新篇章,向着更加多元、更高层次发展。中波政府间文化互访活动更加频繁,民间文化交往越发活跃。

2002 年 6 月 1 日—10 日,应中国文化部部长孙家正的邀请,波兰文化部部长采林斯基访华。其间,全国政协副主席钱政英予以会见,文化部部长孙家正与采林斯基举行会谈。代表团还访问了哈尔滨、上海。

2002年10月11日—15日,应波兰文化部副国务秘书斯康布斯基的邀请,中国文化部副部长陈晓光率中国政府文化代表团访波。波兰文化部部长董布罗夫斯基、众院文化与传媒委员会主席文德里赫会见了陈副部长,双方签署了《会谈纪要》,商定2003年中国在波兰举办"中国文化日"。

2003年9月17日—19日,以萧榕副会长为团长的中国国际友好联络会代表团访问波兰,中国爱乐乐团抵波访演。萧副会长和波兰总统夫人克瓦希涅夫斯卡、众议长博罗夫斯基夫妇及总理莱·米莱尔夫妇临场观摩中国爱乐乐团首演。此外,波兰文化部长瓦·董布罗夫斯基和著名作曲家、指挥家克·潘德莱茨基分别会见和宴请了萧副会长一行。

2003年9月23日—30日,应波兰电影家协会邀请,以中国电影家协会副秘书长汪菊平为团长的中国电影家协会代表团一行4人访问波兰并出席中国电影节活动。访问期间,代表团出席电影节在克拉科夫和华沙两地举行的首映式和记者招待会活动。

2004年是中波建交55周年,6月8日,中国国家主席胡锦涛和波兰总统克瓦希涅夫斯基在华沙签署了《中华人民共和国和波兰共和国联合声明》,将中波关系提升为友好合作伙伴关系。访问期间,双方相关部门还签署了《中华人民共和国文化部与波兰共和国文化部长2004—2006年文化合作备忘录》等双边合作文件。

2004年5月10日—19日,波兰在华沙举办了"中国音乐周"。同月19日—27日,中影集团董事长杨步亭率团访波。同月30日—6月1日,中国文化部副部长常克仁率政府文化代表团访波。

2004年8月31日—9月6日,上海市长宁区人大常委会主任刘雅琴率文化考察团访波。

2005年5月9日—13日，波兰文化部副部长克利姆查克率政府文化代表团访华，同中国文化部副部长陈晓光会见，并参加在北京举办的"波兰文化日"活动。

2006年9月13日—17日，中国文化部副部长孟晓驷率团访波，会见波兰文化部副部长奥兰斯基，并出席"中国文化节"开幕式。同月26日—29日，国务委员陈至立率团访波，会见波兰总统卡钦斯基，与副总理兼教育部长盖尔蒂赫会谈。双方签署了《2007—2011年中波文化合作意向书》和《2007—2009年中波教育合作意向书》。

2007年2月，波兰文化和民族遗产部部长卡奇米日·乌雅兹多夫斯基访华，国务委员陈至立会见。

2007年11月，中国文化部部长孙家正访波。两国文艺演出团体相互访演。

2008年5月，波兰文化与民族遗产部国务秘书彼得·茹霍夫斯基访华并出席"波兰文化节"活动。两国文艺演出团体相互访演增多。克拉科夫雅盖隆大学孔子学院运转顺利，波兹南密茨凯维奇大学孔子学院、奥波莱理工大学孔子学院相继成立。两国12对友好省市交往频繁，合作内容不断充实。

2009年是中波建交60周年，双方总结过去、展望未来，两国关系总体发展顺利。文化领域合作不断深化。9月，中国文化节在波兰举行。克拉科夫雅盖隆大学孔子学院、波兹南密茨凯维奇大学孔子学院、奥博莱理工大学孔子学院、弗罗茨瓦夫大学孔子学院运转正常，革但斯克大学孔子学院筹建顺利。两国已缔结15对友好省市，人员往来日益频繁，合作内容不断充实。

2010年，中波文化交流与合作进一步加深。"波兰文化节""中国日"及纪念肖邦诞辰200周年系列活动在中国成功举办，反响热烈。上海世博会波兰馆深受中外民众欢迎，参观者达800万人。"中国电影展"在波兰圆满落幕,掀起新一轮中国文化热潮。

2010年1月7日—10日,应波兰2010年肖邦年活动委员会邀请,中国钢琴家郎朗访问波兰,分别在华沙和罗兹市与波兰华沙爱乐乐团联袂演出。

2010年3月19日—26日,应波方邀请,中国上海交响乐团团长陈光宪、指挥余隆一行109人访问波兰,出席华沙贝多芬国际音乐节演出并访问罗兹市。

2010年6月14日—17日,应波兰文化部邀请,中国国家广电总局副局长赵实一行6人访问波兰,与波方就拓宽广播、电影、电视等领域合作渠道事宜进行磋商,代表中国CCTV中央电视台签署了与波兰TVP国家电视台的合作协议书。

2010年10月10日—19日,应中国人民大学出版社及安徽出版集团邀请,波兰马尔沙维克出版社总裁及托伦市哥白尼大学副校长等5人访问中国,在北京及合肥分别与中方合作单位举行合作出版图书发行式活动,商定进一步合作计划。

2011年12月18日—22日,应中国国家主席胡锦涛邀请,波兰共和国总统布罗尼斯瓦夫·科莫罗夫斯基对中国进行国事访问。访问期间,两国元首就深化双边关系及共同关心的国际和地区问题坦诚、深入交换意见,达成广泛共识,双方决定将双边关系提升为战略伙伴关系。此外,双方还表示:将尽早签署两国文化部《2012—2015年文化合作议定书》,继续互办文化节及其他艺术交流活动。

2011年2月9日—12日,中国文化部派出"中国广播艺术团"一行13人在波兰奥波莱和克拉科夫两地举办四场中国民乐音乐会。奥波莱省副省长科斯图斯和孙玉玺大使及波兰各界人士2 600人出席音乐会。这是中国文化部首次派团在波兰举办"欢乐春节"文化活动,波兰民众反应强烈,活动取得圆满成功。

2011年9月9日—14日,中国文化部派出"中国紫禁城室内乐

团"一行 12 人和中国展览专家 2 人参加在华沙和克拉科夫举办的
"中国文化节"活动。活动期间,中国著名琵琶演奏家杨靖和古琴演
奏家陈雷激等大师奉献三场精湛音乐会。

2011 年 11 月 14 日—17 日中国广电总局局长蔡赴朝率代表团
一行 6 人访问波兰,波兰文化与遗产部部长兹德罗耶夫斯基亲切会
见了代表团一行。访问期间举办电影招待会放映了故事片《梅兰
芳》,波兰文化与遗产部副部长斯莫伦和蔡赴朝局长出席电影招待会
并发表了热情洋溢的讲话。故事片《梅兰芳》受到波兰民众的热烈
欢迎。

2012 年 4 月,中国国务院总理温家宝访波期间中波两国政府签
署了《中华人民共和国文化部和波兰共和国文化与民族遗产部部长
2012—2015 年文化合作议定书》。该议定书的签署为中波两国进一
步扩大文化交流奠定了法律基础。

2012 年 7 月 15 日—19 日,中国文化部副部长李洪峰率中国政
府文化代表团一行 7 人访问波兰,访问期间李洪峰副部长与波兰文
化与民族遗产部副部长斯莫伦女士、克拉科夫副市长斯洛卡女士就
中波双方互办文化季活动及设立文化中心等事宜深入交换了意见,
并为波兰友人布兰迪斯颁发"文化交流贡献奖"。

2012 年 8 月 14 日—15 日,中国文化部派出"北京现代室内乐
团"一行 26 人在华沙举行了两场音乐会,并参加"克拉科夫老城音
乐节"。

2012 年 11 月 5 日—11 日,"2012 波兰·中国西藏文化周"活动
在波兰首都华沙开幕。活动通过"雪域风采"图片唐卡展览、"魅力西
藏"歌舞表演、"倾听西藏"藏学家藏医专家交流活动等形式展现西藏
悠久丰富的民族文化和独具特色的风土人情,以及西藏经济社会发
展和各族人民安居乐业的生动景象,得到了波兰各界的热烈反响。

2013 年 2 月,"中国文化日"在波兰华沙亚太博物馆举行。

2013 年 4 月 19 日，"中国传统节日展"和"中国工笔画展"在波兰下西里西亚省弗洛茨瓦夫的民俗博物馆举行了隆重的开幕仪式。各界友好人士近 200 人出席了开幕式。

2014 年适逢中波建交 65 周年，为庆祝建交举办了如"中国民族文化周""中国文化日"等一系列文化活动。

2014 年 8 月 2 日晚，第三届中国彩灯文化节在波兰首都华沙拉开帷幕。中国驻波兰大使徐坚、波兰总统府副国务秘书克里姆查克、波兰驻中国大使霍米茨基、华沙皇家瓦津基公园博物馆馆长、中国五矿和波兰铜业集团和恭王府管理中心等代表出席了当天的开幕式。当天的彩灯节还吸引了众多的华沙市民前来观看。

2014 年 9 月 22 日—10 月 5 日，为庆祝中波建交 65 周年，由中国国家民委、文化部与波兰文化与民族遗产部主办的"2014 波兰·中国民族文化周"在波兰首都华沙隆重举行。

2015 年 2 月 5 日，应中国文化部邀请，波兰文化和民族遗产部长玛格扎塔·欧米拉诺夫斯卡率政府文化代表团一行 5 人访问中国，其间专程到访恭王府，就中波文化机构合作等相关问题进行会谈。

2015 年 3 月 3 日，中国驻波兰大使徐坚邀请波兰文化和民族遗产部长奥米拉诺夫斯卡做客中国使馆，双方就中波文化交流与合作事宜交换了意见。

2016 年 3 月 17 日，四川德阳文化代表团赴波兰科宁参加文化交流艺术节活动。

2016 年 5 月 14 日，"传统与现代——中国·波兰艺术家交流作品展"开幕式在河北秦皇岛祖山当代美术馆举办，作品展共展出了波兰艺术家的 30 幅油画和中国艺术家的 23 幅作品。

2016 年 6 月 14 日，由中国国务院新闻办公室和中国驻波兰共和国大使馆主办，中国外文局人民画报社和波兰家园公民协会共同承办的"美丽中国·美丽波兰"图片展开幕式在波兰首都华沙举办。

2016 年 6 月 19 日中国国家主席习近平对波兰进行为期 3 天的国事访问,提出全面推动两国人文领域交流合作。访问期间,两国文化部签署了 2016—2019 年文化合作议定书。

2016 年 10 月 17 日至 30 日,《议定书》项目,第一届北京肖邦国际青少年钢琴比赛在北京举行。

2017 年 6 月 28 日,为庆祝香港回归祖国 20 周年,促进中波两国的人文交流,由香港中华历史文化动力特别举办的"文化长河"交流活动在波兰首都华沙举行。中国驻波兰大使徐坚夫妇、中国香港特别行政区政府中东欧经济及贸易事务代表、中国驻柏林经济贸易办事处主任何小萍、波兰前副总理兼经济部长皮耶豪钦斯基、波兰世贸中心主席杰克·托勒及波兰文化艺术界人士等出席。

2017 年 11 月 29 日,第三届丝绸之路国际文化论坛的文化交流项目在波兰首都华沙举行,作为非物质遗产的廊坊文化登上了波兰目前唯一还在使用的皇家剧院——瓦津基博物馆国王剧院,为波兰观众带去了评剧、八卦掌等中国传统艺术。

2018 年 6 月 13 日,为期 4 天的第三届中国—中东欧国家文化创意产业论坛在波兰中部城市罗兹开幕。论坛由波兰文化和民族遗产部主办,主题为"创新的复兴",来自中国和中东欧 16 国的数十位政企代表集聚一堂,为中国及中东欧国家开展文化产业合作探索长效合作机制。

2018 年 7 月 10 日,由广东中山人民对外友好协会和波兰驻广州总领事馆共同主办的肖邦音乐会在市文化艺术中心举办。中国钢琴家张沫儒与波兰横笛演奏家伊丽莎白·沃伦因斯卡为中山观众演奏了 10 多首肖邦名曲。此外,"波兰联合国教科文组织世界遗产保护地"展览也在市文化艺术中心举行。

2018 年 9 月 12 日,以"湖湘风华·盛放东欧"为主题的"湖南—波兰非遗交流周"在波兰华沙拉开帷幕。来自中国湖南的非物质文化遗产传承人和艺术家带着独具特色的文化产品登上波兰的舞台，向当地民众展示中国的秀美风景、音乐绘画和民俗文化。

2018 年 9 月 25 日，由波兰作家协会及其克拉科夫分会、波兰文人协会、克拉科夫市政府文化局、克拉科夫艺术沙龙和世界诗人大会中国办事处联合主办的"波兰—中国诗歌文化双边交流会"在历史文化名城克拉科夫市中心艺术餐厅举行。

2019 年是中波建交 70 周年。近年来，中波两国的人文艺术交流不断焕发出新的光彩。1 月 28 日，由波兰旅游局、波兰驻华大使馆文化处和开封清明上河园股份有限公司联合主办"《永恒的纽带》——波兰文化展"在开封清明上河园隆重举行。

第二节　中国与波兰双边贸易发展总体情况

中国是波兰重要的贸易伙伴，波兰是中东欧 16 国首个与中国建立战略伙伴关系的国家。目前，波兰是中国在欧盟第九大贸易伙伴和中东欧国家最大贸易伙伴，中国则成为波兰第二大进口国。中国银行波兰分行于 2012 年 6 月 6 日在华沙正式营业，并已全面进入波兰金融市场，成为首家在波兰正式开业的中资银行。

波兰处于欧洲关键的十字路口，连接着西欧、东欧、北欧和南欧。从中国前往欧洲的路线上，进入欧盟成员国的首站便是波兰，同时也是欧洲经济区成员国的第一站。在中国货物运抵波兰后可以快捷、迅速地转运至整个欧洲的不同目的地。独特的区位优势使波兰成为"一带一路"建设的重要参与者。我国"一带一路"倡议提出后，波兰表示积极支持，波兰是中东欧国家中唯一亚投行创始成员国，波兰的 2030 年国家长期发展战略以及大力推动的经济外交与中国的"一带一路"倡议十分契合，中波合作对接恰逢其时。2016 年 6 月 20 日，国家主席习近平、波兰总统杜达在华沙共同出席丝路国际论坛暨中波地方与经贸合作论坛开幕式。习近平发表题为《携手同心 共创未来》的重要讲话,强调中波两国共商共建"一带一路",推动区域经济繁荣,维护世界和平稳定。从此,中波双边贸易向深入发展。

一、 中波双边贸易发展历程

中华人民共和国建立初期,中波两国高层领导人互访,加强了两国之间的关系,有力推动了中国与波兰的合作贸易的发展。1950年,中波《中华人民共和国和波兰共和国易货协议书》的签订开始了双方定期的货物交换。1951年,双方签署了《关于组织中波轮船股份公司协定》《中华人民共和国邮电部和波兰共和国邮电部互换邮件及包裹协定》和《中华人民共和国邮电部和波兰共和国邮电部电信协定》的签订,就中波轮船股份公司的成立运营、货物交换及付款协定、航运协定、互换邮件及包裹协定、电信协定等一系列贸易规则和流程达成共识,为中波贸易奠定了基础,促进了中波双方的贸易往来。中波轮船公司在成立之后的半年时间里就完成了欧亚航线18个航次,为我国承运各类急需物资14万吨。至1952年6月公司成立一周年,中波轮船公司共为我国运回了26座工厂设备。

1953年9月27日,波兰在中国举办波兰经济展览会,这是自波兰共和国成立以来在海外举办的最大的一次博览会。在这次展览会上,最主要的展品是波兰各种现代化的机械装备,而现代化的机械装备恰好是新中国最急需的。这次展览会的重要性在于它开启了中波贸易的新篇章。1954—1955年,波兰向中国出口了数套采煤设备,从而加快了我国煤炭业的发展。中波贸易协定签订以后,我国也不断将一些波兰所短缺的货物出口到波兰。1952—1953年,中国向波兰出口2 000吨棉花、1 700吨黄麻、3 000吨花生、15 000吨大豆、3 000吨铁矿石、4 000吨松香。为了显示中波贸易往来的情况,从1954年开始,波兰的官方报纸就陆续报道了波兰从我国进口的物资。例如,1954 年华沙的一家报纸对来往于中波的"克林斯克"号所运输到波兰的我国货物统计显示:共承运 4 420 吨大豆,4 000 吨铁矿石,1 000 吨种子和 350 吨蓖麻油。[1]

从 20 世纪 50 年代末起,随着中苏关系逆转,中波关系也日渐疏远,两国之间高层次的接触逐渐停止,两国关系有所倒退。合作范围明显缩小且合作水平降低,这一时期中波关系失去了发展的动力。

1978 年,中国提出了改革开放政策,中国与其他国家的关系逐渐实现了正常化。中国外交政策的变化对于波兰而言也是非常重要的,因为中国对苏联潜在的军事干预波兰行动表示了反对。更重要的是,当美国政府开始对波兰人民共和国实行制裁时,中国向波兰提供了金融支持(长期无息贷款)和食品支援。这是中波两国双边关系恢复的起点。

在 20 世纪 90 年代初,随着苏联的解体,波兰经历了政治和社会的巨大变革。中国对波兰政治转型的反应是相当积极的。对波兰的选择,对其走向西方自由民主,中国表示接受和认可。中国表示,尽管在政治、意识形态和发展道路上存在差异,两国仍应坚持在和平共处五项原则的基础上发展友好、互利的关系。中国坚持超越社会制度、意识形态和价值观念上的差异,使两国关系得以稳步发展。

1993 年,两国的副总理戈雷舍夫斯基(Henryk Goryszewski)先生和邹家华先生进行了互访,签署了关于两国经贸关系的新协议。1994 年,波兰总理瓦尔德马·帕夫拉克访问了中国,会见了江泽民主席和李鹏总理。这次访问获得了巨大成功,中国方面对波兰寻求与欧盟的政治和经济一体化以及波兰寻求加入北约表示理解。

1996 年,中国全国政协主席李瑞环访问波兰。1997 年波兰总统克瓦希涅夫斯基对中国进行国事访问,这是中波建交以来波兰国家

---

[1] http://history.mofcom.gov.cn/《商务历史》。

元首第一次正式访问中国。在访华期间,两国领导人签署了《中华人民共和国与波兰共和国联合公报》。在这份文件中,双方都对目前的双边关系发展表示满意,并认为在许多领域有进一步合作的兴趣,如经济、贸易、金融合作领域,机构和非政府组织合作领域,以及研究和技术开发、文化、艺术、教育、传媒、旅游、体育和其他领域。两国同意建立长期、稳定的关系,在互相尊重独立、主权和领土完整,平等互利,互不干涉内政以及其他国际法原则的基础上发展友好合作关系。经过双方的共同努力,1992 年中波贸易开始回升。1996 年贸易额为6.2 亿美元,1997 年 7.05 亿美元,1998 年 8.15 亿美元,1999 年 8.6 亿美元,2000 年 9.6 亿美元。

2004 年,值此中波建交 55 周年之际,应波兰共和国总统亚历山大·克瓦希涅夫斯基的邀请,中国国家主席胡锦涛对波兰进行国事访问。两国元首就进一步发展两国关系和共同关心的地区及国际问题深入交换意见,达成广泛共识,共同签署了《中华人民共和国和波兰共和国联合声明》。

2011 年 12 月,波兰共和国总统布罗尼斯瓦夫·科莫罗夫斯基访华,中国国家主席胡锦涛与布罗尼斯瓦夫·科莫罗夫斯基就深化双边关系及共同关心的国际和地区问题坦诚、深入交换意见,达成广泛共识。会谈后,两国元首签署中波《关于建立战略伙伴关系的联合声明》,为双边关系的发展注入了新的活力。2012 年中波贸易额为14 384.42 百万美元,同比增长 10.7%。2013 年中波贸易额为 14 806.67百万美元,同比增长 3%。

近几年来,中波双边关系出现了积极上升的势头,显示出新的特点。两国在许多领域有着广泛共识,互把对方看成合作伙伴。中国十分重视波兰在中东欧地区所发挥的重要影响,把波兰作为中东欧地区的重要合作伙伴。2016 年 6 月,中国国家主席习近平、波兰总统杜达在华沙共同出席"丝路国际论坛暨中波地方与经贸合作论坛"开幕式。习近平发表题为《携手同心　共创未来》的重要讲话,强调中波两国共商共建"一带一路",推动区域经济繁荣,维护世界和平稳定,顺大势、应民心。中国国家主席习近平同波兰总统杜达举行会谈。会谈后,两国元首共同签署《中华人民共和国和波兰共和国关于建立全面战略伙伴关系的联合声明》。2016 年,波兰与中国货物进出口额为 17 631.79 百万美元,增长 5.7%。中国为波兰第二十二大出口市场和第二大进口来源地。2017 年,中国与波兰货物进出口额为 21 226.56 百万美元,同比增长 20.39%。其中,中国出口至波兰17 873.05 百万美元,同比增加 18.41%,中国从波兰进口 3 353.51 百万美元,同比增加 32.15%,顺差额为 14 519.54 百万美元,中国是波兰第二大进口来源地,在波兰的出口贸易伙伴排名中,中国居第 21 位。

（一）中波双边贸易发展现状

近几年来,由于中国和波兰都采取了积极有效的措施,推动了双边贸易发展,使双边贸易发展始终处于快速发展和上升趋势。在2008—2017 年间,贸易总额从 10 434.80 百万美元上升到 21 226.56百万美元,年均增长率为 8.21%。中波双边贸易处于顺差,且顺差额越来越大,从 2008 年的 7 645.94 百万美元增加到 2017 年的 14 519.54百万美元(见图 5.1)。

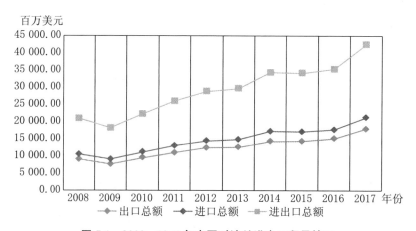

图 5.1　2008—2017 年中国对波兰进出口贸易情况

中国与波兰服务贸易与投资合作研究

2008—2009 年间,由于受 2008 年国际金融危机的影响,中波双边贸易同比下降了 13.11%,从中国对波兰的出口情况看,同比下降了 16.36%,从中国从波兰的进口情况看,同比下降了 7.91%。

2009—2010 年间,随着全球经济转暖,中波贸易也逐渐回升,贸易总量从 9 066.53 百万美元上升到 11 134.92 百万美元,顺差额为 7 741.70 百万美元,中波双边贸易同比上升 22.81%。其中,中国对波兰的出口额从 7 561.77 百万美元增加到 9 438.31 百万美元,同比增长 24.82%。中国从波兰的进口额从 1 504.76 百万美元增加到 1 696.61 百万美元,同比增长 12.75%。

2014 年,中波双边贸易额为 17 191.54 百万美元,同比增长 16.11%,其中,中国出口至波兰贸易额为 14 256.80 百万美元,同比增长 13.35%;中国从波兰进口的贸易额为 2 934.74 百万美元,同比增长 31.09%,顺差额为 11 322.06 百万美元。中国是波兰第三大进口来源地,在波兰的出口贸易伙伴排名中,中国居第 21 位。

2016 年,中国与波兰货物进出口额为 17 631.79 百万美元,同比增长 3.19%。其中,中国出口至波兰 15 094.07 百万美元,同比增加 5.22%,约占波兰进口总额的 7.9%,占波兰出口总额的 0.9%;中国从波兰进口 2 537.72 百万美元,同比下降 7.45%,顺差 12 556.35 百万美元。中国是波兰第二大进口来源地,在波兰的出口贸易伙伴排名中,中国居第 22 位。

2017 年,中国与波兰货物进出口额为 21 226.56 百万美元,同比增长 20.39%。其中,中国出口至波兰 17 873.05 百万美元,同比增加 18.41%;中国从波兰进口 3 353.51 百万美元,同比增加 32.15%,顺差额为 14 519.54 百万美元。中国是波兰第二大进口来源地,在波兰的出口贸易伙伴排名中,中国居第 21 位。

表5.1 2008—2017年中国与波兰贸易发展情况

（单位：百万美元；%）

年份	总额	同比增长	中国出口	同比增长	中国进口	同比增长	顺差额
2008	10 434.8	36.1	9 040.37	37.92	1 394.43	25.37	7 645.94
2009	9 066.53	−13.11	7 561.77	−16.36	1 504.76	7.91	6 057.01
2010	11 134.92	22.81	9 438.31	24.82	1 696.61	12.75	7 741.70
2011	12 987.52	16.64	10 939.55	15.91	2 047.98	20.71	8 891.57
2012	14 384.42	10.76	12 387.66	13.24	1 997.77	−2.45	10 389.89
2013	14 806.67	2.94	12 577.87	1.51	2 238.8	12.06	10 339.07
2014	17 191.54	16.11	14 256.80	13.35	2 934.74	31.09	11 322.06
2015	17 086.82	−0.61	14 344.87	0.62	2 741.95	−6.57	11 602.92
2016	17 631.79	3.19	15 094.07	5.22	2 537.72	−7.45	12 556.35
2017	21 226.56	20.39	17 873.05	18.41	3 353.51	32.15	14 519.54

资料来源：根据 UNCTADdatacenter 数据库整理。

（二）中波进出口贸易结构

1. 中国出口波兰产品结构情况

2008年，中国出口至波兰的主要产品有核反应堆、锅炉、机械设备，机电产品、音像设备及零部件，光学、摄影、医疗仪器，家具、寝具、灯具，非针织服装，运输设备等，其中核反应堆、锅炉、机械设备和机电产品、音像设备及零部件，出口额最高，分别是 1 938.82 百万美元和 1 809.54 百万美元，占中国出口到波兰市场总额的 21.45% 和

表5.2 2008年中国出口至波兰贸易结构情况

（单位：百万美元；%）

产品分类	出口额	占比	排名
核反应堆、锅炉、机械设备	1 938.82	21.45	1
机电产品、音像设备及零部件	1 809.54	20.02	2
光学、摄影、医疗仪器	1 157.07	12.80	3
家具、寝具、灯具	380.63	4.21	4
非针织服装	370.11	4.09	5
运输设备	362.74	4.01	6
钢铁制品	312.01	3.45	7
针织服装	311.33	3.44	8
鞋靴类	201.23	2.23	9
贱金属工具、器具等	189.64	2.10	10

资料来源：联合国商品贸易统计数据库 https://comtrade.un.org。

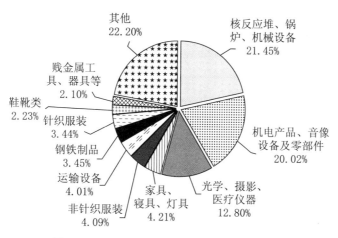

图 5.2　2008 年中国出口至波兰贸易结构情况

20.02％，两项占比总和约为 41.47％。

2017 年，中国出口至波兰的主要产品有机电产品、音像设备及零部件，核反应堆、锅炉、机械设备，光学、摄影、医疗仪器，家具、寝具、灯具，玩具、游戏及杂项制品等，其中音像设备及零部件，核反应堆、锅炉、机械设备出口额最高，分别是 3 929.16 百万美元、3 036.13 百万美元和 2 022.54 百万美元，占中国出口到波兰市场总额的 21.98％、16.99％和 11.32％，三项占比总和约为 50.29％。

表 5.3　2017 年中国出口至波兰贸易结构情况

（单位：百万美元；％）

产品分类	出口额	占比	排名
机电产品、音像设备及零部件	3 929.16	21.98	1
核反应堆、锅炉、机械设备	3 036.13	16.99	2
光学、摄影、医疗设备	2 022.54	11.32	3
家具、寝具、灯具	968.47	5.42	4
玩具、游戏及杂项制品	787.55	4.41	5
非针织服装	668.58	3.74	6
针织服装	586.61	3.28	7
运输设备	554.58	3.10	8
鞋靴类	435.81	2.44	9
塑料及制品	413.12	2.31	10

资料来源：联合国商品贸易统计数据库 https://comtrade.un.org。

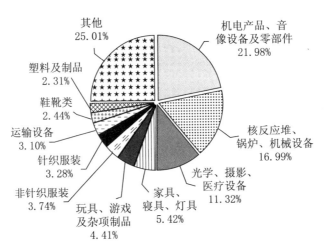

图 5.3 2017 年中国出口至波兰贸易结构情况

与 2008 年相比,2017 年中国出口至波兰前十类总体变化不大,其中有八类是相同的,尤其是前三类,只是排名第一位和第二位次发生了变化,但进口额大幅度提升。例如,2017 年出口额排名第一的机电产品、音像设备及零部件,出口额增长 102.66%,排名提升一位。排名第二位的核反应堆、锅炉、机械设备,出口额增长 56.60%,排名下降一位。光学、摄影、医疗设备,家具、寝具、灯具出口额分别增长 74.79%和 154.44%排名仍然是第三位、第四位。

2. 中国从波兰进口产品结构情况

2008 年,中国从波兰进口的主要产品有铜及其制品,核反应堆、锅炉、机械设备,化工产品,机电产品、音像设备及零部件,家具、寝具、灯具、杂项制品等,其中铜及其制品,核反应堆、锅炉、机械设备出口额最高,分别是 554.08 百万美元和 187.30 百万美元,占中国进口产品市场总额的 39.74%和 13.43%,两项占比总和约为 53.17%。

2017 年中国从波兰进口的主要产品有铜及其制品,机电产品、音像设备及零部件,核反应堆、锅炉、机械设备,运输设备等,其中铜其制品进口额 797.59 百万美元,占中国从波兰进口市场总额的 23.78%。机电产品、音像设备及零部件进口额 551.54 百万美元,占

表 5.4 2008 年中国从波兰进口产品贸易结构情况

(单位:百万美元;%)

产品分类	出口额	占比	排名
铜及其制品	554.08	39.74	1
核反应堆、锅炉、机械设备	187.30	13.43	2
化工产品	127.51	9.14	3
机电产品、音像设备及零附件	112.74	8.08	4
家具、寝具、灯具、杂项制品	69.87	5.01	5
光学、摄影、医疗设备	41.63	2.99	6
运输设备	39.49	2.83	7
塑料及其制品	35.48	2.54	8
矿产品	30.86	2.21	9
玻璃和玻璃器皿	22.72	1.63	10

资料来源:根据 UNCTADdatacenter 数据库整理。

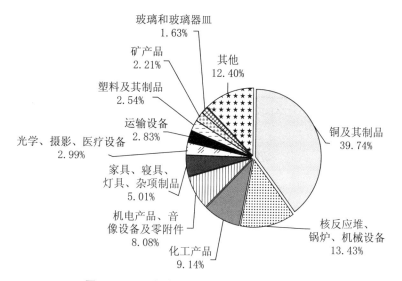

图 5.4 2018 年中国从波兰进口产品贸易结构

中国从波兰进口市场总额的 16.45;核反应堆、锅炉、机械设备进口额 467.034 百万美元,占中国从波兰进口市场总额的 13.93%;运输设备进口额 371.93 百万美元,占中国从波兰进口市场总额的 11.09%。这四项总和占比为 65.25%。

与 2008 年相比,2017 年中国从波兰进口前十类总体变化不大,其中有八类是相同的,尤其是前五类,几乎没什么变化。只是个别品种排名位次发生略微的变化,但进口额大幅度提升。例如,2017 年出口额排名第一铜及其制品出进口额增长 43.95%。排名第二位的机电产品、音像设备及零部件进口额增长 389.21%。排名第三位的核反应堆、锅炉、机械设备进口额增长 149.35%。

表 5.5　2017 年中国从波兰进口产品结构

(单位:百万美元;%)

产品分类	出口额	占比	排名
铜及其制品	797.59	23.78	1
机电产品、音像设备及零部件	551.54	16.45	2
核反应堆、锅炉、机械设备	467.03	13.93	3
运输设备	371.93	11.09	4
家具、寝具、灯具	202.83	6.05	5
橡胶及其制品	145.50	4.34	6
光学、摄影、医疗器械	134.21	4.00	7
塑料及其制品	85.56	2.55	8
钢铁制品	61.66	1.84	9
动物产品	54.93	1.64	10

资料来源:根据 UNCTADdatacenter 数据库整理。

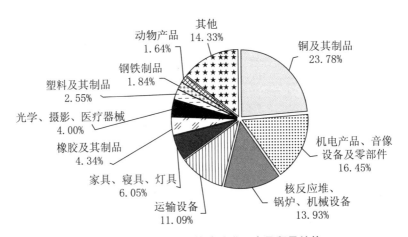

图 5.5　2017 年中国从波兰进口产品贸易结构

总体来看,中国和波兰都向对方既出口又同时进口机电产品、音像设备及零部件,核反应堆、锅炉、机械设备,光学、摄影、医疗设备,家具、寝具、灯具,运输设备等,两国的进出口商品结构具有一定的相似性,中

中国与波兰服务贸易与投资合作研究

国与波兰可能同时处于同一产品全球价值链分工的不同环节。目前，波兰是中国在中东欧地区最大的贸易伙伴和欧盟内第九大贸易伙伴，而中国是波兰在亚洲最大的贸易伙伴，是波兰第二大进口来源地。近年来，中波双边贸易稳步上升，中国长期顺差，并有逐步加大的趋势。

第三节　中国与波兰文化产品贸易发展

一、中国与波兰文化产品贸易总量不大，呈现上升趋势

在 2006—2015 年间，中国与波兰文化产品进出口贸易总额从259.47 百万美元增加到 980.79 百万美元，年均增长率为 15.92％。远远高于同期世界文化贸易年均增长率。

表 5.6　2006—2015 年中国与波兰文化产品贸易发展状况

（单位：百万美元）

年　份	2006	2007	2008	2009	2010	2011	2012	2013	2014	2015
出口额	250.48	346.75	442.98	369.69	491.56	620.29	904.41	856.70	839.95	893.99
进口额	8.99	19.89	48.33	27.45	29.94	52.26	56.27	62.15	79.45	86.88
总　额	259.47	366.64	491.31	397.13	521.49	672.56	960.68	918.85	919.40	980.79

资料来源：根据 UNCTADdatacenter 数据库整理。

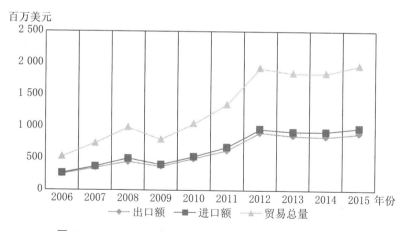

图 5.6　2006—2015 年中国与波兰文化产品贸易发展状况

二、 中国对波兰文化产品贸易呈现顺差，进出口严重不平衡

从中国对波兰文化产品贸易平衡度来看，在 2006—2015 年间，中国对波兰文化产品出口额从 250.48 百万美元增加到 893.99 百万美元，年均增长率为 15.18％，中国从波兰进口的文化产品额从 8.99 百万美元增加到 86.88 百万美元，年均增长率为 28.66％，进口增速大大高于出口增速，但进口额和出口额相差很大，出现严重顺差。就 2015 年而言，出口与进口的比例约为 10∶1，进出口严重失衡。

三、 中国与波兰文化产品出口主要是设计类文化产品，进口主要是视听产品

从文化产品贸易结构来看，中国与波兰文化产品出口主要是设计类文化产品。就 2015 年来看，设计类文化产品占比为 73.41％（见图 5.7）。中国对波兰进口文化产品也是设计类文化产品占比为 94.33％（见图 5.8）。

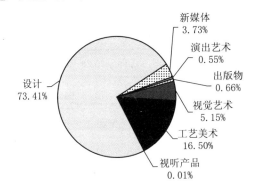

图 5.7　2015 年中国对波兰文化产品出口结构

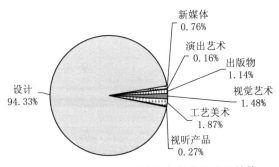

图 5.8　2015 年中国对波兰文化产品进口结构

中国与波兰服务贸易与投资合作研究

四、 中国是波兰的文化产品的最大进口国

波兰的文化产品出口主要对象依次是德国、英国、法国、美国、捷克、荷兰、瑞典、意大利、俄罗斯和匈牙利。其中德国占比最高,在2006—2015 年间,波兰与德国的文化产品进口贸易平均占比为28.27%,且占比逐年提高,2015 年占比为 40.44%。

表 5.7 2006—2015 年波兰创意产品出口国占比情况分析

(单位:%)

年 份	2006	2007	2008	2009	2010	2011	2012	2013	2014	2015
德 国	25.57	23.67	23.53	26.69	26.95	26.64	28.04	29.46	31.73	40.44
英 国	9.92	9.35	7.84	7.41	9.15	8.54	8.81	7.99	7.80	7.74
法 国	6.11	7.51	7.78	7.07	6.32	6.92	5.88	5.83	6.09	5.71
美 国	7.34	7.24	7.04	5.97	6.40	6.46	5.50	5.55	5.54	5.14
捷 克	5.10	5.02	5.82	5.63	5.14	4.90	5.00	5.85	5.05	4.48
荷 兰	3.35	3.44	3.98	3.94	4.76	4.56	4.09	3.82	3.72	3.28
瑞 典	3.69	4.30	4.29	3.58	4.40	4.15	3.57	3.42	3.18	2.66
意大利	3.22	3.91	4.37	2.94	3.19	2.90	2.70	2.53	2.84	2.64
俄罗斯	6.13	5.39	5.69	5.04	4.96	5.36	6.59	6.73	5.05	2.30
匈牙利	3.68	3.43	3.65	3.17	2.33	2.37	2.14	2.68	2.47	2.09

资料来源:根据 UNCTADdatacenter 数据库整理。

波兰文化产品的进口国主要对象依次是中国、德国、英国、捷克、荷兰、意大利、法国、比利时、美国、俄罗斯。其中中国占比最高,在2006—2015 年间,波兰与德国的文化产品进口贸易平均占比较高,且占比逐年提高,2014 年占比最高,为 35.92%。

表 5.8 2006—2015 年波兰创意产品进口国占比情况分析

(单位:%)

年 份	2006	2007	2008	2009	2010	2011	2012	2013	2014	2015
中 国	29.73	30.73	31.43	32.14	35.04	34.05	35.24	33.27	35.92	32.06
德 国	18.28	14.06	14.54	14.07	16.13	14.07	13.63	13.11	14.70	24.24
英 国	4.12	3.45	3.51	4.59	5.21	4.60	4.47	3.55	3.65	4.42
捷 克	3.31	3.79	3.82	3.29	2.91	2.50	3.32	3.80	3.64	3.65
荷 兰	2.53	2.75	3.95	4.64	4.65	5.76	5.25	4.42	3.55	3.44

年　份	2006	2007	2008	2009	2010	2011	2012	2013	2014	2015
意大利	9.50	9.20	8.75	6.44	5.21	5.65	5.35	5.00	4.38	3.28
法　国	4.82	2.99	2.56	2.04	1.77	2.23	1.62	1.63	1.37	1.46
比利时	3.27	2.62	2.60	2.52	2.97	2.50	2.00	1.92	1.53	1.33
美　国	1.92	2.52	2.44	2.23	1.82	1.87	1.90	1.40	1.35	1.12
俄罗斯	0.38	0.46	0.53	0.66	0.46	0.53	0.41	0.21	0.16	0.14

资料来源:根据 UNCTADdatacenter 数据库整理。

综上所述,可以得出以下结论:

第一,在 2006—2015 年间,中国与波兰文化产品年均增长率为15.92%。远远高于同期世界文化贸易年均增长率(4.47%),进口增速大大高于出口增速,但进口额和出口额相差很大,出现严重顺差。表明中国文化产品在波兰文化市场上的竞争力逐渐增强。

第二,中国与波兰文化产品进出口均以设计类文化产品为主,设计类的文化产品的出口额占文化产品出口额的比重最高,2015 年占比为 73.41%。中国从波兰进口文化产品也是设计类文化产品占比最高,占比为 94.33%,表明中国与波兰的设计类文化产品对对方文化产品市场需求比较大。

第三,中国与波兰文化产品贸易总量不大,但有逐渐上升趋势。中国对波兰文化产品贸易呈现顺差,出口与进口的比例约为 10:1,进出口严重不平衡。

第四,中国在波兰文化产品进口贸易中占比很高,是波兰文化产品第一大进口国,但波兰出口至中国的文化产品相当较少。

第四节　中国与波兰服务贸易发展

一、　中国与波兰波服务贸易发展总体情况

(一)中国与波兰服务快速增长,上升趋势明显

在 2009—2018 年间,中国与波兰服务贸易总额从 227.25 百万美

元增加到 1 080.60 百万美元,年均增长率为 18.91%。

表 5.9　2009—2018 年中国与波兰服务贸易发展状况

(单位:百万美元)

年　份	2009	2010	2011	2012	2013	2014	2015	2016	2017	2018
出口额	175.55	231.18	279.40	240.43	258.44	302.43	289.93	329.44	459.57	617.68
进口额	51.70	122.41	106.25	148.93	146.75	204.40	217.78	236.16	347.94	462.92
总　额	227.25	353.59	385.66	389.36	405.19	506.83	507.71	565.60	807.51	1 080.60
差　额	123.86	108.77	173.15	91.49	111.69	98.02	72.15	93.29	111.63	154.76

资料来源:根据 UNCTADdatacenter 数据库整理。

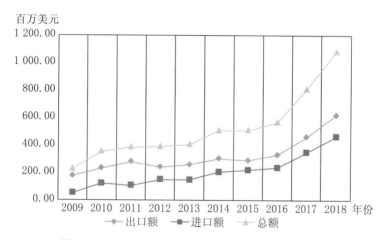

图 5.9　2009—2018 年中国与波兰服务贸易发展状况

(二)中国对波兰服务贸易进出口基本平衡,略有顺差

从中国对波兰服务贸易平衡度来看,在 2009—2018 年间,中国对波兰服务贸易出口额从 175.55 百万美元增加到 617.68 百万美元,年均增长率为 15.00%。

中国从波兰进口的服务贸易额从 51.70 百万美元增加到 462.92 百万美元,年均增长率为 27.58%,进口增速大大高于出口增速,但进口额和出口额相差不大,略有顺差。就 2018 年而言,顺差额为 154.76 百万美元。

（三）中国与波兰服务贸易主要是运输服务

从贸易进出口结构来看,中国与波兰进出口主要是运输服务,进出口略有不同。就 2018 年来看,运输服务出口占比为 73.41%。中国对波兰进口运输服务占比为 51.12%。但进口运输服务占比低于出口服务占比,而中国旅游出口占比上升很快,占比为 25.80%,波兰对中国的旅游占比为 3.49%,远远低于中国旅游出口的占比,表明中国去波兰的游客远远大于波兰前来中国的游客。

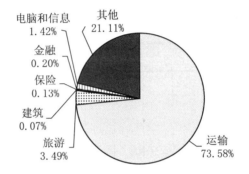

图 5.10　2018 年中国对波兰服务贸易出口结构

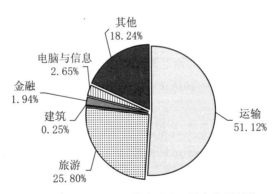

图 5.11　2018 年中国从波兰进口服务贸易结构

综上所述,可以得出以下结论:

第一,在 2009—2018 年间,中国与波兰服务贸易年均增长率为 15.92%,进口增速大大高于出口增速,但进口额和出口额相差不大,中国与波兰服务贸易进出大体平衡,略有顺差。

中国与波兰服务贸易与投资合作研究

第二,中国与波兰文化产品进出口均以运输服务为主,但中国运输服务出口大于进口,表明波兰对我国运输服务需求比较大。

第三,中国旅游出口占比上升很快,占比为 25.80%,波兰对中国的旅游占比为 3.49%,远远低于中国旅游出口的占比,表明中国去波兰的游客远远大于波兰前来中国的游客。

第四,在服务贸易方面,中国在波兰市场占比不高,中国还没有进入波兰的前十名贸易伙伴。波兰最重要的服务贸易伙伴是德国。

第五,中国服务贸易迅速发展,2018 年,中国服务业占 GDP 比重已经达到了 52.2%,高于第二产业 11 个百分点,成为名副其实的第一大行业部门和经济增长主要的驱动力。"十三五"时期(2016—2010 年)以来,我国服务贸易平均增速高于全球,2018 年服务贸易进出口额达到了 5.24 万亿元人民币,同比增长了 11.5%,已经连续 5 年位居世界第二。但对于波兰来说,我们应积极开拓波兰服务贸易市场。

二、 中国与波兰运输服务贸易发展情况

(一)中波运输服务贸易快速增长

2009—2018 年中波运输服务贸易稳步发展,贸易额从 154.79 百万美元发展到 691.13 百万美元,年均增速为 18.15%。尤其是 2016 年以来,增速加快,2017 年同比增长 49.91%,2018 年同比增长 33.74%。

表 5.10 2009—2018 年中波运输服务贸易发展状况

(单位:百万美元)

年 份	2009	2010	2011	2012	2013	2014	2015	2016	2017	2018
出口额	125.19	171.17	157.57	155.36	173.98	224.43	220.44	245.01	360.67	454.47
进口额	29.61	50.48	34.07	53.07	64.81	78.66	109.78	99.71	156.12	236.66
总 额	154.79	221.64	191.65	208.43	238.79	303.09	330.22	344.72	516.79	691.13
差 额	95.58	120.69	123.50	102.29	109.17	145.78	110.67	145.30	204.55	217.81

资料来源:根据 UNCTADdatacenter 数据库整理。

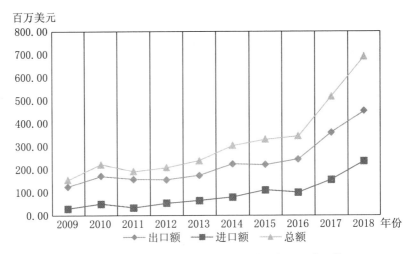

百万美元

图 5.12　2009—2018 年中国与波兰运输服务贸易发展状况

（二）中国对波兰运输服务贸易出口大于进口，顺差逐渐增大

从中国对波兰运输服务贸易平衡度来看，在 2009—2018 年间，中国对波兰运输服务贸易出口额从 125.19 百万美元增加到 454.47 百万美元，年均增长率为 15.40％。

中国从波兰进口的运输服务贸易额从 29.61 百万美元增加到 236.66 百万美元，年均增长率为 25.98％，进口增速大大高于出口增速，顺差额也越来越大，2017 年顺差额为 204.55 百万美元，2018 年顺差额为 217.81 百万美元。

（三）中国对波兰运输服务贸易出口主要是公路运输服务、海洋运输服务，进口主要是航空运输服务、海洋运输服务

从运输贸易进出口结构来看，中国对波兰出口主要是公路运输服务、海洋运输服务，占比分别为 34.79％和 26.92％，两项合计为 61.71％，航空运输服务为 11.59％，铁路运输服务为 9.74％。

从运输贸易进口结构来看，航空运输服务占比最高，达到 21.50％，其次是海洋运输服务和铁路运输服务，占比分别为 14.07％和 7.14％。可见，中国和波兰运输服务进出口不同，具有一定的互补性。

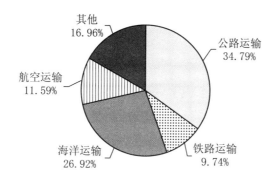

图 5.13　2017 年中国与波兰运输服务贸易出口结构

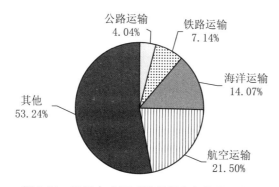

图 5.14　2017 年中国对波兰服务贸易进口结构

三、　中国与波兰旅游服务发展情况

（一）中波旅游稳定增长，贸易额不大，呈现逆差

2009—2018 年中波旅游发展，贸易额从 50.76 百万美元增加到 140.98 百万美元，年均增速为 12.02％。从出口贸易额来看，从 20.53 百万美元增长到 21.54 百万美元，10 年间增长极慢。从进口贸易额来看，从 30.24 百万美元增长到 119.43 百万美元，10 年间增长了近 3 倍，虽然总量不大，但进口比出口增长的速度要快得多。

（二）中波商务旅游略高于个人旅游

旅游分为商务旅游和个人旅游。从旅游结构来看，中国到波兰旅游中商务旅游和个人旅游基本相当，商务旅游占比是 54.13％，个

表 5.11　2009—2018 年中波旅游发展状况

（单位：百万美元）

年　份	2009	2010	2011	2012	2013	2014	2015	2016	2017	2018
出口额	20.53	0.00	39.50	20.82	21.25	10.08	9.55	13.72	17.68	21.54
进口额	30.24	20.54	41.17	39.58	21.52	56.37	54.61	65.73	110.39	119.43
总　额	50.76	20.54	80.66	60.40	42.76	66.46	64.16	79.46	128.07	140.98
差　额	−9.71	−20.54	−1.67	−18.76	−0.27	−46.29	−45.07	−52.01	−92.70	−97.89

资料来源：根据 UNCTADdatacenter 数据库整理。

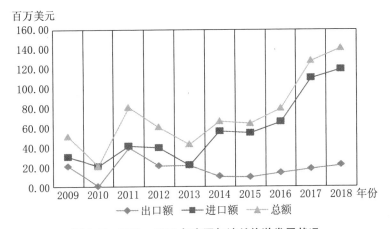

图 5.15　2009—2018 年中国与波兰旅游发展状况

人占比为 45.87%，商务旅游略高于个人旅游。波兰到中国旅游中商
务旅游占比是 67.14%，个人占比为 54.13%，也是商务旅游略高于个
人旅游。

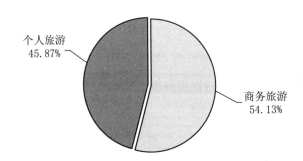

图 5.16　2017 年中国与波兰旅游出口结构

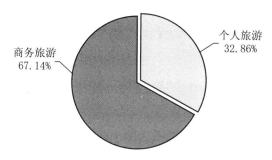

图 5.17　2017 年中国与波兰旅游进口结构

四、 中国与波兰计算机与信息服务发展情况

（一）中波旅游稳定增长，贸易额不大，呈现逆差

2009—2018 年中波计算机与信息服务贸易发展，贸易额从 1.94 百万美元增加到 21.04 百万美元，年均增速为 30.32％。从出口贸易额来看，从 1.38 百万美元增长到 8.78 百万美元，数量不多，但增速很快。年均增长率为 22.81％，从进口贸易额来看，从 0.57 百万美元增长到 12.28 百万美元，年均增速为 40.65％，同样也是数量不多，但增速很快。近年来出现逆差。

表 5.12　2009—2018 年中波通讯、计算机与信息服务贸易发展状况

（单位：百万美元）

年　份	2009	2010	2011	2012	2013	2014	2015	2016	2017	2018
出口额	1.38	3.05	4.03	3.73	2.79	4.78	4.55	5.87	8.22	8.76
进口额	0.57	1.99	2.09	2.44	4.38	4.11	5.33	9.41	8.22	12.28
总　额	1.94	5.03	6.12	6.17	7.17	8.89	9.88	15.27	16.45	21.04
差　额	0.81	1.06	1.95	1.29	−1.59	−0.66	−0.78	−3.54	0.00	−3.51

资料来源：根据 UNCTADdatacenter 数据库整理。

（二）中波通讯、计算机与信息服务贸易主要以计算机服务为主

从贸易结构来看，无论是中国对波兰出口，还是中国从波兰进口，都是以计算机服务为主。从中国对波兰出口看，计算机服务占比

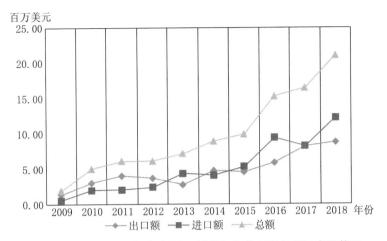

图 5.18　2009—2018 年中波通讯、计算机与信息服务贸易发展状况

为 80.07%，中国从波兰的进口，计算机服务占比为 80.88%，可见，中波双方对计算机服务的需求都很大，有一定的市场。

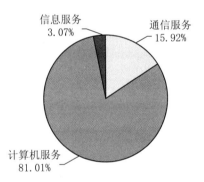

图 5.19　2017 年中波通讯、计算机与信息服务贸易出口结构

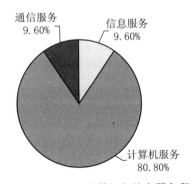

图 5.20　2017 年中波通讯、计算机与信息服务贸易进口结构

第五节　中国与波兰投资合作情况

一、中国对波兰直接投资现状及其国际比较

自 2004 年加入欧盟以来,波兰在经济方面获得了长足发展。特别是 2008 年国际金融危机以来,虽然欧洲经济整体较为低迷,但是波兰的经济发展势头仍然较好,是欧洲地区为数不多经济发展较快、发展预期较好的国家。因此,很多国家和企业都将波兰作为投资的重要选择,截至 2015 年底,波兰共吸引外国直接投资存量为 2 584.3 亿美元,投资主要来源于美国、日本、韩国以及欧盟内部国家如德国、荷兰、英国等。根据波兰中央统计局的相关统计,波兰自 2011 年至 2015 年,外国直接投资金额分别为 203 亿美元、61 亿美元、27 亿美元、143 亿美元、135 亿美元,通过这一数据不难发现,受制于整体经济规模以及全球经济波动等因素,波兰在年度吸引外资方面波动较大。

最近几年,波兰的主要投资来源国未发生太大变化,根据波兰通讯社 2018 年 1 月 1 日的报道,波兰投资与贸易局(PAIH)局长托马茨(Tomasz Pisula)表示,2018 年该局服务了 60 个投资项目,总额达 18 亿欧元,主要投资者来自美国、德国、日本和韩国,电动交通和商业服务是主要投资领域。德国汉莎技术公司和 MTU 航空发动机公司在波兰南部投资 1.5 亿欧元兴建的 EME 飞机发动机服务中心是 2018 年最大投资项目。

作为最早与中华人民共和国建交的国家之一,中波很早便开始了经济方面的合作。1951 年成立的中波轮船公司是中国与外国合作成立的第一个中外合资公司,至今仍然运营良好。21 世纪以来,波兰是中国在中东欧地区重要的经贸合作伙伴,特别是 2005 年以来,波兰一直是中国在中东欧地区最大的贸易伙伴,是欧盟第九大贸

易伙伴,是该地区第一个对华贸易额突破 100 亿美元大关的国家。根据波兰中央统计局的数据,2018 年中波双边贸易额 334.7 亿美元,同比增加 13.3%。其中,波兰对华出口 25 亿美元,增加 8.7%;自中国进口 309.7 亿美元,增加 13.7%。中国保持为波兰第二大进口来源地,占波进口总额的 11.6%,比 2017 年降低 0.2 个百分点。

与较为良好的双边贸易相比,双边投资金额不大。总体趋势来看,中国对波投资稳中有增,方式趋向多元化。自波兰加入欧盟以来,我国在波兰投资规模逐渐增加。2005 年时中国在波兰投资存量仅为 0.12 亿美元,经过 10 多年发展,到 2017 年时,中国在波兰投资存量已突破 4 亿美元大关,达到 4.05 亿美元。不过在投资增量方面,中国对波兰投资存在着较大波动,产生波动的主要原因是 2008 年以来全球经济形势不确定性增加,短期投资预期受到影响,如 2011 年时中国对波兰投资数额达到了 4 866 万美元,但是因欧债危机爆发,2012 年锐减至 750 万美元,2013 年也仅仅有 1 834 万美元,直到 2014 年才达到 4 417 万美元。而在近两年,中国在波兰投资流量出现了负增长,2016 年为 -2 411 万美元,2017 年虽然有所改善,但也达到了 -433 万美元。

表 5.13　2005—2017 年度中国对外直接投资存量情况

(单位:万美元)

年份	投资数额	年份	投资数额
2005	1 239	2012	20 811
2006	8 718	2013	25 704
2007	9 893	2014	32 935
2008	10 993	2015	35 211
2009	12 030	2016	32 132
2010	14 031	2017	40 552
2011	20 126		

资料来源:《中国对外投资公报》。

中国与波兰服务贸易与投资合作研究

表5.14　2007—2017年度中国对波兰直接投资流量情况

(单位:万美元)

年份	投资数额	年份	投资数额
2007	1 175	2013	1 834
2008	1 070	2014	4 417
2009	1 037	2015	2 510
2010	1 674	2016	−2 411
2011	4 866	2017	−433
2012	750		

资料来源:同表5.13。

据中国商务部统计,中国在波兰的主要投资领域包括贸易与服务、制造业、房地产、承包工程等。波兰对华投资规模有限,据波兰央行统计,截至2012年底累计约1.73亿美元。波兰经济部于2012年3月启动"走向中国"计划,旨在吸引中国投资和促进中波两国企业特别是中小企业在矿业、环保、生物技术、化工、信息通信等多领域合作。在承包工程方面,据中国商务部统计,截至2012年底,中国企业在波兰累计签订承包工程合同额约2.7亿美元,2013年新签约项目1个,合同额约1.38亿美元。规模较大的项目包括中国水电建设集团公司承建的弗罗茨瓦夫分洪河道整治项目和平高集团承建的波兰国家电网公司输变电项目等。

在波兰吸引的整体外国投资中,来自中国的投资所占比重较小,以2015年为例,这一年波兰吸引外国直接投资金额为135亿美元,而该年度中国对波兰投资仅为0.25亿美元,占比约为0.19%,由此可见双方在投资方面仍然有较大增长空间。

从中国对外投资情况来看,截至2017年,中国在欧盟地区投资存量总计超过了860亿美元,这其中主要投资于英国、荷兰、德国、卢森堡等西欧发达地区,而对波兰投资仅占投资欧盟总量的0.47%,而2017年波兰GDP总量占欧盟GDP总量的3.04%,由此可见,中国投资波兰的资金总额与波兰整体经济在欧盟中的地位仍然有着较大差距,具备较大的增长空间。

虽然与中国整体对欧盟投资比较,波兰所占比例仍然很小,但是在中东欧国家中,中国对波兰投资数额仍处于较高水平。以 2017 年为例,中国在捷克(16 490 万美元)、罗马尼亚(31 007 万美元)、匈牙利(32 786 万美元)、保加利亚(25 046 万美元)等中东欧直接投资存量均不及波兰(40 552 万美元)。

从中国对"一带一路"沿线国家投资情况来看,2017 年底中国对"一带一路"沿线国家投资存量总计为 15 439 755 万美元,波兰(40 552 万美元)在其中占比仅仅为 0.26%,与邻国白俄罗斯(54 841 万美元)已产生一定差距。

虽然双方在投资领域规模较小,但是双方一直都重视在这一领域开展合作。中波两国政府于 1986 年 6 月 7 日签署了《中华人民共和国政府和波兰人民共和国政府关于对所得避免双重征税和防止偷漏税的协定》(简称"中波税收协定"),并于 1989 年 1 月 7 日执行。《中波税收协定》执行以来,对避免中国和波兰两国纳税人在经济贸易中被双重征税、协调两国间税收利益、促进两国资本和技术的交流与合作等方面发挥了积极作用。

目前,《中波税收协定》在中国适用的具体税种为个人所得税和企业所得税。而在波兰适用于所得税、工资薪金税、平衡税、不动产税和农业税。中国企业如在波兰设有常设机构,则在波兰负有纳税义务。《中波税收协定》把常设机构分为四类,即固定场所常设机构、建筑工程常设机构、劳务常设机构和代理人常设机构。此外,《中波税收协定》在常设机构条款的第四款中列出了一些不构成常设机构的活动,如中国居民企业在波兰仅由于仓储、展览、采购及信息收集等活动的目的而设立的具有准备性或辅助性的固定场所。

《中波税收协定》的无差别待遇条款规定了中波两国之间在国内

税收征管方面的国民待遇原则,即无差别待遇原则,主要涵盖四方面内容:(1)国民无差别待遇,即我国国民在波兰投资应与波兰国民在相同情况下负担的税收相同或更轻;(2)常设机构无差别待遇,即我国企业在波兰设立的固定营业场所,如果按协定规定构成了常设机构从而负有纳税义务,其负担不能比波兰居民企业的负担更重;(3)间接投资无差别待遇,即我国企业向波兰企业提供贷款或特许权取得的利息、特许权使用费或其他类似款项,在计算波兰企业的应纳税所得额时,应将对我国企业支付的款项与对波兰本国企业支付的款项按照同一标准进行扣除,以保证我国企业获得同样的贷款或技术转让条件,在税收上保证相同的竞争地位;(4)子公司无差别待遇,即我国企业在波兰的子公司无论出资形式或比例如何,不应比波兰其他类似企业税收负担更重。

二、 中国对波兰直接投资的主要特征

根据波兰中央统计局的相关数据,中国在波兰投资涉及的领域主要有制造业、贸易和服务、承包工程、房地产等。2012 年底,中国在波兰注册企业共 723 家,而截至 2015 年底,注册企业已经达到了873 家。在 2012—2015 年间,中国在波兰共投资项目 110 个,主要包括制造业项目 42 个、能源行业投资项目 28 个、农业投资项目 12 个、基础设施建设项目 11 个、化工类行业项目 9 个,此外也涉及了商务服务业、电信、物流、交通运输等行业。

根据波兰法律的相关规定,获准在波兰定居的外国公民享有与波兰公民同等的注册公司的权利,在波兰没有永久居留权的外国公民,只能在波兰设立有限合伙公司、有限股份合伙公司、有限责任公司和股份公司。波兰的法律体系较为完整,公司注册文件繁多、程序复杂、审批周期较长,这对开展投资活动造成了一定影响。考虑到法律以及政治、文化差异,中国企业在波兰投资采用的形式以合资经营

为主,以此减少进入波兰市场的风险。

从投资的主体来看,除了国有企业外,民营企业在对波兰投资中也占据了重要地位。目前,中国在波兰制造业投资项目有柳工机械(波兰)有限公司、TCL 波兰电视机组装厂、苏州胜利科技(波兰)电视机配件生产厂、山西运城制版(波兰)有限公司、大连达伦特蜡烛厂、苏州昶虹电子(波兰)有限公司等,商贸中心有 GD 波兰华沙中国城、SCG 波兰国际贸易中心、新达商城等,在波兰开展业务的金融机构有工商银行、中国银行等。中国在波兰的企业主要有京西重工、三环集团、柳工集团、中国五矿、中国北车、中国土木工程集团、中国水电建设集团、上海建工、华为科技、中兴通讯、冠捷科技集团、万华集团、中科置业等。

中波轮船股份公司(Chinese-Polish Joint Stock Shipping Company)成立于 1951 年 6 月 15 日,是中华人民共和国与波兰共和国以平权合股原则合资创办的新中国第一家中外合资企业,也是新中国第一家股份制企业和第一家远洋运输企业,是新中国远洋事业的开拓者。中波轮船股份公司最高权力机构为股东会,中方股东为中华人民共和国交通运输部,波方股东为波兰共和国海洋经济和内河航运部,双方各持股 50%。65 年来,伴随着共和国的成长,该公司从成立之初的 4 艘旧船起家,至今已发展成为拥有 3 亿多美元净资产、17 艘重吊船组成的专业化船队、运力约 496 000 载重吨、航线遍及全球主要港口的远洋运输企业。中波轮船股份公司总公司设在上海,分公司设在波兰格丁尼亚,在美国休斯敦设有子公司,在新加坡设有合资代理公司,在北京等地设有代表机构,在全球主要港口建立了代理网络。为了进一步适应市场需求,满足客户需要,中波轮船股份公司积极打造具有中波特色的物流服务平台,拥有自己船舶代理、货运代理和集装箱储运等子公司。

柳工集团为国有独资企业,资本总额达到了 290 亿美元,2012 年成功并购波兰机械工程企业 HSW。柳工集团完成对 HSW 民用事业部的机械工程业务收购,是中国企业第一次参与波兰国有企业私有化,同时也是中国企业对波兰投资项目汇总最大的一笔。柳工集团按照合约支付 HSW3.35 亿元人民币,从而获得 HSW 民用工程机械产品线以及其名下全资子公司 Dressta 的所有权。柳工集团通过这一并购获得了 HSW 公司全部知识产权和商标,并获得了在波兰设立制造与研发基地的权利,利用这一机会在欧洲市场设立研发、采购、生产等一系列服务网络。HSW 曾是世界三大推土机供应商之一,通过并购使得柳工填补了在大中吨位推土机领域的空白,通过并购适应期后,柳工集团海外收入明显增加,在 2016 年时海外收入已经占柳工主营业务总收入的近 30%。

华为公司,早在 2003 年便已经进入波兰电信市场,次年 11 月在波兰注册成立了华为波兰公司。该企业经过十余年的务实发展,逐步获得了客户的信赖,与波兰当地电信运营商建立了密切的合作关系。华为目前为波兰超过 2 600 万消费者提供稳定安全的通话技术与网络服务,根据 IPSOS 调研数据显示,2015 年华为用户服务满意度在波兰排名第一,2016 年时入选了波兰超级品牌年度榜单。华为在波兰不仅注重经济效益,而且注重社会效益,2010 年捐款资助空难家庭的孤儿并赞助贝多芬音乐节,2012 年华为支持"School with Class2.0"项目发展教育。同年,华为终端以消费者为中心,展开品牌营销,赞助波兰跳台滑雪世界杯。这些措施使得华为得到了波兰民众的认同。但是由于 2019 年 1 月突发的华为员工被捕事件,为华为在当地开展经贸活动增加了不确定性。目前在华为最受关注的 5G 领域,波兰是华为的重要市场,但是伴随着国际政治的不确定性增加,华为在波兰的前景存在着变数。

除了上述在波兰的投资项目外,中国在波兰投资也曾出现过较为严重的损失,如中海外联合体承建的波兰 A2 高速公路项目。这一项目东起波兰首都华沙,西至德国首都柏林,是波兰与中欧、西欧国家间重要的交通道路,共分为三个标段,中海外联合体以极低的价格竞得该项目 A、C 两个标段,全长 49 公里。中海外联合体试图利用这一项目打开欧洲市场,但是因其在竞标过程中报价过低,而且在工程开始后因欧盟法律的严肃以及其他问题未能实现工程变更并提高价格,使得该项目在 20％工程量尚未完成时资金出现短缺,如坚持完成项目,可能面临 3.94 亿美元的亏损,因此在 2011 年 6 月该公司放弃了该工程。该公司的违约导致中欧第一个基建项目落空,波兰高速公路管理局给中海外联合体开出了巨额赔偿与罚单,同时禁止该企业三年内参与波兰市场的公开招标,中海外联合体的波兰合作伙伴德科玛公司因此解散。

从整体来看,中国对波兰投资之中制造业占有比较重要的地位,尤其是机器制造业。之所以出现这种情况,一是波兰现在仍然处于第二产业发展期,其第二产业转型升级的步伐并未停滞,投资第二产业仍有较好的市场前景。二是由于波兰有着较好的第二产业基础,中国企业通过进入波兰市场,既可以获得其在机械制造领域的技术,而且可以利用其在欧盟内较为低廉的劳动力成本。三是利用欧盟共同市场的便利以及独特的区位优势,以波兰为基地可以更方便进入其他欧盟国家的市场。除了制造业之外,通讯信息产业为代表的高新技术产业本应是中国对波兰投资较有前景的产业,但受制于波兰国内政治走向,在这一领域投资前景并不十分明朗。

第六章
"一带一路"倡议与中波服务贸易与投资合作发展展望

第一节 中波服务贸易发展与投资合作发展新契机

一、"一带一路"倡议与服务贸易发展的关系

2013 年 9 月,中国国家主席习近平在哈萨克斯坦纳扎尔巴耶夫大学演讲时,首次提出了"共建丝绸之路经济带"。这是在古代丝绸之路的概念基础上形成的一个新的经济发展区域,它是世界上跨度最长的经济走廊,也是世界上最具发展潜力的经济合作带。发端于中国,贯通中亚、东南亚、南亚、西亚乃至欧洲部分区域,东牵亚太经济圈,西系欧洲经济圈,覆盖约 44 亿人口,经济总量约 21 万亿美元,分别占全球的 63% 和 29%。"一带一路"倡议确定了五大国际合作重点领域,即政策沟通、设施联通、贸易畅通、资金融通、民心相通,其重点合作内容是投资和贸易。

"一带一路"倡导的是亚非欧地区的共同发展,以互利共赢为宗旨的区域经贸合作组织。"一带一路"彰显的是发展中国家对西方贸易规则不合理性的呼吁,发展中国家联合在一起为共同利益,制定合理的贸易规则。"一带一路"是开放的、自愿的,具有极大包容性的平

台,在政治互信、经济互惠、文化互通的基础上开展的广泛合作,有很强的生命力。"一带一路"是以中国为代表的发展中国家自己掌控规则,突破发达国家不平等贸易规则,发挥发展中国家比较优势,符合发展中国家利益的战略。通过消除由发达国家把持和制定的贸易投资规则中损害发展中国家利益的条款,补充没有体现和顾及发展中国家利益诉求的内容,使任何国家都可以在全球贸易中获利。

自从"一带一路"倡议提出以来,我国与"一带一路"沿线国家开展了密切了贸易往来,加强了我国与各个国家之间的政治、经济与文化交流,加强了中国在国际贸易中的竞争力。但是,由于文化、宗教、制度等方面的差异,也出现了我国与沿线国家经济交流不畅、纠纷不断、成本增加等一系列的问题,亟须寻求破解之道。而包括文化贸易在内的服务贸易的发展,有利于解决"一带一路"建设过程中所面临的一系列困境。以服务贸易为先导,加强"一带一路"沿线国家之间的经济与文化交流,增强相互信任、加深彼此感情,增加彼此之间的经济合作机会,是推进"一带一路"倡议可持续发展的根本保证。

总之,"一带一路"经济带的提出,不仅是对历史的传承,更是在当今新的时代背景下,秉承"和平合作、开放包容、互容互鉴、互利共赢"的丝绸之路精神,通过沿线国家的通力合作,促进各国繁荣发展的重要纽带,也是沿线各国加强政治经济文化交流的重要平台。

二、"一带一路"背景下中波服务贸易和投资面临的新契机

（一）"一带一路"倡议为中波服务贸易奠定了坚实的基础

"一带一路"倡议为我国与包括波兰在内的中东欧国家开展服务贸易提供了重要契机。历史上,张骞开辟的丝绸之路就为汉朝和西方的经济文化交流提供了平台,不仅宣扬了西汉的博大文明,也让西汉人民领略了西方异域文化的独特风采。13 世纪蒙古大规模西征,

中国与波兰服务贸易与投资合作研究

再一次加强了东方民族与中东欧民族的联系。1949 年中华人民共和国成立后,作为社会主义大家庭的一员,波兰很快宣布承认中华人民共和国,是与我国建交最早的国家之一;20 世纪 80 年代,随着我国的改革开放,两国的经济、政治与文化交流得到了全面加强;2016 年6 月,两国确立"全面战略伙伴关系",为两国未来的合作奠定了牢固的基础。

借助"一带一路"经济建设的良好平台,为中国与波兰提供了难得的经济文化交流的机会。在 2009—2018 年间,中国与波兰服务贸易总额从 227.25 百万美元增加到 1 080.6 百万美元,年均增长率为18.91%;中国与波兰文化产品进出口均以运输服务为主,中国运输服务出口大于进口,表明波兰对我国运输服务需求比较大;但是,在服务贸易方面,中国在波兰市场占比不高,中国还没有进入波兰的前十名贸易伙伴,这说明,中国与波兰的服务贸易还有很大的上升空间。

总体上看,随着"一带一路"倡议得到更多国家的响应,我国与波兰的政治、经济与文化交流将不断扩大,服务贸易作为一种加强两国人民经济文化交流的重要载体,其重要性将日趋上升。只要我国各类服务企业能够充分利用"一带一路"发展平台,一定会在不远的将来,将中国与波兰的现代服务贸易规模做大,档次提高,让国际贸易变成两国人民增加相互了解的一座友谊桥梁。

(二)"16+1"合作机制为中国与波兰合作提供了新的契机

近年来,中国加快对中东欧国家战略布局,建立各种合作机制,为我国企业投资中东欧创造了良好的外部环境。2012 年,中国—中东欧 16 国领导人在波兰首都华沙的会晤,标志着"16+1 合作"框架的正式开启,通过会议交流达成共识,起草并通过了加强中国与中东欧国家合作的 12 项举措。自此以后,中国与中东欧合作以机制建设为基础,双边关系不断深化拓展,呈现出全方位、宽领域、多层次的良好发展态势。2014年和2015年,中国与中东欧国家领导人分布在贝尔格莱德和苏州举行了第三次和第四次国家领导人会晤,并发表《贝尔格莱德纲要》和《苏州纲要》,明确了进一步合作方向和前景;2016年5月5日,中国与中东欧国家最高法院院长会议通过《苏州共识》,为进一步深化中国与中东欧国家间的国际司法交流与合作奠定了基础。以上一系列促进双边合作的纲领性文件,为中国与中东欧国家搭建了一个多层次、宽领域、全方位的合作交流平台。

"16+1合作"框架体现了以市场为主导的企业选择结果,成为"一带一路"倡议的重要载体,为中国与中东欧国家间的经贸合作提供了新机遇。在"16+1合作"框架下,中国与波兰提供了互联互通产业的合作机会,产能合作提升产业发展水平的机会,大企业重大项目合作投资机会,以及中小企业入园投资机会等等。

(三)金融危机和欧债危机为中国投资波兰提供了战略机遇

东欧剧变之后,波兰国家体制由社会主义向资本主义转变,经济模式也由计划经济体制向市场经济体制转变,经济命脉和资产逐步通过多种形式向私有制发展,经济模式逐步向西欧发达国家靠拢,形成了依托和附属关系。2008年国际金融危机后,西欧各国受本身货币和债务问题的困扰,银行紧缩信贷,企业在波兰的投资较低,导致波兰内需减少,出口下滑,经济发展受到严重影响。这使得包括波兰在内的中东欧国家调整对华战略,通过采取吸引外部投资的政策作为促进经济增长的手段,这给拥有充裕资金的中国企业投资波兰带来了较为宽松的政策环境。

(四)波兰的经济特区政策,为中波经济对接提供了合作通道

波兰于1994年10月通过经济特区法,1995年开始创办经济特区,目前共有经济特区14个,占地总面积6 316.72公顷,隶属于10个省。根据欧盟有关规定,这些经济特区的运营期限已延长至2026年底。在经济特区内投资可享受减免国税和地税(由当地政府决定)

等优惠,优惠额度取决于投资地点、企业规模和投资总额。相比于大型企业,中小型企业优惠力度更强。此外,在满足一定条件的基础上,如投资前向相关部门提交申请,投资期限至少5年,还可享受到以较优惠的价格购买土地、无偿协助办理投资项目手续等服务。

由于波兰经济特区实行特殊优惠政策,我国许多投资者优先选择经济特区作为投资地点,比较著名的有:京西重工、三环集团、柳工集团、中国五矿、中国北车、中国土木工程集团、中国水电建设集团、上海建工、华为科技、中兴通讯、冠捷科技集团、万华集团、中科置业等公司。投资的主要领域包括:制造业、能源行业、农业项目、基础设施建设项目、化工类行业项目、商务服务业、电信、物流、交通运输等行业。2005年以来,波兰一直是中国在中东欧地区最大的贸易伙伴,是欧盟第九大贸易伙伴,是该地区第一个对华贸易额突破100亿美元大关的国家,这意味着"一带一路"倡议在波兰已经取得了初步的成效。

第二节　中波服务贸易发展与投资合作发展新态势

在"16＋1合作"框架以及波兰对外开放政策指引下,中波两国间的相互投资不断扩大,合作领域日益拓展,特别是在金融、投资和基础设施建设等方面都有重大进展。

2011年8月,中国外交部部长杨洁篪访问波兰。同年12月,波兰总统科莫罗夫斯基访华,两国元首共同签署了《中波关于建立战略伙伴关系的联合声明》。

2012年4月,中国国务院总理温家宝访问波兰并出席了在波兰首都华沙举行的首次中国—中东欧国家领导人会晤和第二届经贸论坛。

2015年6月17日,中国外交部部长王毅在北京与来华进行正式访问的波兰外交部部长谢蒂纳举行了会谈。

2015年9月,波兰众议长基达瓦-布翁斯卡来华出席中国人民抗日战争暨世界反法西斯战争胜利70周年纪念活动;10月,中国外交部部长王毅访问波兰。

2015年11月24日,波兰总统杜达对华进行国事访问并出席在江苏苏州举办的第四次中国—中东欧国家领导人会晤。这是首次在中国举办中国—中东欧国家领导人会晤。会晤后,中国同中东欧16国共同发表了《中国—中东欧国家合作中期规划》和《中国—中东欧国家合作苏州纲要》。

2016年6月,两国确立"全面战略伙伴关系"。

2016年11月5日,中国国务院总理李克强出席在拉脱维亚里加举行的第五次中国—中东欧国家领导人会晤期间与波兰总理谢德沃举行双边会见。

2017年5月12日,中国国家主席习近平在人民大会堂会见来华出席"一带一路"国际合作高峰论坛的波兰总理希德沃。

2017年11月27日,中国国务院总理李克强在匈牙利布达佩斯出席第六次中国—中东欧国家领导人会晤期间与波兰总理希德沃举行了双边会见。

2018年4月30日,习近平主席特使、中共中央政治局委员、中央书记处书记、中央政法委书记郭声琨访问波兰,分别与波兰总统杜达和行政部代理部长、国务秘书科兹沃夫斯基举行了会见、会谈。

据波兰驻华大使馆的时事纪事资料记录:党的十八大以来,中波双方高层互访达31次。

在经济合作方面,2004年6月,中波双方签署了《中华人民共和国政府和波兰共和国政府经济合作协定》。

2004年9月,中国正式批准波兰为中国公民出境旅游目的国。随着"一带一路"建设项目的推进,中国与中东欧多国在旅游方面的合作不断加强。有数据显示：2016年,中国赴中东欧出境游人次同比2015年上升了229％,而波兰则是中国游客人次在中东欧增长最快的国家。

2012年5月,波兰航空公司恢复了华沙—北京的直航航线,这是波兰航空自2008年停飞此路线后的又一次开通。

2014年6月,波兰经济部副国务秘书德哈赴宁波出席中国—中东欧国家合作经贸促进部长级会议。2014年10月,中国人民银行批准波兰国家银行进入中国银行间债券市场,投资额度60亿元人民币。

2015年3月,中国证监会与波兰金融监管局签订《证券期货监管合作谅解备忘录》;4月,波兰成为亚洲基础设施投资银行意向创始成员国;9月,波兰政府批准加入亚投行;10月,波兰驻华大使作为波兰政府全权代表签署了《亚洲基础设施投资银行协定》;11月,中波两国政府签署了《共同推进"一带一路"建设谅解备忘录》。

2016年3月,波兰参议院、众议院批准波兰加入亚投行;6月,中波两国政府签署了《共同编制中波合作规划纲要的谅解备忘录》。

2017年6月,第17次中波经济合作联合委员会会议在宁波举行。双方企业通过中波"一带一路"合作暨物流基础设施投资论坛、中东欧国家投资贸易博览会、中国品牌商品波兰展等展会平台加强对接。

2018年5月,波兰农业和农村发展部国务秘书波古茨基访华;同月,中国银联开通波兰境内约30％的ATM和POS终端来受理银联卡。

由此可见,随着中波经济的快速发展,尤其是中国"一带一路"倡议提出后,中波经济合作发展不断深入,经济合作成果日益增多。波兰独特的地理位置和发展潜力为我国企业进入欧洲市场提供了便利;波兰交通方便,企业运营成本相对较低;波兰属于欧盟成员国,这一特殊身份为中国商品和企业进入欧盟市场提供了便利,使其成为中国企业进入欧洲的"桥头堡"。

第三节　中波服务贸易发展与投资合作发展新问题

以"一带一路"倡议为指导,结合"16＋1合作"框架推进中国与波兰的经贸合作,由于种种主客观因素的影响,也面临着不少困难与挑战。这些挑战一方面来自当前国际政治经济关系的复杂性,特别是国际政治中民粹主义的抬头和经济全球化速度放缓的大环境的不利因素;另一方面还来自中国与波兰等中东欧国家在政治、经济、文化和法律制度等诸多方面较大的差异性。概括起来,主要体现在以下几个方面。

一、波兰与中国的贸易逆差,影响波兰贸易合作信心

近年来,中国与波兰关系平稳发展,双方也已成为政治上高度互信的好朋友、经济上互利合作的好伙伴;波兰加入欧盟后,成为欧盟大市场的一部分,有利于中国企业立足于波兰、向整个欧盟市场辐射。对于中国企业来说,波兰具有独特的区位优势和良好的投资环境,是在中东欧地区投资的首选国家之一。但由于市场结构问题,在很长的时间里,中国同波兰的贸易处于低水平且严重失衡状态。目前,我国与波兰的双边贸易存在着高增长与高失衡,投资存量较少而且分布不均的问题。这主要是因为波兰的出口结构与我国的进口需求不匹配,而我国的出口结构比较符合波兰进口需求而导致的。目前我国对波兰的投资仍然较少,无论是占我国对外投资存量比重,还是占波兰从欧盟吸引外资存量比重都是微乎其微。如果不能增进从波兰的进口,未来这种不对称的贸易所表现出来的,将是中国大量的资金通过贸易的方式进入波兰,并且表现为波兰对中国的债务。显

然,这种状况不能持续过长的时间,否则必定导致贸易条件恶化,引发贸易摩擦。

比较合理的做法是,一方面有目标地对来自波兰的某些产品给予特惠以扩大其对中国的出口;另一方面积极实施出口产品的投资替代,即中国企业把出口转变为在波兰投资设厂,把产品更多地瞄准当地市场或者除中国以外的其他市场,并同时大幅扩大对波兰企业的服务进口,用服务贸易来调节货物贸易失衡,以求将贸易失衡最小化。

二、 来自欧盟和周边等大国利益有关方的挑战

欧盟的存在是中国与中东欧国家深层次的双边关系发展不可回避的地区力量,欧盟对中国与中东欧国家之间建立合作关系和发展机制充满疑惑、欧盟机构及部分成员国猜测中国试图"分裂欧洲",因此对中国的介入十分敏感和警惕。可以预测随着中国与中东欧双边合作关系的进一步深入,可能面临欧盟和相关成员国政府和企业设置一些障碍。作为欧盟的成员国,无论是政治方面,还是经济方面,波兰对欧盟的依赖都是很深的。由此,中国在以"一带一路"倡议发展同包括波兰在内的中东欧关系时,都面临着如何消除欧盟的疑虑问题。尽管中国频频释放善意,但并不能完全消除这种疑虑。因此,中国在依托"一带一路"和"16+1合作"框架推进与波兰经贸合作的同时,应当明确自己的利益诉求,确保中国企业能够立足于包括波兰在内的中东欧国家。

欧洲内部不断上升的民粹主义和极端主义思潮也正在成为影响对欧投资的不利因素,虽然波兰的民粹主义和极端主义思潮发展不如一些西欧国家内如此迅猛,但一直以来西欧地区对中东欧地区的巨大影响力使得这种思潮的蔓延不容小觑。

此外,俄罗斯、土耳其等同中东欧国家有密切地缘政治和地缘经济

关系的非欧盟大国,作为利益相关方也对中国企业投资中东欧相当敏感,表现出怀疑态度,担心中国实力进入中东欧会分食甚至抢占本国既得的经济利益和国际影响力,也会对中国与中东欧国家的经贸合作形成冲击。中国进入中东欧国家有可能与这些大国的企业形成市场竞争关系,从而受到来自这些国家更高层面的非经济阻力影响。

三、 文化、生活习俗差异等构成的文化折扣影响

宗教是波兰的民族之魂,民众对宗教的信任使宗教成为超然于政党、主义、发展模式之上的公信力。波兰近 3 900 万总人口中,天主教信徒比例为 87.2%,东正教为 1.3%,新教 0.4%,其他 0.4%,包括佛教、印度教、伊斯兰教、犹太教、摩门教等,未注明信仰的群体占 10.8%。

文化、宗教的多样性决定了波兰各个民族、各个地域的文化习俗的差异性。而且,由于受到西方媒体的舆论导向,波兰部分普通民众对中国存在某些误解,不了解中国政府的政策制度,加之波兰国内右翼媒体的鼓动,波兰的一些民众、非政府组织和某些在野党政客,对中国企业进入该国市场持偏执的态度,并时常发表不利于双边贸易与合作的舆论,给中国企业投资波兰造成负面的舆论压力。

虽然波兰政府非常欢迎并支持中国企业投资波兰,但对中国品牌和产品来讲,当地媒体可能会带来一些不良影响。本国人对中国整个国家和中国产品的了解大多都是通过媒体得到的,但有时候媒体所宣传的内容和信息并不完全符合事实。媒体更关注的是一些负面的消息,比如中国产品质量出现问题等等。因此中国企业要在波兰投资、以自己的品牌生产并销售产品有一定的难度。

一般来说,两国间经贸往来同其地理距离呈反向关系,也同其经济制度、政治、社会、法律和语言文化差异而衍生出来的"文化距离"呈反向关系。中国企业对波兰当地文化习俗、制度法规等不够熟悉,缺乏对当地语言文化、市场制度标准和法律法规的了解,在这些方

面,波兰与中国存有较大的差异,成为中波经贸合作的阻力。

四、 商务合作中面临的制度、法律和环保等问题

作为欧盟的成员国,波兰的进口标准和制度规范十分严格,对环保、卫生、安全等方面都有详细的规定。中国产品进入波兰时,不仅要符合欧洲标准,还需要多重认证,这难免对中国企业出口或投资造成影响。与此同时,波兰本国的企业和经营者也会阻止中国企业进入,原因在于本地企业在招标、采购和流通等方面都和中国企业存在竞争关系,中国企业的进入势必威胁到其生存。因此,他们会要求当地政府在招标条件、参与标准、进入规定、签证等方面严格限制外国企业的发展。此外,中国企业对公司的联合经营、兼并模式等也不完全掌握,对特许经营类项目的跟踪和运作还缺乏经验和综合实力等。

波兰是一个非常注重环保问题的国家,其生态环保的重点领域是土壤、大气和水体。如果企业在生产经营中可能产生废气、废水和其他废弃物,影响环保,应该事先进行科学评估。因此,要经常关注波兰环保方面的政策和法规,并在规划设计过程中选好解决方案。在波兰环保是一个独立的产业,市场上由专门的环保企业承担污水和废气处理业务。中国企业在投资合作中,要做好环保预算,根据规划方案选择适当的专业环保企业解决环保问题。

五、 对波兰当地市场不了解面临盲目投资的风险

近年来已经有越来越多的中国企业开始进入波兰市场,但是由于对这一地区并不熟悉,许多企业难免走过弯路。不论是中国的民营企业还是国有企业都存在这个问题。波兰提出各种吸引外资的优惠政策与其他对国外投资者很有利的条件,可能会引起不少中国企业来投资。但由于企业盲目入市,之前没有做好市场调查,不了解当地市场,可能后来才发现当地需求不足进而造成重复投资、恶性竞

争,影响投资的整体效益。也就是说,他们没有进行市场论证,只是
"走出去再说"。此外,有些中国企业为了避免上述的投资风险并防
止犯错误,会找一些当地的合作伙伴。但是选择合作商并非易事,不
少中国企业主要是中小企业,因为在投资初期过于相信当地商人和
潜在的合作伙伴,或没有妥当选择合作伙伴,严重影响了合作效率。

六、 劳务合作方面面临的问题

作为欧盟的成员国,波兰有完善的《劳动法典》和《工会法》,中国
企业进入时需要熟悉当地工会组织的发展状况、规章制度和运行模
式;要严格遵守波兰关于雇佣、解聘、社会保障等方面的规定,依法签
订雇佣合同、按时足额发放员工工资,缴纳退休保险、劳动基金和职
工福利保障基金等,并对员工进行必要的技能培训。如果要解除雇
佣合同,应该按照规定提前通知员工并支付解雇补偿金。中国企业
还需要认真了解企业所在地工会组织的发展情况,积极参加当地雇
主协会,了解当地业内工资待遇水平和处理劳务纠纷的常规办法,在
一些设有行业工会的产业,只有参加雇主协会才能够与产业工会进
行谈判对话。在日常的生产经营活动中,中国企业要与工会组织保
持必要的沟通,了解员工的思想动态,发现问题要及时处理;为建立
和谐的企业文化,应该要求工会成员参加企业管理,激发并保护员工
的积极性。

第四节　中波服务贸易发展与投资合作发展新思路

一、 促进中国与波兰服务贸易与投资合作的路径选择

（一）加强文化交流,树立"合作共赢"的发展理念

波兰与我国在语言、宗教信仰、生活理念等方面都存在差异,这
种差异既有利于国家之间相互借鉴文化,发挥各自文化的禀赋优势,

实现精神产品的优势互补和资源共享,又会构成它们文化交往的障碍,甚至出现文化冲突。因此,加强文化交流,树立合作共赢的发展理念,是打造中波命运共同体的重要基石。

人文交流是中国与中东欧合作机制的主要组成部分。在《布加勒斯特纲要》中,人文交流合作的内容有 6 条;在《里加纲要》中人文交流版块中的内容扩展至 20 条,内容涉及智库对话、教育对接、媒体互访、青年互动、旅游推介、文学艺术交流及签证便利化等方方面面。人文交流形式丰富、领域繁多、行为主体多元、社会效应广能够使人们持续地体验和感受到对方国家的文化魅力,这对于化解摩擦、舆情导向、营造良好的政治环境与商业环境具有积极的促进作用。

"一带一路",文化先行。一是要正确处理中华文化与波兰文化的关系问题,要秉持"文化平等"的原则相互交流,反对文化歧视;二是要正确处理不同宗教之间的关系问题,要坚持"尊重宗教信仰"的原则,秉持"宗教无小事"的理念,充分尊重波兰人民的信仰自由;三是要尊重波兰文化风俗与生活习惯,要坚持"入乡随俗"的原则,只有这样才能获得对方的信任,达到文化融合与交流的目的。

中国企业进入波兰投资,首先要"入乡随俗",尊重当地人民的生活习惯,尊重其宗教信仰自由。匈牙利是一个多民族的国家,文化传统不同,宗教信仰多样化,要在了解其文化背景的基础上,尊重其文化习惯与生活习惯,并且融入波兰文化圈,与当地人交朋友,才能够为投资与贸易创造一个宽松的社会经济发展环境。在此基础上,可以通过文化旅游、文化服务、文化会展等多种方式,在互动交流的过程中促进国家之间的文化交融。要以"文化融合、互学互鉴"的丝路精神为指针,大力推进与波兰的文化事业交流,减少中国对外经济、政治交流中由于"文化折扣"的存在而产生的不必要的摩擦与阻碍。应该从国家层面、地区层面、企业层面、个人层面四大层面展开与波兰的全方位交流。要通过各种形式的文化交流,为深化与沿线国家的双多边合作奠定坚实的民意基础。可以采取文化事业合作模式、文化产业发展模式、文化贸易服务模式、文化政策协作模式等模式，根据沿线国家的不同国情，进行经济、社会、科学、人文、教育、宗教等领域的文化交流。在文化产品走出去的过程中，应当在充分了解波兰人民的消费习惯和审美情趣基础上，通过现代化的诠释方式实现文化多样性和民族性的融合，再加以高科技元素予以演绎，才能使现代服务产业在波兰市场上大放异彩。

（二）促进现代服务贸易与投资体制创新

推进现代服务贸易体制改革，必须立足于"一带一路"建设的需求。服务贸易体制的改革，不仅仅是单纯地对现有对外开放体制的完善，还需要结合现阶段中国政治、经济、文化发展需求，以及"一带一路"建设的实际需要，借鉴现代服务产业发达国家成功经验的基础上，才能有条不紊地进行下去。要以"一带一路"沿线国家的文化融合、资源融合、产业融合和市场融合为目标，推进现代服务贸易体制改革，以实现沿线国家合作共赢的区域经济发展大目标。

由于涉及众多的现代服务贸易参与国，情况复杂多变，所有针对"一带一路"沿线国家的现代服务贸易体制改革，首要的是要搞好顶层设计，通过签订多边文化与经济合作协议，才有可能推进彼此之间的现代服务贸易合作进程。政府在促进现代服务贸易发展过程中，对外需要通过与沿线国家签订现代服务合作协议，成立现代服务贸易专业管理机构，为现代服务企业走出去创造一个良好的外部发展环境。对内则需要通过体制创新与监管完善，全力扶植现代服务贸易企业的发展，大力培养现代服务贸易人才，建立完善的法律制度等，以促进保护现代服务贸易产业的发展。

具体到中国与波兰的现代服务贸易与投资活动，可考虑在双方驻对方大使馆设立服务贸易协调部门，统一领导中国与波兰的现代服务贸易发展，由大使馆经济参赞负责领导等等。

（三）完善政策配套体系

作为"一带一路"沿线重要的现代服务贸易对象国,中东欧国家文化背景不同,经济发展水平参差不齐,现代服务产业发展水平更是有着天壤之别。这就要求针对中东欧国家不同的国家、不同的现代服务产业,实行有区别的现代服务贸易与投资政策,其基本的思路如下:

第一,以顶层设计的方式,推动商务部、财政部等现代服务贸易相关部委,针对我国与中东欧现代服务贸易与投资活动发展的需要,出台配套不同的现代服务贸易发展政策,这将在很大程度上决定我国与中东欧现代服务贸易的发展速度与规模。

第二,与国家外汇管理局等相关政府部门积极协调,适时突破国内目前外汇政策科目设置上的局限,为现代服务企业寻求现代服务产业与资本相融合的投资方式,为促进现代服务项目"走出去"和"引进来"寻求外汇政策配套和创新突破。特别是解决中国企业在对国外的服务项目投资过程中,投资资金与盈利收益的资金无法顺利进出,以及投资收益及投资资本的汇出存在的局限性问题。

第三,协商解决艺术品营业税差额征收,艺术品的监管、商检,保税仓储中的艺术品所有权归属,艺术品保税展示的事先核价、归类,艺术品展示现场完成征税问题等政策设计和突破,寻求文化无形产品出口退税途径。建议由文化贸易基地提供服务的文化企业的产品出口,或经由入驻基地的经纪机构代理,也可以通过国内其他海关出口,可以享受出口退税政策优惠。

第四,与海关、商检、外汇管理等政府职能部门协调,解决文化设备的通关运输难题,降低文化项目实施企业的前期运作成本,优化文化产品贸易的行政流程。如对艺术品、演艺设备道具等简化商检程序,提高商检效率。在海关方面,梳理多种文化产品的归类问题,进行有关文化产品的通关程序优化。在文化企业资产入境过程中,提供保税区在估价、海关申报、查验、缴税、设备仓储和自用等环节的特别功能服务和帮助。

第五,加强对现代服务贸易的相关服务,对企业海外维权应进一步加大支持力度。强化知识产权的保护工作,构建文化知识产权的价值评估体系,熟悉并掌握境外知识产权、法律规范以及适用范围等有效信息并及时提供咨询服务。创新发展现代服务贸易公共信息的服务措施,对现代服务产业的市场动态,以及产业政策的改变,要及时跟踪和发布。加强对现代服务贸易综合人才的培养,吸收更多高素质人才加入。完善行业的中介机构组织,在促进出口、国际交流和行业自律方面,鼓励其发挥积极作用。

此外,可通过实施出口产品的投资替代战略,鼓励中国企业把出口转变为在现代服务投资设厂,把产品更多地瞄准当地市场,同时大幅扩大对波兰企业的服务进口,用服务贸易来调节货物贸易失衡,最终达到双边贸易的总体平衡。

(四)加强对波兰商务与投资环境研究,注意风险防范

在波兰开展投资、贸易和劳务合作过程中,要特别注意事前调查、评估和分析相关风险,事中做好风险规避和管理工作,以保障自身利益不受侵害。其内容主要包括:对项目或贸易客户及相关方的资信调查和评估,对投资或承包工程项目的政治风险和商业风险的分析和规避,对项目本身实施的可行性分析等。相关企业应该积极利用保险、担保、银行等保险金融机构和其他专业风险管理机构的相关业务保障自身利益。这包括贸易信用保险、投资信用保险、承包工程和劳务类信用保险、财产保险、人身安全保险、银行的理财业务、各类担保业务等。

针对我国企业缺乏熟悉当地语言、文化、法律、制度等方面相关人才,可能面临"水土不服"的缺陷,可通过与波兰企业的联合有效解决技术和经验方面的问题。为规避法律风险和商业漏洞,应该选择

合适的咨询公司、潜在的当地分包商及代理等；请专业的咨询公司为企业提供商业、法律及文化习惯等方面的准确信息和服务。同时应该努力培养相关人才，弥补法律制度缺陷，提高技术标准，以实现顺利接轨当地经济社会环境。

为了规避风险，企业在开展服务贸易与投资过程中，可以使用中国政策性保险机构——中国出口信用保险公司提供的包括政治风险、商业风险在内的信用风险保障产品，也可使用中国进出口银行等政策性银行提供的商业担保服务。通过信用保险机构承保的业务，由信用保险机构定损核赔、补偿风险损失，由相关机构协助信用保险机构追偿。

除了企业间的主体交流外，还需要充分发挥我国智库、高校等研究机构的作用，积极开展对对方国家方方面面的研究，以增进对彼此的了解，只有在充分了解的基础上，才能规避各种风险，为中波双方开展实质性经贸合作铺平道路。

二、 促进中国与波兰服务贸易与投资合作的政策体系构建

完善的服务产业与贸易发展政策，可为企业"走出去"发展创造出更加宽松、自由的内在环境，是现代服务贸易发展繁荣的重要保证。在完善服务贸易政策体系中，要遵循"平等、合作、共赢"的大原则，以文化交流带动"一带一路"沿线国家服务贸易的长期可持续发展。

鼓励我国服务企业"走出去"，推进"一带一路"沿线国家服务贸易的大发展，是完善我国目前服务贸易政策的基本方向，其具体内容主要包括以下几方面。

（一）财政政策

我国服务贸易发展的历史不长，规模不大，发展水平较低，长期处于贸易逆差的不利局面，需要政府从税收等政策上给予大力扶植。

国家各部委要全面设置服务产业发展专项投资基金,专门用于现代服务贸易基地的功能建设、海外营销基地建设以及现代服务产业"走出去"扶持和奖励工作,支持、扶持或投资服务产品和服务出口发展,重点奖励产品出口业绩十分突出的服务企业。除了资金保障之外,还需加强转型资金的运行,构建服务贸易专项资金常态化、制度化的资金供给和运用机制,保证年度资金有效用于推进服务贸易活动的开展;还需加强资金使用的后评估,可委托第三方机构对每年使用资金的情况进行后评估,找出资金使用过程中的问题,不断加以完善,以提高资金的使用效率和效益。

（二）金融投资政策

我国现代服务产业的金融支持体系是由政府和企业合力完成的,已初步形成投资主体多元化、融资渠道多样化、资本市场多层次的金融体系。应充分认识深入推进服务贸易与金融合作的重要意义,通过创新服务贸易金融服务组织形式、建立完善服务贸易金融中介服务体系和创建服务贸易金融合作试验区等方式,加快创新符合服务贸易产业发展需求特点的金融产品和服务,加快推进企业直接融资。国家对服务贸易产业的金融支持主要概括为以下几个方面:在税收、信贷、债券、保险、担保和外汇管理等方面加大金融支持措施;降低投资准入门槛,鼓励引导各类社会资本进入服务贸易产业。

除了政策支持外,我国服务贸易市场融资渠道主要包括银行信贷、上市、投资基金、信托市场和债券市场等,其中银行信贷是服务贸易企业最主要的融资方式,信贷融资增速高于同行业平均水平。

（三）国际贸易政策

西方发达国家关于国际贸易立法已形成一套在市场经济体制中实施较完备的法律制度体系,各国依据自身服务贸易主导行业的不同,通过立法机制形成适应于本国国情促进本国服务贸易崛起的法律制度体系,其中包括服务贸易的外汇管理、项目审批、商品结构、区位重点和税收优惠政策等。

我国服务贸易与发达国家地区相比,还处于起步发展阶段,在确立企业作为对于服务贸易主体地位的同时,应充分发挥政府在发展服务贸易的推动作用,其中最重要的一项是进一步建立一整套经常调整的、重在促进服务贸易的法律和政策;在应对我国已经承诺开放或领域进行立法,通过制定鼓励服务贸易出口的投资优惠、税收优惠、基金扶持等经济政策,通过规范服务贸易的市场准入、贸易审批、统计报表、海关出入境、违规处罚等管理体系,通过推出反垄断、知识产权保护、劳动保障等一系列配套政策和法律法规,以体制创新来积累竞争优势,提高服务产业的市场化程度和开放度,加强工商、海关、文化版权统计等部门之间的协调配合,形成促进服务贸易发展的活力,加快服务贸易市场的整合、规范服务贸易市场的秩序、完善服务贸易市场体系。

要继续完善服务贸易企业外汇管理,提高服务贸易投资便利程度,便利服务贸易企业的跨境投资,满足服务贸易企业对外贸易、跨境融资和投资等合理用汇需求,提高外汇管理效率,简化优化外汇管理业务流程,促进服务贸易企业提高外汇资金使用效率,降低财务成本,提高我国服务贸易企业核心竞争力。

（四）人才政策

现代服务产业的竞争归根到底是人才的竞争,人才是现代服务贸易中最为关键的因素之一。专业性人才是创新的主体,而培育专业性人才是提升现代服务产业竞争优势的主要手段。精通外语、法律、国际贸易知识的复合型人才的缺失是制约我国现代服务贸易发展的最大因素。

首先,需要针对不同现代服务产业的特殊需求,研究定制专项培训计划,如艺术品、演艺和影视等不同行业对人才的培养方向是不同的。其次,各现代服务企业与平台需要与国内外高等院校、专业机构进行战略合作,一方面可以为高校提供实践的平台,共同探索科学培育和使用人才的机制,运用产学研一体化模式培养国际化、应用型、创新性国际服务贸易专门人才,并通过战略协作的方式鼓励高等院校设立现代服务贸易相关科目;另一方面,可以有针对性地开展不同服务产业类别的项目培训,培养一批具有金融、贸易、文化、管理等多层次知识结构的服务贸易复合型人才,为服务贸易企业开展对外贸易输送专业经营管理精英。再次,服务贸易企业可以选拔有实践经验的优秀管理者、经营者出国研修,学习国际先进的服务贸易产业运作经验,培养具有国际水准的专业人才。最后,要为服务贸易人才提供宽松的工作和生活环境,解除他们的后顾之忧。各级政府应加快研究制定并出台服务贸易经营管理高端紧缺人才的认定标准、优惠政策和奖励办法,对引进的高端紧缺人才提供人才公寓、医疗保障、子女就学等各种便利条件,吸引海内外一流的服务贸易经营管理人才,优化人才结构。

具体就中国与波兰的服务贸易与投资发展而言,目前最缺乏的是既懂波兰语言又懂波兰文化、政治、经济和社会发展情况的复合型人才。可考虑通过与上海外国语大学合作,通过办培训班乃至脱产班的形式,大力培训波兰语言方面的人才;与上海对外经贸大学合作,利用其在波兰设立的孔子学院优势,组织服务贸易方面的企业家或专业人员,去波兰学习、考察,加强彼此之间业内人员的政治、经济与文化交流。同时,凡是涉及波兰的文化经济活动,无论是政府组织的还是社会组织的,国家对外文化贸易基地(上海)都要积极组织相关企业去参加,加强与波兰的人员交流,以便从多方面借鉴人才短缺、交流不畅的问题。

后 记

本书是世界贸易组织讲席计划（WTO Chairs Programme）和上海高校智库资助项目、上海市教育委员会上海市文化贸易人才培养资助项目的最终研究成果。本书在秦淑娟教授主持下，经课题组成员艰辛努力、通力合作撰写完成。秦淑娟作为本书负责人，对全书架构做了整体设计，并指导和参与了各章的写作和修改；课题组成员张佑林参与了本书第三章、第六章的写作，张琳参与了本书第二章、第四章的写作，袁雪梅参与了本书第三章的写作。参与课题组研究、资料搜集及编写的人员还有刘晓海、黄克柔、方梦悦、王凡、史晨旭、陈晓菲、胡歆、王学茹、肖雅倩，课题组成员还有任义彪、吴昊等。

本书在写作过程中，参阅了许多学者已有的研究成果，这些研究成果为我们的研究提供了良好基础，在此表示深深的谢意。本书在撰写和出版过程中得到了上海人民出版社编辑的大力支持，在此一并表示感谢。

由于我们的视野及研究水平有限，书中定有不完善之处，敬请专家、读者提出批评指正，以便促进我们对国别服务贸易的研究更深入、更完善。

作者

2019 年 10 月于上海

图书在版编目(CIP)数据

中国与波兰服务贸易与投资合作研究/秦淑娟,张
佑林,张琳著.—上海:上海人民出版社,2019
ISBN 978 - 7 - 208 - 16165 - 8

Ⅰ.①中… Ⅱ.①秦… ②张… ③张… Ⅲ.①国际贸
易-服务贸易-贸易合作-研究-中国、波兰 Ⅳ.
①F752.68②F755.136.8

中国版本图书馆 CIP 数据核字(2019)第 232321 号

责任编辑 于力平 王舒娟
封面设计 张志全工作室

中国与波兰服务贸易与投资合作研究
秦淑娟 张佑林 张琳 著

出　　版　上海人民出版社
　　　　　(200001　上海福建中路 193 号)
发　　行　上海人民出版社发行中心
印　　刷　上海商务联西印刷有限公司
开　　本　720×1000　1/16
印　　张　16
插　　页　4
字　　数　196,000
版　　次　2019 年 11 月第 1 版
印　　次　2019 年 11 月第 1 次印刷
ISBN 978 - 7 - 208 - 16165 - 8/F · 2614
定　　价　68.00 元